GONGGONG TUSHUGUAN
ZIYUAN JIANSHE YU FUWU

公共图书馆资源建设与服务

杨玉麟　屈义华◎编　著

北京师范大学出版集团
BEIJING NORMAL UNIVERSITY PUBLISHING GROUP
北京师范大学出版社

图书在版编目（CIP）数据

公共图书馆资源建设与服务／杨玉麟，屈义华编著.
—北京：北京师范大学出版社，2013.1（2020.11重印）
（全国基层文化队伍培训教材）
ISBN 978-7-303-15606-1

Ⅰ.①公… Ⅱ.①杨…②屈… Ⅲ.①公共图书馆-
图书馆工作-业务培训-教材　Ⅳ.① G258.2

中国版本图书馆 CIP 数据核字（2012）第 261810 号

营 销 中 心 电 话	010-58802181　58805532
北师大出版社高等教育分社网	http://gaojiao.bnup.com
电 子 信 箱	gaojiao@bnupg.com

出版发行：北京师范大学出版社　www.bnup.com
　　　　　北京市西城区新街口外大街12-3号
　　　　　邮政编码：100088
印　　刷：天津中印联印务有限公司
经　　销：全国新华书店
开　　本：730 mm × 980 mm　　1/16
印　　张：19.5
字　　数：235千字
版　　次：2013 年 1 月第 1 版
印　　次：2020 年 11 月第 5 次印刷
定　　价：35.00 元

策划编辑：马洪立	责任编辑：姚　兵
美术编辑：毛　佳	装帧设计：毛　佳
责任校对：李　菡	责任印制：马　洁

内容简介

公共图书馆的所有业务活动，几乎都可以归纳到两个部分：资源建设和利用各种资源而开展的各项服务活动。因此，资源建设构成了公共图书馆一切服务活动的最基本的条件，而搜集和整理各种资源，开展各种各样的服务活动，才能实现公共图书馆的社会功能。

《公共图书馆资源建设与服务》重点讲授公共图书馆各种信息资源的搜集方法、整理方法，同时介绍公共图书馆的服务内容与服务方式，传递先进的图书馆服务理念和方法，强调公共图书馆资源建设与服务活动的规范。

本书内容共分为六章。概述部分阐述了"公共图书馆资源"的内涵，将其界定为相对狭义的图书馆信息资源，并着重介绍了图书馆信息资源的类型与特征以及图书馆服务理念。在此基础上，从文献资源和数字资源两个类型、从理论与实践两个层面介绍了公共图书馆资源建设的基本理论与实务。同时，本书以高度概括的方式介绍了公共图书馆资源组织整理的一般理论和方法；而后，总结和归纳了公共图书馆基本服务的主要内容与方法，为基层图书馆各种服务活动的创新提供了理论支撑和实际案例的借鉴。最后，以国际、国内图书馆领域为视角，介绍了图书馆资源建设和服务两个方面的标准与规范，有利于规范公共图书馆的资源建设，提升公共图书馆的服务质量。

作者简介

杨玉麟，西北大学教授，教育部高等学校图书馆学学科教学指导委员会委员，全国优秀科技工作者。1982年1月毕业于北京大学图书馆学专业，长期从事图书馆学专业教学与研究，主要研究方向为信息资源组织、基层图书馆发展和建设、图书馆管理等。主持有国家社科基金项目和省级社科基金项目，出版有国家"面向21世纪本科课程教材"《信息描述》，发表有近百篇学术论文。中国图书馆学会理事，学术研究委员会委员，社区与乡镇专业委员会副主任；陕西省图书馆学会副理事长，学术研究委员会主任。中国图书馆学会基层图书馆馆长培训志愿者。

屈义华，研究馆员，广东省佛山市图书馆馆长。1982年毕业于湖南大学图书馆学专业，致力于基层图书馆服务体系建设与实践，2003年开创佛山禅城区"联合图书馆"工程。出版专著3本，发表专业论文约15万字。中国图书馆学会学术研究委员会"图书馆法律与知识产权委员会"委员，深圳图书馆"公共图书馆研究院"研究员。中国图书馆学会基层图书馆馆长培训志愿者。

其他参与编写人员还有：广东省佛山市图书馆副研究馆员温树凡，副研究馆员张萌，副研究馆员马慧，馆员陈仰珊，馆员陈颖仪，馆员陈艳；西北大学公共管理学院讲师张新鹤博士；陕西省图书馆副研究馆员解虹；西藏民族学院图书馆王超硕士。

全国基层文化队伍培训教材

公共图书馆系列编委会

主　编：李国新

编　委：（以姓氏笔画为序）

于良芝　吴　晞　张广钦　李东来

李超平　杨玉麟　邱冠华　屈义华

范并思　金武刚

序　言

　　推动社会主义文化大发展大繁荣，队伍是基础，人才是关键。2007 年中央"两办"发布的《关于加强公共文化服务体系建设的若干意见》中，就对加强公共文化服务人才队伍建设作出了部署，明确提出了提高公共文化服务人才队伍思想素质和工作能力的要求。2010 年《国家中长期人才发展规划纲要（2010—2020 年）》发布之后，文化部专门部署了开展全国基层文化人才队伍培训的工作。党的十七届六中全会通过的《关于深化文化体制改革，推动社会主义文化大发展大繁荣若干重大问题的决定》，提出基层文化人才队伍是文化改革发展的基础力量的论断，要求制定实施基层文化人才队伍建设规划，完善机构编制、学习培训、待遇保障等方面的政策措施。《国家"十二五"时期文化改革发展规划纲要》对加强基层文化队伍建设、完善文化人才培训机制作出了具体部署。建设一支德才兼备、锐意创新、规模宏大、结构合理的基层文化人才队伍，成为新时期公共文化服务体系建设的重要任务。

　　2010 年 9 月，为落实《国家中长期人才发展规划纲要（2010—2020 年）》，文化部发布了《关于开展全国基层文化队伍培训工作的意见》，主要任务是用五年时间，对全国现有约 24 万县乡专职文化队伍和 360 多万业余文化队伍进行系统培训，促使基层公共文化队伍素质显著提高，服务能力明显增强。为此要求建立健全基层文化队伍培训工作体制和机制，建立分级负责、分类实施的培训组织体系，其中文化部负责指导各地培训、组织编写教学纲要、建设远程培训平台、培养省级师资、举办示范性培训等工作。

按照文化部的统一安排，组织编写教学纲要和教材这一任务，由国家公共文化服务体系建设专家委员会负责实施。

专家委员会在广泛征求意见、充分讨论研究的基础上，形成了培训教材编写的整体方案：教材的内容规划为"公共文化服务通论系列"、"公共图书馆系列"、"文化馆（站）系列"三大系列；教材的形式设计为培训大纲性质的教学指导纲要和系统化的教材并举，为应培训之急需，先行编写出版公共图书馆系列和文化馆（站）系列的教学指导纲要；纲要和教材的编者在全国范围内遴选一流的专家学者和富有经验的实际工作者。2012年年初，先行组织编写的《公共图书馆业务培训指导纲要》和《文化馆（站）业务培训指导纲要》由北京师范大学出版社出版，文化部免费配送至全国县以上文、图两馆及相关部门。现在呈现在读者面前的，就是在指导纲要基础上编写的系统化教材。按照计划，三大系列共17部系统化教材在2012年年内全部出齐。

就公共图书馆系列的教材而言，由于图书馆学在大学里有专业，所以"学院派"的专业教材数量并不少，但是，专门面向基层公共图书馆从业人员在职学习、岗位培训的适用教材却比较缺乏。这类不是着眼于大学专业教学，而是着眼于提高基层从业人员职业素养和业务能力的教材应该体现出什么样的特点？经过反复研究讨论，我们达成了两大共识。首先是面向实践。内容设计以我国公共图书馆服务的现实需求为牵引，以提升从业人员的职业素养和业务能力为目标，以"学得会、用得上、有实效"为检验标准，注重总结、提炼、升华实践中成功的做法、经验和案例，适应启发式、案例式、研讨式教学的需要。其次是统筹兼顾。具体说就是统筹兼顾地处理好几个关系：体系科学性、内容基本性与实践导向的关系；观念阐述、政策解读、规律概括与服务能力提升的关系；注重应知应会、方法技能与体现学科体系、专业素养的关系。

"面向实践、统筹兼顾"的共识能否真正落实到教材的内容中去，关键在"人"——编写人员。2006 年以来在中国图书馆学会、国家图书馆和全国文化信息资源建设管理中心的主持下，图书馆界连续 5 年以"志愿者行动"形式开展"基层公共图书馆馆长培训"，初步构建起了一个针对基层公共图书馆的业务培训内容体系，凝聚起了一支高水平的专家队伍，并且经历了遍及全国 25 个省市自治区、累计面对 3000 多位基层公共图书馆馆长和业务骨干讲授的实际历练。这些都为这次编写指导纲要和教材奠定了坚实基础。参加公共图书馆系列培训指导纲要和教材编写的专家，许多人参与过图书馆界的"志愿者行动"，所以他们对基层文化工作者的需要并不陌生。在实际编写过程中，我们强调每一部分的编写人员尽量做到高水平的专家教授和经验丰富的馆长、实际工作者相结合，从而为编写过程中教授和馆长的交流、观念和视野的碰撞、知识和案例的互补创造了条件，为内容上理论和实践的紧密结合奠定了基础。

　　教材不是个人专著，因此编写组通过研讨、交流乃至碰撞、争鸣而形成共识就显得尤为重要。这套教材在编写过程中，不论是大牌教授还是知名馆长，都表现出了令人敬佩的高度重视、严肃认真、团队合作、学术包容态度和精神。每本教材的主持人都组织编写人员进行了多种形式的研讨交流，从内容划分到框架体系，从章节要点到附属材料，都经过了编写团队的反复研讨打磨。三大系列所有编写人员参加的研讨会先后召开了 4 次。2011 年年底公共图书馆系列和文化馆（站）系列培训指导纲要预印本印出后，分别在南京图书馆和宁波文化馆召开了有省、地、县各级公共文化服务机构代表参加的征求意见会。可以说，目前形成的教材，不仅凝聚着全体编写人员的心血，同时也包含着众多业界同仁的智慧。尽管如此，我知道问题和不足肯定还存在。欢迎使用这套教材的各级文化部门和基层文化工作者提出修改意见和建议，我们将在今后适当的时候作必要的修订。

　　推出这样一套教材，仅有编写人员的努力还不够，还应该感谢中国文化传媒集团公共文化发展中心为编写工作提供的有力保障，感谢北京师范大学出版集团高教分社的江燕副社长以及各位责任编辑为教材的出版把了最后一道关口，付出了心血和努力。

由于在国家公共文化服务体系建设专家委员会的工作关系，我本人承担了这套教材编写的组织工作，并且出任公共图书馆系列指导纲要和教材的主编。在教材出版之际，把这套教材的编写缘起和过程记录如上，算是对这项工作的一个小结，也算是为这套教材的诞生留下一点历史记录。

李国新

目　录

第一章 概 述

【内容提要】

本章的主要目的是帮助学习者了解图书馆信息资源的含义及主要类型，了解公共图书馆信息资源建设的任务，理解公共图书馆信息资源体系的特征及信息资源建设的原则，理解图书馆信息资源服务理念的内涵及我国公共图书馆服务理念的内容；能够利用以上知识检查并思考所在图书馆的信息资源建设策略和服务理念，确定今后努力的目标。

本章的主要内容有：公共图书馆信息资源的含义及发展历程；公共图书馆信息资源的类型及特征；公共图书馆信息资源建设的含义、原则及任务；公共图书馆信息资源服务的主要理念。

第一节 公共图书馆信息资源的发展与变化

一、信息资源的含义

在自然界及人类社会中，所有的有用之物都可以称为资源。美国资源经济学家阿·兰德尔在《资源经济学》中将资源定义为"由人发现的有用途和有价值的物质"。[①] 按照资源经济学的说法，资源可以分为经济资源和非经济资源。其中，非经济资源是大自然无限提供的生产要素和生活要素，如阳光、空气等，其主要特点

---

① 程焕文，潘燕桃. 信息资源共享[M]. 北京：高等教育出版社，1994：1.

是可以充分满足所有企业或个人无偿占用的需求。① 经济资源是指一切可以直接或间接为人类所需要并构成生产要素的、稀缺的、具有一定开发利用选择性的资源。② 具体可以分为自然资源(包括土地资源、水资源、矿产资源、生物资源等)、人力资源(包括劳动力资源、管理和技术资源等)、资本资源(包括货币资本资源和非货币形式的有形资本资源,如厂房、设备等)、信息资源。肖希明教授在《信息资源建设》一书中对信息资源作为经济资源所表现出的特征进行了详细说明。③

(1)信息资源是直接为人类所需要并作为生产要素投入的资源。传统的经济活动所投入的生产要素主要是物质资源和能量资源,扩大生产规模是提高经济效益的主要途径。随着科学技术的迅速发展,人们发现,信息应用于生产系统,不仅可以缩短生产周期,而且可以带来劳力、资本、能源、原材料等物质资源和能量资源的节约,生产出质量更好、成本更低的产品,带来意想不到的经济效益。在当今世界物质资源短缺、能量资源枯竭的严峻形势下,信息作为一种新兴的资源和生产要素,对经济增长和社会发展有着特殊的作用。例如,某种管理方法的应用带来生产效益的提高。

(2)信息资源是人类生产活动中稀缺的资源。稀缺性是经济资源最基本的特征。如果一种资源具有有用性,但不稀缺,而是取之不尽的,则不属于经济资源,例如前文提到的阳光和空气。我们常说信息无处不在,似乎不存在稀缺问题,但是,所有的信息不都是信息资源,只有投入一定的材料、能源和人力,经过开发的信息,才能成为对人类有用的资源。因此,在既定的时间、空

---

① 朱忠明. 论生产要素的择优配置[J]. 金融科学,1990(2):88-94.
② 肖四如. 资源经济学[M]. 北京:北京出版社,1994:13.
③ 肖希明. 信息资源建设[M]. 武汉:武汉大学出版社,2008:4-5.

间，以及人力、物力、财力等其他条件约束下，某一特定的经济活动行为者所能支配的信息资源量总是有限的。

（3）信息资源是使用方向具有可选择性的资源。使用方向的可选择性意味着同一信息资源不只有唯一的用途，它可以应用在经济活动的方方面面，并产生多种不同的作用效果。因此，经济活动行为者可以根据这些不同作用对象所产生的不同作用效果，对信息资源的使用方向做出选择。

"信息资源"最早是在国外提出来的。20 世纪 70 年代初，国外文献中就出现了"Information Resources"（信息资源）这个概念。而美国信息管理专家霍顿从政府文书管理的角度对"信息资源"下的定义则是国外比较有代表性的观点，他认为信息资源具有两层意思：当资源为单数（Resource）时，它是指某种内容的来源，即包含在文件和公文中的信息内容；当资源为复数（Resources）时，信息资源指支持工具，包括供给、设备、环境、人员、资金等。[①]

国内学者对信息资源概念及其有关问题也进行了研究，比较有代表性的定义有以下两种。

（1）2000 年，吴慰慈、高波在《从文献资源建设到信息资源建设》一文中，将信息资源的定义表述为：信息资源是经过人类采集、开发并组织的各种媒介信息的有机集合。也就是说信息资源既包括制品型的文献资源，也包括非制品型的电子信息资源。[②]

（2）2004 年，马费成在《信息资源开发与管理》一书中提到：所谓信息资源，就是指人类信息活动中积累起来的以信息为核心的各类信息活动要素（信息技术、设备、设施、信息生产者）的

---

① 代根兴. 信息资源概念研究［J］. 情报理论与实践，1999（6）：397-400.
② 吴慰慈，高波. 从文献资源建设到信息资源建设［J］. 中国图书馆学报，2000（3）：24-27.

集合。①

从以上代表性的定义可知，对信息资源含义的理解无外乎有狭义和广义两种。狭义的信息资源即指信息内容本身；广义的信息资源指的是除信息内容本身外，还包括与其紧密相关的信息设备、信息人员、信息系统、信息网络等要素。②

二、图书馆信息资源的含义

信息资源是图书馆的基本组成部分，是图书馆为读者提供服务的基本前提条件。与信息资源的含义相对应，图书馆信息资源也有狭义和广义之分。

狭义的图书馆信息资源是指图书馆依据读者需求与本馆性质、建设目标而有计划地建设和组织的各类型信息资源，既包括图书、期刊、报纸、政府出版物、家谱方志等纸质文献资源，以及各种声频、视频出版物，也包括数字化书刊报纸、数字化声像、数据库等网络资源。

不同性质的图书馆所采选的信息资源在学科、文种、载体等方面会有所不同。国家图书馆和大型综合性公共图书馆承担着为政府决策和国家的政治、经济、科学、教育和文化发展服务的任务，并面向各类型读者提供服务，这决定了它要系统收集、保存各学科有价值的文献信息资源和网络信息资源，成为全国或地区性的综合性信息中心。对中小型公共图书馆而言，它们的主要任务是为地方经济、文化发展服务，为满足人民群众学习科学文化知识的需要服务。这要求它们重点围绕本地区经济和社会发展以及群众学习科学文化知识的需求收集文献信息资源，适当建设数字信息资源。与公共图书馆不同，高等学校图书馆要根据本校教

---

① 马费成. 信息资源开发与管理[M]. 武汉：武汉大学出版社，2004：5.
② 乌家培. 信息资源与信息经济学[J]. 情报理论与实践，1996(4)：4-6.

学和科学研究的需要，系统收集有关专业的教材和教学参考书，重点入藏与学校科研任务有关的文献资料，广泛而有选择地入藏各种课外读物，同时，也需要以存取的方式为读者提供丰富的网络信息资源。而科学专业图书馆要紧密结合本系统、本单位的研究方向和研究课题，完整系统地收集本专业的国内外文献，有重点地收集相关学科的文献，有选择地收集其他学科的文献，并且要特别重视数字信息资源的建设和利用。

广义的图书馆信息资源不仅包括各类型信息资源本身即狭义的图书馆信息资源，还包括开发和利用信息资源所不可缺少的经费资源、设备资源、人力资源、时空资源等因素。经费资源主要是指中央及地方政府依据相关法律规定而对图书馆建设所提供的财政保障经费，也包括图书馆征集到的个人或社会团体的捐赠经费。设备资源包括图书馆在开发和利用信息资源过程中所使用到的一切设备，包括文献资源采访和组织专用设备、阅览设备、计算机及其存储设备、通讯设备等。人力资源主要指图书馆员工以及他们所具有的服务智慧和服务能力，对图书馆信息资源建设和服务质量的高低有决定性的影响作用。时空资源主要指图书馆建筑的内外环境及其对公众或读者的影响力，以及通过现代技术手段充分利用好一年365天和一天24小时为读者开展服务。

从广义的角度来理解信息资源概念，即把信息活动的各种要素都纳入信息资源的范畴，有助于全面、系统地把握"信息资源"的内涵。但针对本书所讨论的公共图书馆信息资源建设与服务这一问题，本书采用狭义的信息资源定义，即将信息资源界定为经过图书馆选择、采集、组织和加工处理的有序化的各种媒介信息的集合。

三、公共图书馆信息资源形态的发展过程

著名的印度图书馆学家阮冈纳赞在其"图书馆学五定律"中指

出，"图书馆是一个生长着的有机体"，这一定律体现了图书馆事业的发展动态性。信息资源作为图书馆的重要组成部分，毫无疑问也处在不断的发展变化之中，这一发展变化主要体现在图书馆信息资源的形态随着社会政治、经济、科技、文化的发展而日益多样化、复杂化。

世界文字历经了几千年的发展历程，现在普遍认为公元前3500年左右的苏美尔人的楔形文字（也称"钉头文字"）是世界上最早的文字，而我国最早的文字是殷商时期出现的甲骨文。古代文字主要记录在泥版、甲骨、羊皮、竹简等载体上，这也决定了古代图书馆所收藏的文献类型。随着造纸术、印刷术在我国的发明，再加上中世纪后期及文艺复兴时期的西传，使得纸质印刷型出版物因其便于流通成为人们传播信息的主要工具。作为保存人类文化遗产的图书馆发展至近代，其馆藏开始以纸质印刷型出版物为主，包括图书、期刊、报纸等类型。此后，缩微技术、声像技术等信息技术的迅速发展，也为公共图书馆带来了缩微文献、视听文献等文献类型，使公共图书馆在信息保存、信息服务方面有了较大的进展。而计算机技术、网络技术的出现更使公共图书馆信息资源建设与服务发生了翻天覆地的变化，磁盘、光盘、数据库、海量的网络信息都成为公共图书馆采集、组织并提供服务的对象，复合图书馆、数字图书馆也成为公共图书馆的存在形态，这使公共图书馆实现"无论何时何地通过任何图书馆为任何人提供任何所需信息资源"的服务目标成为可能。

面对如此多样的信息资源形态，公共图书馆在进行信息资源建设与服务时应如何选择呢？在相当长的时间内，纸质印刷型出版物在人们获取信息资源过程中扮演着极其重要的角色，纸本资源数量的多少也成为评价公共图书馆馆藏丰富程度的重要指标。但随着信息技术的快速发展，数字媒介成为人们生活、工作、学习中获取信息所不可缺少的途径。据国外媒体报道，市场研究公司 eMarketer 统计称，2011 年美国成年人花费在互联网和移动设备上的阅读时间较 2010 年分别增长了 7.7％和 30％，比阅读印刷杂志和报纸的时间总和还多。① 2012 年 4 月 23 日，中国新闻出版研究院公布了"第九次全国国民阅读调查"结果。本次调查显示，2011 年我国 18~70 周岁国民包括书报刊和数字出版物在内的各种媒介的综合阅读率为 77.6％，比 2010 年的 77.1％增加了 0.5 个百分点。其中，数字化阅读方式（网络在线阅读、手机阅读、电子阅读器阅读、光盘阅读、PDA/MP4/MP5 等）的接触率为 38.6％，比 2010 年的 32.8％增加了 5.8 个百分点，增幅为 17.7％，相比传统纸媒介增幅最大。② 由于民众对数字阅读的需求越来越大，根据用户需求建设各类型、各知识领域的网络数据库，对不可计数的互联网信息进行开发利用，建设手机图书馆等成为公共图书馆信息资源建设与服务的重要内容。那么，公共图书馆是否应该放弃对纸本资源的拥有，而单一追求数字信息资源建设呢？答案是否定的！任一形态信息资源的出现都有其历史必然性，任一形态信息资源也都有其存在的优势和劣势。从纸本资源出现以来，在缩微资源、视听资源、数字资源的出现过程中，并不存在后者取代前者的现象，而是相互补充，共同满足人类信息传递及获取的需要。在数字阅读需求快速上涨的同时，我国国民依然保持着对传统纸媒介的阅读热情。《中国新闻周刊》与新浪网联合进行的网络问卷调查结论佐证了这一事实。在 5 089 位参与者中，"既读电子书，也读纸质书"的读者占到 6 成以上（截至

① 美国人倾向阅读移动设备，印刷媒体遭冷遇[EB/OL]. [2012-04-18]. http://www.keyin.cn/plus/viewphp？aid＝806147.

② 王小伟. "第九次全国国民阅读调查"十大结论[EB/OL]. [2012-04-25]. http://www.wenming.cn/wmzg_qmydhd/zhutihuodong/201204/t20120423_624946.shtml.

2011 年 7 月 8 日）；而单选"纸质书"与"电子书"的读者则大致持平，仅为 15％左右。① "第九次全国国民阅读调查"也显示，2011年我国国民的图书阅读率为 53.9％，报纸阅读率为 63.1％，期刊阅读率为 41.3％。② 由此可见，作为面向地方民众的基层公共图书馆，所建设并提供的信息资源既不能局限于传统纸本资源，也不能单单依靠数字资源，必须根据服务对象的需求，合理安排纸本资源与数字资源的比例，使各类型信息资源在良好的结构体系中发挥各自的优势，最大限度地满足民众的信息需求。

第二节　公共图书馆信息资源的类型与特征

一、公共图书馆信息资源的类型

公共图书馆受读者种类和信息需求差异的影响，其信息资源形态各异、种类繁多。只有掌握信息资源的类型，图书馆员才能有效地建设、开发和利用信息资源来提供信息服务。由于信息资源在知识内容、生产方式、载体形态、使用方式等多个方面有不同的特点，依据其不同特点（即划分标准），可以将信息资源划分为不同的类型。一般来说，图书馆界习惯综合以上所提到的信息资源的特点，将信息资源作如下划分。

（一）文献型信息资源

文献型信息资源是以文献为载体的信息资源。《文献著录总则》中将文献定义为：记录有知识的一切载体。依据文献型信息资

---

①　我国电子阅读率上升，专家称不必区分阅读方式[EB/OL]. [2012-04-19]. http://news. sina. com. cn/c/sd/2011-09-01/145123089114. shtml.

②　王小伟. "第九次全国国民阅读调查"十大结论[EB/OL]. [2012-04-25]. http://www. wenming. cn/wmzg_qmydhd/zhutihuodong/201204/t20120423_624946. shtml.

源的生产方式、载体材料和知识内容，可将其划分为刻写型文献信息资源、印刷型文献信息资源、古籍、缩微资料和声像资料。

1. 刻写型文献信息资源

这种文献以手工刻画和书写为手段，将知识信息记录在各种自然物质材料和纸张等载体上，包括古代的甲骨文、简册、帛书以及现代的笔记、手稿、书信、会议录等。刻写型文献中有很多稀有和珍贵的信息资源，如著名作家的手稿。

2. 印刷型文献信息资源

自印刷术产生以来，印刷型文献逐渐成为占主导地位的知识信息载体。这种文献是指通过石印、油印、铅印、胶印、复印等多种印刷方式，将知识信息记录在纸质载体上的一种文献形式。它的优点是可直接阅读，使用方便，流传广泛；缺点是相对信息技术发展所产生的文献类型来说，信息存储密度低，占用收藏空间大，容易破损，难以实现高速度传播。结合公共图书馆的资源需求，我们按照资源的出版形式和知识内容，将印刷型文献划分为以下几种类型。

（1）图书。图书有广义和狭义之分。广义的图书泛指各种类型的读物，既包括甲骨文、简册，又包括当代出版的书刊报纸，甚至包括声像资料等新技术产品。本书中的"图书"采用狭义的定义。联合国教科文组织对图书的定义是，凡由出版社（商）出版的不包括封面和封底在内 49 页以上的印刷品，具有特定的书名和著者号，编有国际标准书号，有定价并取得版权保护的出版物。

图书是迄今为止最主要的文献资源，具有主题突出，知识内容完整、系统和成熟等特点。因此，要想系统地学习各学科的基础知识，全面、深入地研究某些知识领域，图书是不可缺少的信息源。

对图书的分类也有多种划分标准。按照使用目的可将图书划分为两类：一类是供阅读的著作，如专著、译著、教材、通俗读物等；另一类是供查考的工具书，如书目、索引、文摘、百科全书、年鉴、字典、词典等。按照出版方式，可将图书划分为单本书、多卷书、丛书等类型。

(2)连续出版物。连续出版物是一种具有统一名称、固定版式、统一开本、连续编号，汇集多位著者的多篇著述，定期或不定期在无限期内编辑发行的出版物。《国际标准书目著录（连续出版物）》将"杂志、报纸、年刊（年鉴、机构名录等）、各种机构的报告丛刊和会志、会议录丛刊以及单行本的丛书"等归入连续出版物。其中以期刊（杂志）和报纸流行最广、影响最大，同时也是基层公共图书馆重要的信息资源类型。

期刊虽然只有几百年的历史，但是内容广泛，知识新颖，出版周期短，信息含量大，流通范围广，作者与读者人数多，已成为当今传播信息、交流思想最重要的平面媒体之一，更是进行科研工作的必备信息资源。期刊的内容涉及社会的经济、政治、思想、科技、文化、教育、文学艺术以及社会生活等各个领域。按照期刊的内容性质和使用对象，我们可将其划分为学术性期刊、文学艺术期刊、通俗性期刊、检索性期刊、资料性期刊、报道性期刊等类型。

报纸是以刊载新闻和时事评论为主的定期向公众发行的印刷出版物，是出版周期最短的连续出版物。报纸具有宣传、报道、评论、教育、参考、咨询等社会职能。按照出版周期，可将报纸划分为日报（包括早报、晚报）、双日报、三日报、周报、旬报等不同类型。按照内容范围，可将其划分为综合性报纸、专业性报纸，或者全国性报纸、地方性报纸等类型。

(3)特种文献。特种文献资料是指出版形式比较特殊的科技文献资料。它介于图书和期刊之间，似书非书，似刊非刊，其内容广泛新颖，类型复杂多样，涉及科学技术、生产生活的各个领域，出版发行无统一规律，但具有重要的科技价值。公共图书馆所收藏的特种文献资料主要有科技报告、专利文献、标准文献、会议文献、政府出版物、产品资料等。

科技报告是指科技工作者围绕某一课题从事研究之后，对所取得成果的总结报告或在试验和研究过程中所作的记录报告。它的内容范围主要是尖端学科的重大课题，代表一个国家有关专业的科研水平，论述专深具体，资料准确可靠，常附有大量珍贵的数据、图表、原始记录等资料，是非常重要的情报来源。科技报告按报告所反映的研究进展程度可分为初步报告、进展报告、中间报告和终结报告；按流通范围可分为绝密报告、机密报告、秘密报告、非密报告、解密报告和非密限制发行报告等。

专利文献是指发明人或专利权人向专利局提供申请保护某项发明时所呈交的技术说明书，经专利局审查、公开出版后所形成的文献。专利文献的特点是内容广泛，叙述详尽具体，实用性强，是学习和引进先进技术，解决某个技术难题时常参考和借鉴的文献信息。专利说明书既是技术文件又是法律文件，公共图书馆应重视收藏专利文献，为我国科技创新提供支持。

标准文献是指经公认的权威机构（一般为各国国家标准局）批准的一整套在特定范围内必须执行的规格、规则、技术要求等规范性文献，简称标准。标准文献信息量大，例如从产品标准中，可以获知该产品的分类、品种、规格、性能、质量等级、原材料的相关信息、制作工艺、试验方法等内容。各种标准一旦形成并经审批公布，便成为法规性的技术文件，具有一定的法律约束力。按审批机构和标准的应用范围，标准文献可分为四种类型：国际标准（或区域标准）、国家标准、部标准和企业标准。

会议文献是指在国际国内各种会议上宣读和交流的论文、报告和其他有关资料。会议文献大部分反映的是本学科或行业领域内的新成果、新理论、新方法，具有专业性强、可靠性高、内容新、出版发行快的特点。会议文献基本上是利用会议作为首次公布研究成果的场合，其后才陆续在期刊上发表，有的甚至不再在其他刊物上发表。随着各行业领域会议的大量召开，会议文献已成为人们了解新动向、新发现的重要信息源。

政府出版物是由政府机构出版或由政府机构编辑并授权指定出版商出版的文献。从文献内容性质来看，政府出版物包括行政性文件和科技文献两大类。前者包括法律、法规、规章、政府报告、议案、决议、司法资料等。后者包括研究报告、科技政策、公开后的科技档案、经济规划、气象资料等。

产品资料是定型产品的结构、原理、操作方法、维修方法的详细介绍资料。它包括产品样本、产品说明书、产品目录等。产品资料记载的数据比较可靠，对产品设计和引进具有重要参考价值。

(4)内部资料。内部资料是指个人或组织生产的非正式出版、非公开发行的出版物，是基层公共图书馆信息资源的重要组成部分。这类文献一般专业性强，情报价值高，能反映某一领域的最新动向。在出版形式方面，除有一部分出版稳定外，多数内部资料出版周期不固定，且印刷简单，数量有限。此外，内部资料还具有流通面窄的特点，一般只在本单位、本系统或本行业内部交流。

(5)其他零散资料。主要指舆图、图片和乐谱等零散资料。舆图包括地图、地形图、地质图、行政区划图、各种教学挂图等。图片包括各种新闻照片、美术作品等。乐谱指单张活页式音乐曲谱艺术作品。

3. 古籍

我国国家标准《古籍著录规则》给古籍作了如下定义："古籍是中国古代书籍的简称，主要指书写或印刷于 1911 年以前、反映中国古代文化、具有古典装订形式的书籍。"所谓古典装订形式主要包括卷子装、经折装、旋风装、蝴蝶装、包背装、线装等。古籍是记载、传承一个国家文明的重要形式，尤其是反映地方历史文化的古籍对于公共图书馆信息资源建设与服务有重要意义。

4. 缩微资料

缩微资料是以感光材料为载体，用缩微照相技术制成的文献复制品。缩微资料具有体积小、信息存储量大、复制性能好、成本低廉等优点，但其阅读必须借助阅读放大机才能进行。缩微资料按其外形可分为缩微胶片、缩微胶卷、缩微卡片，按透光性可分为透明体和不透明体。

5. 声像资料

声像资料又称视听资料、声像文献。它是以电磁材料为载体，以电磁波为信息符号，将声音、文字及图像记录下来的一种动态型文献。它的特点是动静交替、声情并茂、形象逼真。

视听资料按人的感官接受方式可分为三种类型：(1)视觉资料，包括照相底片、摄影胶卷、幻灯片、无声录像带、无声影片、传真照片等。(2)听觉资料，包括唱片、录音带等各种发声记录资料。(3)音像资料，能同时显像发声的记录资料，如有声影片、电视片、配音录像带等。

(二)数字化信息资源

数字化信息资源，是指以数字代码方式将图文声像等多种形式的信息存储在光、磁等非纸质载体中，以光信号、电信号的形式传输，并通过计算机或其他外部设备读取使用的信息资源。根据资源的可传播范围，数字化信息资源又可区分为网络信息资源和单机信息资源。

1. 网络信息资源

网络信息资源是指借助于计算机网络可以获取和利用的所有信息资源的总和。按信息的制度化程度划分，可将网络信息资源分为如下类型。①

(1)非正式出版信息。是指流动性、随意性较强，信息量大，信息质量难以保证和控制的动态性信息，如电子邮件、专题讨论小组和论坛、电子会议、电子布告板新闻等。

(2)半正式出版物。是指各种"灰色"信息，受到一定的产权保护，但不属于正式出版信息，如各种学术团体、教育机构、企业和商业部门、国际组织和政府机构、行业协会等在网上发布，在正式出版物上无法得到的信息。

(3)正式出版物。是指通过万维网用户可以查询到的各种数据库、联机杂志和电子杂志、电子版工具书、报纸、专利信息等。这类信息是受到产权保护、质量可靠、利用率较高的知识性、分析性信息。文化共享工程提供的基本上属于此类数字资源。

2. 单机信息资源

单机信息资源是指通过计算机存储和阅读但不在网络上传输的数字化信息资源，人们常称之为机读资料。它与网络信息资源的区别就在于其存储的空间范围。主要的单机信息资源类型是磁盘和光盘。

在基层公共图书馆数字资源建设实践中，常按照数字资源的建设方式，将其分为购买的商业数据库、自建数据库和网上免费链接资源三种类型。

---

① 张晓娟. 网络信息资源：概念、类型及特点[J]. 图书情报工作，1999(2).

　　除了上述划分信息资源类型的方法外，按照信息资源加工程度，可将信息资源划分为一次信息资源、二次信息资源和三次信息资源，这也是图书情报机构常常使用的重要划分方法。

　　(1)一次信息资源是指著作者最初发表的原始文献，包括专著、期刊论文、会议论文、专利文献、标准文献、统计报表等，是文献信息资源的基本类型。判断一次信息资源的标准不是载体形式，而是内容。

　　(2)二次信息资源是指在一次信息资源的基础上加工整理而成的可供检索的一种信息资源，如书目、索引、文摘等，它是使用一次信息资源时必不可少的工具。

　　(3)三次信息资源是指通过利用二次信息资源对一次信息资源进行系统分析、综合研究、评述而生成的信息资源。三次信息资源具有系统性、综合性、知识性和概括性等特点。三次信息资源包括综述、述评、专题研究报告、百科全书、年鉴、手册、指南等。

　　就目前基层公共图书馆情况而言，普通图书、期刊报纸、内部资料、光盘等是其馆藏信息资源的主要类型，而随着全国文化信息资源共享工程和数字图书馆建设的普及，网络资源也会逐渐丰富起来。

二、公共图书馆信息资源的特征

(一)信息资源的一般特征

　　公共图书馆信息资源首先具有信息资源的一般特征。

　　(1)信息资源是有限的。信息是无限的，人们对信息资源的需求是无限的，而任何一所图书馆所能搜集并整理的信息资源是有限的，即便是所有图书馆的信息资源实现共享，相对于人们的信息需求来说，其满足能力也是有限的。

　　(2)信息资源的形成需要加工。信息是客观存在并且处在一种无序的状态中，而信息资源的生产、组织、利用则无不存在人类加工的印迹。

(3)信息资源在其生产与利用过程中均需要依附一定的载体，包括人类思想、各类文献、网络等，不能独立发挥作用。

(4)信息资源是可共享的。信息资源具备可无限次使用、多人同时使用的基本特征，而这一点正是公共图书馆得以建设和发展的基本理论依据。

(5)信息资源的价值受时间的制约。信息本身的价值存在一个逐渐衰减的过程，所以信息资源的使用价值也存在一定的时效性，这要求对信息的利用要找准时机。

(6)信息资源具有增值性。尽管存在使用价值衰减的情况，但一般信息资源也会由于新的开发和重新组织，产生新的使用价值。

(7)信息资源必须经过长期的系统积累才能达到一定的规模。任何图书馆的信息资源都是通过逐渐积累形成的，而信息资源积累程度越高，其作为一种资源的使用价值就越高。

(二)公共图书馆信息资源的基本特征

1. 以普及为主的综合性信息资源体系

公共图书馆是为全体社会公众所利用的图书馆，它面向整个社会，为每一个进馆阅读的社会成员提供文献信息服务。公共图书馆的公共性特征，要求其拥有综合性的信息资源体系，即公共图书馆信息资源应能满足所服务区域不同阶层、不同类型用户对象的广泛需要。

从用户信息需求的角度，可以将用户大致分为两大类型：一类是专家型(研究型)用户，这类用户的信息需求主要反映在专业研究与检索参考方面；另一类是大众型(学习型)用户，大众型用户主要需要基础学习阅读的资源。任何图书馆都应兼顾这两类用户在信息需求方面的差异。公共图书馆更是不能忽视其用户群体的多样性。一般来说，基层图书馆主要为大众型用户提供服务，但也不能忽视专家型用户的存在。专家型用户不仅存在于高校、科研院所，也存在于大量企事业单位，对某个领域有专深研究需要的一般民众也是图书馆的专家型用户。因此，基层图书馆信息资源体系既要包含研究人员需要的研究性、史料性文献，又要包含普通民众需要的通俗性、普及性读物。但由于大众型用户占多数，科研用户为数较少，基层图书馆信息资源体系在保持综合性的同时应以普及性读物为主。

2. 较强的地域特色

公共图书馆主要为所在区域的政治、经济、文化发展提供服务，其信息资源具有较强的地域性特征。在信息环境下，任一个体图书馆都难有足够的实力，也没有必要拥有全备的信息资源体系来满足用户的信息需求，公共图书馆结合所服务区域的地域特色建设本馆特色资源，是公共图书馆信息资源共建共享，推动其信息资源建设与服务的必由之路。公共图书馆信息资源的地域性特征主要体现在以下两类资源：（1）与本地区经济、科学、文化发展紧密相关的信息资源。例如陕西省的秦始皇兵马俑文献，湖北省图书馆的辛亥革命史料，青海省图书馆的高原农业、高原生物、高原医学等文献。（2）地方文献。地方文献是指涉及本地区政治、经济、历史、文化、科学等方面内容的文献资料。① 地方文献记载着从古至今本地区的历史沿革、经济特点、自然环境、风俗人情、文化古迹等情况，它为研究本地区的历史和现状提供第一手材料，对发展本地区的经济、文化、科学事业，特别是发挥本地区的优势，具有独特的使用价值。这里需要特别指出的是，从文献内容角度划分出的地方文献乃是基层公共图书馆信息资源体系

---

① 肖希明. 信息资源建设［M］. 武汉：武汉大学出版社，2008：64.

的重要组成部分，其出版印刷方式各异，几乎包括了图书馆信息资源的各种表现形式，如广东地方文献数据库。因此，利用地方文献建设特色资源是基层公共图书馆信息资源建设的重要方式。

3. 中文文献为主，其他文种文献为辅

从文种角度来划分，信息资源可分为中文文献和外文文献。中文文献、外文文献所占的比例要视图书馆的服务对象类型而定。高等院校图书馆及科研专业图书馆所服务的研究型用户较多，外文文献是了解国外研究进展，提高我国科研创新能力的重要资源，这两类图书馆除了需要拥有相对完备的中文文献，还必须通过各种途径获取相当数量的外文文献，才能满足科学研究的需要。公共图书馆的服务对象和服务任务与高校图书馆及专业图书馆有较大不同，它主要面向普通民众提供服务，能够为民众提供丰富的满足其基本学习阅读需要的中文文献显得更为重要。因此，公共图书馆在文献语种结构方面，应以中文文献为主，其他文种文献为辅。

4. 纸质资源与数字资源协调发展

人们对纸质资源及数字资源的阅读倾向如何是近几年社会关注的焦点，这对图书馆信息资源体系与图书馆自身发展都有较大的影响。数字资源因其数量巨大、更新速度快等特点，已成为研究人员的首选资源。而对公共图书馆来说，其信息资源体系是以纸质资源为主，还是以数字资源为主呢？从公共图书馆的服务对象来看，大众型用户主要需要了解、学习各领域科学文化知识的基础信息资源，纸质资源由于其悠久的发展历史，在成熟性、系统性方面胜于数字资源，比较适合用于满足大众型用户的信息需求。同时，数字资源因其跨时空传播的优势，是人们及时了解各领域最新信息的最佳途径。目前，公共图书馆信息资源尚以纸质资源为主。今后，公共图书馆应协调好纸质资源与数字资源的比例，在重视图书、报刊等纸质资源的同时不能忽视用户对数字资源的需求，特别是本地区经济建设需要的数字资源，以及符合普通民众需求的娱乐性、科普性、实用性较强的数字资源，如文化共享工程建设的各领域数字资源。

第三节　公共图书馆信息资源建设的基本原则

一、公共图书馆信息资源建设的概念

(一)信息资源建设概念的演变

从第一节的内容我们知道，信息资源的形成不是自然而然的，必须在相关设备、资源的基础上通过人类自觉的开发和建设才能使之形成并优化。因此，包含对信息资源的鉴别、选择、采集、组织、加工、管理等内容的信息资源建设是图书馆等信息机构的基础性工作。但是概括这部分工作的专业用语并非从一开始就是"信息资源建设"，而是经历了从藏书建设到文献资源建设，再到信息资源建设的演变过程，这种演变也客观真实地反映了随着时代的发展信息资源建设内涵的深刻变化。

1. 藏书建设

藏书建设与图书馆的存在与发展是紧密不可分割的。在古代社会，受到文献资源生产、传播、保管能力的限制，文献的数量相对有限，收集文献也比较困难，藏书建设在当时主要表现为全面搜集图书并尽可能妥善地收藏与保管。在中国古代藏书家的著作中，有不少关于"求书""购书""鉴书"以及图书装订、编目、保藏等方面的论述，如宋代郑樵的《求书之道有八论》、明代祁承爜的《藏书训略》、清代孙庆增的《藏书记要》及叶德辉的《藏书十约》。前人总结的这些藏书方法，虽然受到封闭式藏书楼时代的局限，

适应以个人为主体的分散藏书体制，但对现在图书馆信息资源采访仍有一定的参考借鉴价值。

进入近代社会，伴随着西学东渐、西书翻译的发展，近代印刷术与造纸术的广泛应用，图书种类与数量日益增多，图书馆很难像过去那样收集全部的出版物，有计划、有选择地收集文献日益成为图书馆的一项重要工作，"藏书采访"（Collection Acquisition)的概念应运而生。为了加强对藏书采访的管理，图书馆还专门设置了采访部或者采编部。20 世纪 50 年代以后，随着图书馆事业的发展，围绕文献收藏活动的内容日益复杂，"藏书采访"一词不足以概括对文献资料进行选择、收集、组织和积累等工作的全过程，因此我国图书馆界出现了"藏书建设"等专业术语，在西方国家通常称为馆藏建设（Collection Building)，或者馆藏发展（Collection Development)。通过对"藏书建设"含义的不断研究，至 20 世纪 70 年代，藏书建设已成为一个比较完整的系统概念。1987 年，沈继武撰《藏书建设与读者工作》一书，认为"藏书建设"是研究符合图书馆任务与读者需求，系统地建立、发展、规划、组织藏书体系全过程的理论。①

2. 文献资源建设

20 世纪 80 年代，图书馆发展面临许多新的问题。首先，藏书类型更加复杂，除了图书、期刊、报纸等印刷型出版物，还出现了缩微资料、音像资料、机读资料等不同载体的出版物，根据《文献著录总则》对文献的定义，将它们统称为文献更加贴切。其次，由于文献出版数量急剧增长，价格大幅上涨，而图书馆的文献购置经费却相对短缺，单个图书情报机构越来越难以满足用户日益多样化的文献需求。协调采购、合作藏书、资源共享活动在

---

① 沈继武. 藏书建设与读者工作[M]. 武汉：武汉大学出版社，1987：24-26.

图书情报机构之间广泛开展起来，大大拓宽了藏书建设的实践领域。针对这些现象，藏书建设的概念很难再真实、准确地反映这一领域理论和实践的进展，文献资源和文献资源建设的概念被提出。

所谓文献资源建设，就是依据图书情报机构的服务任务与服务对象以及整个社会的文献情报需求，系统地规划、选择、收集、组织管理文献资源，建立特定功能的文献资源体系的全过程。①文献资源建设理论体系既包含个体图书馆的微观藏书体系建设，又包含一定范围内（地区、系统、国家乃至国际）图书情报机构的宏观文献资源整体系统建设，而这正是文献资源建设概念的创新所在，它从建立文献资源保障体系的视角与高度，将馆际协作、文献资源共建、文献资源共知、文献资源共享等一系列宏观文献资源建设理论带入我们的研究视野。因此，范并思教授评价说："文献资源建设概念的提出及研究领域的形成，是中国图书馆学家首次用自己的概念创立研究领域，并且没有一个术语如此科学地包容了这一领域的问题，在这个领域，中国站到了世界的前列。"②

3. 信息资源建设

20世纪90年代以后，由于信息技术的突飞猛进，尤其是数字化技术的广泛应用和互联网的迅速普及，文献资源建设的实践发生了重要变化，文献资源建设的理论也显露了它的一些局限性。主要体现在：图书馆馆藏资源已不局限于物理形态的馆藏文献，各种形式的电子化或数字化信息等迅速地涌入图书馆，图书馆也越来越多地通过网络存取数字资源为用户服务，这使得图书馆的

---

① 沈继武，肖希明. 文献资源建设[M]. 武汉：武汉大学出版社，1991：46.
② 范并思. 从经验图书馆学到新型图书馆学[J]. 中国图书馆学报.1993(2).

资源结构由单一的实体馆藏转变为实体馆藏与虚拟馆藏并存。文献资源建设的概念难以涵盖数字信息的生产、加工、存取等工作内容。而且，只有在网络环境中，借助于先进的信息生产、存储与传递技术，才能最大限度地实现信息资源共建、共知和共享，真正建立一个丰富的信息资源保障系统。在这种情形下，信息资源建设的概念自然而然地取代了文献资源建设的概念。但需要指出的是，信息资源建设与文献资源建设和馆藏建设从内容上来说是包容关系，而不是取代关系。换言之，文献资源建设并不因为信息资源建设概念的提出而消失，相反，它作为信息资源建设的组成部分，其作用"只能加强不能削弱"。[①]

所谓信息资源建设，就是人类对处于无序状态的各种媒介信息进行选择、采集、组织、管理和开发等活动，使之形成可资利用的信息资源体系的全过程。[②] 可资利用是信息资源的重要特征，没有经过人类组织开发并能为人类所利用的信息不能称为资源。所谓可资利用，至少应包括以下标准：(1)资源丰富，没有一定的积累，资源很难满足人们的需求。(2)选择精良，即通过严格的鉴别、选择，去除可信度低、严重污染的信息，保证提供利用的信息具有较高的质量。(3)结构合理，即信息资源拥有合理的学科结构、文种结构、时间结构、等级结构和载体结构。(4)查询简便，为所选择的信息资源编制易学易用的检索工具和检索系统，提高资源的可获知性。(5)传递迅速，即使用者在需要的时候能够及时迅速地获得有关信息资源。

(二)公共图书馆信息资源建设

公共图书馆信息资源建设，是指公共图书馆根据自身性质、

---

① 吴慰慈，高波. 从文献资源建设到信息资源建设[J]. 中国图书馆学报，2000(3).
② 肖希明. 信息资源建设[M]. 武汉：武汉大学出版社，2008：21-22.

任务和用户需求，有计划并系统地规划、选择、收集、组织、管理各种信息资源，建立具有特定功能的信息资源体系的整个过程和全部活动。① 这个概念同样包含两个层次的内容：(1)个体公共图书馆的信息资源建设。(2)多个公共图书馆之间或图书馆与其他信息机构之间的信息资源共建共享。

二、公共图书馆信息资源建设的原则

(一)实用原则

实用原则是指公共图书馆要从自身的服务任务和服务对象的信息需要出发，规划、选择、搜集、组织和管理信息资源，以最大限度地满足社会的信息需求。

现代图书馆的发展特点决定了信息资源建设必须以实用性原则为基本原则。传统图书馆的根本特点是以书为本，图书馆业务活动围绕着书而展开，从采访到编目，从典藏到借阅，工作重心在"藏"上。现代图书馆的根本特点是以人为本，用户是图书馆的主人，图书馆的一切工作都要从用户的利益出发，为用户服务，工作重心在"用"上。实用原则要求公共图书馆根据服务任务和服务对象确定信息资源建设的范围、重点、特色、结构等。

国家图书馆和大型综合性公共图书馆，承担着为政府决策和国家政治、经济、文化发展服务的任务，必须全面搜集各学科、各文种、各时间段、各种载体的信息资源，如此才能成为国家或地区的信息中心。对基层公共图书馆而言，它们的主要任务是为地方经济、文化发展服务，为满足人民群众学习科学文化知识的需要服务。这一服务任务，要求它重点入藏地方经济和社会发展需要的科研、生产、管理等文献，广泛收集能满足群众学习科学

---

① 程焕文，潘燕桃. 信息资源共享[M]. 北京：高等教育出版社，2004：7.

文化知识需求的书刊资料，同时尽量系统、完整地收藏反映本地区历史和现状的具有地方特色的文献。在数字信息资源建设方面，应该根据实际使用需要，采用经济、合理、灵活、多样的形式进行，切不可盲目攀比，贪大求全。

公共图书馆是通过为用户提供各种信息资源来完成其所担负的服务任务的。公共图书馆的信息资源如果脱离了服务对象的实际使用需要，就无法实现它的价值。在信息环境下，用户对信息资源的需求呈现出主体多元化、内容综合化、载体多样化、利用高效化等发展趋势，公共图书馆必须做好用户需求调研工作，才能使建设的信息资源符合用户的需要。美国图书馆协会主席认为，在新媒体新阅读蓬勃发展的时代，公共图书馆的发展策略乃是重视其社区文化中心的地位。大多数公共图书馆通过地方一级的财政获得经费支持，关注其所在社区的需求是每个图书馆获得认可的关键所在。图书馆不应停留在满足长期以来一直利用图书馆服务的老用户们的需求，更应当以开阔的视角来观察社区的不同构成要素，并思考如何才能更好地服务于他们，例如，怎样为当地的小企业提供服务支持？如何协助社区用户进行终身学习？如何支持儿童和青年人的学习和发展？如何让图书馆的服务能够满足不同类型社区成员的需求？正是由于美国公共图书馆贴近社区需要的资源建设和服务，当许多图书馆在经济不景气时期面对经费短缺的压力时，其所在的社区往往会跳出来呼吁政府继续保持对图书馆的经费投入。①

(二)特色原则

特色原则要求公共图书馆信息资源建设在坚持实用原则的基

---

① 重塑公共图书馆的社区文化地位[EB/OL]．[2012-04-26]．http://blog. sina. com. cn/s/blog_4b04e3970102e1eu. html.

础上，建设具有自己独特风格的信息资源体系。

公共图书馆信息资源建设坚持特色原则的依据在于：首先，信息资源共享作为提高公共图书馆服务能力的必然途径，要求个体图书馆建设特色资源，以便在此基础上展开一定范围的资源共知和共享。特别是在数字化、网络化快速发展的环境下，若是各公共图书馆资源建设追求"大而全""小而全"，必将造成极大的资源浪费，信息资源共享也就失去了意义。其次，公共图书馆面向社会大众提供服务，但各公共图书馆所在地区的政治、经济、科技、文化发展各有自己独特的情况和信息需求，用户群体构成也不尽相同，图书馆必须构建符合本地区的发展需要及各用户群体需要的独特的信息资源体系。

由此可见，特色原则和实用原则是相辅相成的关系。实用原则是特色原则的基础，不以信息资源的实用性为前提的特色化建设必然偏离用户需求，成为摆设。信息资源特色化又是实用性的保证，用千篇一律、同一模式建设的信息资源去满足本地区用户的信息需求，实用原则就成为空谈。

在数字化环境中，信息资源特色化建设有两个途径：（1）馆藏文献特色化建设。（2）特色数据库建设。从特色化建设的角度来说，图书馆可从学科特色、地方特色、文献类型特色等角度入手。学科特色是对某些学科、专业的文献有完整系统的收藏，形成自己的特色。地方特色即根据本地区的地理、历史、经济和文化特点，对反映地方特色的文献或实物资源进行完整系统的收藏，从而形成特色。例如地方文献特藏、非物质文化遗产特藏、古钱币特藏。文献类型特色即根据图书馆的任务、历史特点、藏书协调组织的统筹安排等，对某些文献类型完整系统收藏，形成特色，如专利文献特藏、标准文献特藏。公共图书馆可根据所服务地区发展的需要、自身经济及人才实力，选择一个或多个角度建设本馆特色文献或特色数据库。从公共图书馆与所服务地区的关系来看，地方特色资源应是公共图书馆特色资源建设的重中之重。

但是，并不是随便围绕某个角度建设，公共图书馆就可以拥有特色资源。一个资源体系要想成为特色资源，必须满足一定的要求：(1)所收集的信息资源要达到一定的数量。(2)收集的信息资源要有一定的深度，并且时间结构合理。(3)要实体信息资源与虚拟信息资源并重。

(三)共建共享原则

共建共享原则是指公共图书馆在进行信息资源建设时，在图书馆与图书馆之间、图书馆与其他信息机构之间，建立广泛的合作关系，科学规划，分工协作，共同建设，相互提供资源，建立相互联系、相互依存的信息资源保障体系。

公共图书馆信息资源建设的目标是，通过对庞杂无序的各类型载体信息源进行全面而又精确的控制，最大限度地满足服务对象的信息需求。很显然，在当今信息数量急剧增长、用户需求日益复杂的情况下，任何单个图书馆凭着自身有限的信息收集与控制能力，都不可能实现这一目标，必须进行信息资源共建共享。合作采购、合作加工、合作储存、馆际互借等是图书馆信息资源共享的早期实践活动，随着信息技术的迅猛发展，各种系统内、跨系统、跨地区甚至全球信息资源共享组织不断建立，信息资源共享完全突破了时空限制，实现了质的飞跃。如今，任一公共图书馆都必须在宏观信息资源建设的格局中考虑自身信息资源建设策略，建立本馆有重点、有特色的信息资源体系，与其他图书馆或信息机构优势互补，通过馆际互借和文献传递系统，各馆的信息资源可供相互利用，共同满足用户的信息需求。同时，公共图书馆尤其是基层公共图书馆虽受自身规模、条件的限制，也当尽可能利用网络环境下海量的信息存储系统、高速和成本低廉的信息传输手段、联机联合目录及各种电子化的检索工具等，更好地发挥信息资源共享的作用。

三、公共图书馆信息资源建设的任务

(一)信息资源体系规划

信息资源体系，是指由不同学科、不同文种、不同时间、不同等级、不同载体形态的信息资源以合理的比例所形成的，能够最大限度满足用户需求的有机系统。信息资源体系规划，就是指公共图书馆根据本馆任务和读者对象的需要，确定本馆信息资源体系的目标和原则、资源收集的范围、重点和采集标准，提出本馆信息资源构成的基本模式，制订信息资源建设计划。规划活动的重点是安排各类型信息资源尤其是文献资源和数字资源的数量、比例、层次级别，形成有内在联系、有重点、有特色的信息资源体系。

(二)信息资源的选择与采集

根据已经确定的信息资源体系的基本模式，通过各种途径，选择与采集文献信息资源和数字信息资源，是信息资源建设的基础工作。从公共图书馆的实际工作来看，文献信息资源尤其是印刷型资源是其选择与采集的重点。与此同时，可根据条件和需要尽力搜集免费网络资源，合理配置商业数据库资源。网络信息资源极为丰富，公共图书馆应以文化共享工程为契机，重视对免费网络信息资源的开发组织，由此扩展本馆的虚拟馆藏，提高本馆的服务能力。商业数据库资源是指图书馆通过签约付费，可远程登录、在线利用的数字信息资源。

(三)自建数据库

自建数据库是数字信息资源建设的重要内容，有条件的公共图书馆可以根据需要自建书目数据库和特色数据库。书目数据库

是图书馆信息资源的基础数据库，也是图书馆实现网络化、自动化的前提，它直接关系到联机编目及联合目录数据库的建设。特色数据库则是图书馆特色资源的集中反映。公共图书馆在进行数据库自建时，应根据用户需求量力而行。

(四)信息资源组织管理

公共图书馆信息资源的组织管理主要体现在两个方面：（1）对本馆拥有的文献信息资源进行著录、标引、整序、布局、排列、清点和保护等工作，保证这部分信息资源始终处于有序高效的流动状态。（2）对数字信息资源的整合管理，将图书馆商业数据库、自建数据库和网络免费资源集成起来，实现跨库检索，为用户提供一站式服务，提高资源的利用效率。

(五)信息资源共建共知共享

信息资源共享是人类社会的崇高理想，是图书馆为之奋斗的最高目标。在新的信息环境中，信息资源共建共知共享的主要内容包括：通过整体规划与图书馆之间的分工协调，建设相对完备的文献信息资源保障体系；形成覆盖面宽、利用方便快捷的书目信息网络，实现网络公共查询、联机合作编目、馆际互借、协调采购等功能；建立迅速高效的电子文献传递系统。[①]

(六)信息资源的评价

对本馆信息资源进行评价是公共图书馆信息资源建设的重要一环，也是一个信息反馈的环节。信息资源的评价工作包括确定评价目的和原则、制定评价指标体系、选择评价方法、管理评价过程等内容。不仅要对文献信息资源进行评价，也要评价数字信息资源以及两者之间的关系。

———————————

① 肖希明. 信息资源建设[M]. 武汉：武汉大学出版社，2008：29.

第四节　公共图书馆信息资源服务的基本理念

信息资源建设与服务是图书馆业务工作的两个重要组成部分，两者相互联系、相互作用。一方面，信息资源建设是图书馆的重要使命和基础性工作，离开了信息资源建设，信息服务或知识服务就失去了物质基础，就成了无源之水、无本之木；另一方面，信息资源建设必须围绕用户需求开展，并以服务用户为根本目的，脱离服务的信息资源建设是没有意义的。所谓图书馆信息资源服务是指图书馆利用各种信息资源与各种技术方法满足用户信息资源需求的全部服务活动，如用户培训、文献借阅、参考咨询等。究其内涵，图书馆服务是实现信息资源共享的方式与途径，而信息资源共享恰恰是图书馆为了更好提供服务所寻求出的有效途径；图书馆服务是图书馆在网络化、数字化环境下得以继续生存与发展的唯一原因，没有服务，图书馆就无法在信息环境中生存发展；归根结底，图书馆服务是所有图书馆活动的根本目的。①

服务理念是人们从事服务活动的主导思想，是体现服务价值的基础，是规范服务活动的准则，同时也是人们对服务活动的理性认识。

图书馆服务理念是指导图书馆服务工作的基本方针，是图书馆的服务方式、服务原则、服务态度等的集中体现。图书馆服务理念指明了图书馆服务活动的前进方向和行动准则，代表着一个图书馆的服务形象。②

理念是行动的指引，正确的理念是优质高效的图书馆服务的保障。从杜威的图书馆"三最原则"到阮冈纳赞的"图书馆学五定

---

① 杨玉麟. 图书馆服务理念之我见[J]. 图书与情报，2010(4).
② 朱丹，钟楚玲. 现代图书馆服务理念创新分析与研究[J]. 图书馆论坛，2009(3).

律",再到联合国教科文组织的《公共图书馆宣言(1994)》;从我国民国"新图书馆运动"时期"一切为读者"等服务理念到21世纪的公共图书馆服务体系、《中国图书馆员职业道德准则(试行)》,再到中国图书馆学会的《图书馆服务宣言》,国际、国内公共图书馆服务理念一直在不断地发展、完善,它已经成为发展图书馆事业的动力,只有将先进的理念落实到具体工作中,图书馆事业才能得到持续的发展。新信息环境下,我国公共图书馆信息服务活动已经体现出以人为本、资源共享、普遍平等、免费开放、无障碍、重视新技术等服务理念。

一、以人为本的服务理念

在图书馆产生、发展的较长一段时期内,图书馆的各项工作包括图书馆服务均是以书为本,以"藏"为图书馆的首要任务。但现代图书馆则是以人为本、以用为主,这是现代图书馆与传统图书馆工作的根本区别之一。《图书馆服务宣言》指出,图书馆应以用户需求为一切工作的出发点。坚持以人为本的服务理念也就意味着,公共图书馆一切工作的开展都要以用户需求为中心和依据,用户是图书馆生存和发展过程中的决定因素。以人为本的服务理念在我国公共图书馆得到了广泛应用。

(一)图书馆服务活动的设计处处为用户考虑

虽然图书馆员日常工作内容和对象往往都是各类信息资源,但是最终的服务对象是用户。因此,图书馆工作各环节都要依据用户需要来设计,服务活动的开展更需要如此。例如,为方便所有用户还书,很多公共图书馆开通了多种还书渠道。杭州图书馆就设计了三种归还方式,除本馆服务台外,用户还可通过24小时还书箱和自助借还机、杭州市公共图书馆基层服务点来还书。在开放时间方面,大多数公共图书馆存在开放时间机关化的情况,使一些上班族很难走进图书馆。为满足广大市民的阅读需求，广东茂名市新图书馆延长了开放时间，周二至周五开放时间为 9 个半小时，周六、周日开放时间为 13 个小时(8:00～21:00)，节假日照常开放。较长的、灵活的开放时间无疑方便了用户对图书馆信息资源的获取，提高了图书馆信息资源的利用率。上海图书馆更是推出了"网上委托借书"服务，为不方便到图书馆借书的用户提供送书服务。读者可以先在网上预约图书，随后上海图书馆把图书送到离读者较近的图书馆，再用短信通知取书，这种人性化的服务博得了读者的好评。此外，上海图书馆与上海杨浦区图书馆联合创建的上海近代文献馆引入信息共享空间的概念，在一个空间中整合用户需要的各类资源和服务，这种一站式服务的做法也是以用户为中心的典型案例。

(二)以用户需求为中心主动开展读者服务活动

现代公共图书馆再也不是被动地等待读者上门借阅图书的信息机构，以人为本的服务理念要求公共图书馆时常调研用户的实际需求和潜在需求，在此基础上主动开展相应的信息服务。随着全国民众对讲座服务的呼声越来越高，很多公共图书馆开展了公益讲座活动，国家图书馆的"文津讲坛"、上海图书馆的"上图讲座"、山西省图书馆的"文源讲坛"、杭州图书馆的"文澜讲坛"等已形成品牌。诞生于 1978 年的"上图讲座"已形成 6 大版块、18 个系列，被称为"城市教室""市民课堂"和"没有围墙的大学"。"上图讲座"的最大特点是面对社会大众，其服务辐射至长江三角洲地区 18 个城市和全国图书馆界。同时，还推出了"讲座专刊""讲座网站""参考文摘""讲座丛书""视听阅览室"等一系列衍生产品。① 为

---

① "城市教室"上海图书馆市民讲座[EB/OL]. [2012-04-23]. http://www.cc-nt.gov.cn/sjzz/whkjs/ztlm/whbcxj/200605/t20060522_26755.html.

了让更多的民众享受到同样高水平的讲座服务，2010 年 12 月 16 日，全国公共图书馆讲座联盟正式成立，并开通了讲座联盟网站，使社会公众可以通过网络及时了解各图书馆的讲座信息，并可在线共享优秀的视频讲座资源。

（三）为弱势群体用户开展特殊服务

弱势群体是根据人的社会地位、生存状况而非生理特征和体能状态来界定的一个虚拟群体，是社会中一些生活困难、能力不足或被边缘化、容易受到社会排斥的散落的人的概称，例如儿童、老年人、残疾人、精神病患者、失业者、贫困者、下岗职工、灾难中的求助者、进城务工人员、非正规就业者以及在劳动关系中处于弱势地位的人等。在知识经济时代，对知识信息的获取对个人及组织的提升有决定性的影响，公共图书馆作为维系社会系统理性、和谐、有序运行的社会制度，为弱势群体提供保障性服务是其义不容辞的责任。北京、上海、深圳、东莞等地建设进城务工人员图书馆即是这方面的有益尝试。深圳从 2003 年开始就把进城务工人员图书馆建设作为"图书馆之城"的重要内容，2007 年又进一步将进城务工人员图书馆纳入"外来劳务工文化服务工程"，明确提出超过 2 万人以上的大型工业区、企业兴建一个进城务工人员图书馆的建设标准，并制订了实施计划。至 2009 年 12 月，深圳市已拥有进城务工人员图书馆（室）过百家，其中纳入市区图书馆一体化管理的有 24 家，除借阅服务外，每年开展读者活动 350 场。①

二、资源共享的服务理念

信息资源共享，是指图书馆在自愿、平等、互惠的基础上，

---

① 马璇. 农民工图书馆已经超过百家[N]. 深圳特区报，2009-12-06.

通过建立图书馆与图书馆之间和图书馆与其他相关机构之间的各种合作、协作、协调关系，利用各种技术、方法和途径，开展共同揭示、共同建设和共同利用信息资源，以最大限度地满足用户信息资源需求的全部活动。从信息资源共享的概念可知，共同建设、共同揭示信息资源作为共享的手段是为了共同利用信息资源为用户提供服务，实现"任何用户（Any User）在任何时候（Anytime）、任何地点（Anywhere），均可获得任何图书馆（Any Library）拥有的任何信息资源（Any Information Resource）"的目的。①《图书馆服务宣言》指出，图书馆的目标之一是图书馆开展信息资源共建共享，各地区、各类型图书馆加强协调与合作，促进全社会信息资源的有效利用。由于单个图书馆资源建设和服务能力的有限，在现代信息技术的支持下，资源共享已成为提高图书馆服务效率、满足全社会信息需求的必由之路。

目前，我国公共图书馆开展了形式多样的资源共享活动，并取得了良好的服务效果。全国性的有全国文化信息资源共享工程、全国公共图书馆讲座联盟等，区域性的有上海市文献信息资源共建共享协作网、上海市中心图书馆、联合参考咨询网及文献传递网、广东流动图书馆、佛山市联合图书馆、珠江三角洲数字图书馆联盟、浙江网络图书馆、厦门市公共图书馆服务联合体、西藏数字视频资源建设等，这些共享组织或项目正在为全国各地区图书馆及信息用户提供服务。

全国文化信息资源共享工程（简称文化共享工程）是新形势下构建公共文化服务体系、惠及千家万户的一项重要文化基础工程。文化共享工程应用现代科学技术，将中华优秀文化信息资源进行数字化加工整合，通过工程网络体系，以互联网、卫星、移动存

① 程焕文，潘燕桃.信息资源共享[M].北京：高等教育出版社，2004：15-16.

储、镜像、光盘、有线电视/数字电视网等方式，实现优秀文化信息资源在全国范围内的共建共享，对于打破落后地区信息闭塞的状况，缩小"数字鸿沟"，提高广大人民的科学文化素质，推进社会主义文化大发展大繁荣和建设和谐社会，发挥着重要作用。目前，文化共享工程已形成国家管理中心、省中心、市县支中心、乡镇及村基层服务点的服务体系。"十二五"时期，全国文化信息资源共享工程将在"十一五"基本实现"村村通"的基础上，充分利用已建成果，最大化发挥各级网点设备设施的服务能力。以有效开展服务为重心，以打造精品、优化应用为重点，以全面推动共建共享为途径，以可持续发展的体制机制作保障，到 2015 年，将工程建成资源优质丰富、技术先进实用、传播高效互动、服务便捷贴近、管理科学规范、体系完整可控的公共数字文化传播服务体系，实现"时时可看，处处可学，人人可享"，使全国文化信息资源共享工程成为政府主导的公共网络服务阵地，成为资源最丰富、服务最便捷、使用最安全的网上爱国主义教育基地、中华数字文化资源门户、数字文化网络培训学校，成为基层群众的信息中心、学习中心和数字文化中心。[①]

　　第二届文化部创新奖获奖项目中，经广东省文化厅推荐的"区域图书馆集群管理与协同发展模式"项目是其中之一。该项目是广东省东莞市图书馆根据网络时代发展和地域社会需求，探索并经实践验证的一条区域内图书馆群整体发展道路，是建设我国图书馆公共服务体系的有效方式。东莞市城市图书馆集群服务网络是以东莞图书馆新馆为龙头所构建的市、镇、村三级公共图书馆网络，它突破单纯的文献资源局限，确立信息资源、设备资源、人力资源等多资源共享思想，通过研发新一代图书馆集群网络管理

---

① 　全国文化信息资源共享工程网站，http://www.ndcnc.gov.cn/。

平台 Interlib，实现了区域图书馆群整体上的资源整合和业务整合，实现了"一馆办证，多馆借书；一馆借书，多馆还书"的通借通还目标，使"网上预约、电话预约、送书上门"等便捷的读书生活在东莞成为可能。①

三、普遍、平等的服务理念

"各级各类图书馆共同构成图书馆体系，保障全体社会成员普遍均等地享有图书馆服务"是《图书馆服务宣言》的重要内容。普遍、平等的服务理念包含两个层面的内容。

(一)普遍的服务理念

图书馆将服务触角深入基层，任何民众都能就近便捷地获得图书馆服务。联合国教科文组织 1998 年统计的各国公共图书馆情况表明：每 2.2 万名法国人，享用一家公共图书馆；每 2.6 万名意大利人享用一家图书馆；英国有公共图书馆 5 183 家，每 1 万名居民有一家图书馆；德国每 6 600 人有一家图书馆；芬兰每 5 000 人有一家图书馆；奥地利每 4 000 人有一家图书馆；挪威每 4 000 人有一家图书馆；瑞士每 3 000 人有一家图书馆……而我国有 2 600 家公共图书馆，约 50 万人分到一家。② 自 2005 年 10 月，中国共产党十六届五中全会提出"逐步形成覆盖全社会的比较完备的公共文化服务体系"以来，我国实施了乡镇综合文化站建设项目、县级图书馆文化馆修缮专项资金、城市社区文化中心(文化活动室)设备购置专项资金等一系列面向基层、面向农村的重大文化设施建设项目。截至 2010 年年底，全国共有公共图书馆 2 884

---

① 集群管理与协同发展：东莞图书馆创新资源共享模式[EB/OL]．[2012-04-24]．http://www.gdwh.gov.cn/shownews.php? BAS_ID=19543.

② 联合国教科文组织公布的各国公共图书馆统计[EB/OL]．[2012-04-24]．http://blog.sina.com.cn/s/blog_4b04e39701008jfu.html.

家，文化馆（含群众艺术馆）3 264 个，乡镇（街道）文化站 40 118 个，村文化室 20 余万个，基本实现了公共文化服务体系全覆盖。① 全国各公共图书馆也纷纷通过建设社区图书馆、流动图书馆、外阅点等方式，扩大图书馆服务的覆盖率。

深圳图书馆之城是深圳市文化局在其《深圳市建设"图书馆之城"（2003—2005）三年实施方案》中提出的深圳市公共图书馆事业建设蓝图，是国内第一个以此为文化愿景的城市。其具体含义是：用三年时间，争取让每个社区（村）都有一座规模不等的图书馆（室）或文化共享工程基层网点；到 2005 年年底，基本实现每 15 万常住人口拥有一家公共图书馆，每 1.5 万常住人口拥有一家社区图书馆（室）；以现有的各级公共图书馆和新建的社区图书馆网点为基础，联合其他系统图书情报部门，建立覆盖全城、服务全民的文献信息资源共享网络，使深圳形成人人可用任何图书馆的没有边界的大图书馆网。② 九年来，深圳投入资金 10 多亿元建立覆盖全市的图书馆服务网络。截至 2012 年 4 月，深圳已经建成 638 家公共图书馆，最早实现中国"每 1.5 万人拥有一家社区图书馆"的目标，全市公共图书馆总藏量已达到 2 200 余万册。2012 年 4 月 22 日，深圳市文体旅游局在深圳图书馆举行 2012 年"4·23"世界读书日系列活动启动仪式，同时发布"图书馆之城"统一服务平台标识，启动深圳市"图书馆之城"统一服务平台，实现了市、区、街道、社区共 327 家图书馆互通互联、资源共享和一证通行、通借通还，标志着深圳已经建成"图书馆之城"。③

---

① 文化部：我国基本实现公共文化服务体系全覆盖[EB/OL]. [2011-09-20]. http://www. gov. cn/jrzg/2011-09. 11/content_1945452. htm.

② 屈义华. 基层图书馆信息资源建设与服务[M]. 北京：国家图书馆出版社，2011：171.

③ 王岑. 深圳市顺利建成 RFID"图书馆之城"[N]. 深圳特区报，2012-04-23.

(二)平等的服务理念

公共图书馆信息资源是社会的共同财富，平等利用信息资源是用户的基本权利和图书馆的基本义务，任何用户在利用图书馆信息资源时不应受到任何歧视。联合国教科文组织的《公共图书馆宣言(1994)》中规定：公共图书馆应该在人人享有平等利用权利的基础上，不分年龄、种族、性别、宗教信仰、国籍、语言或社会地位，向所有的人提供服务。许多国家的图书馆组织也通过颁布相应的规章制度来规范图书馆的行为，保障用户平等利用信息资源的基本权利。例如，美国《图书馆权利法案》规定：图书馆应该向其服务社区的所有人提供图书和其他图书馆资源以满足其兴趣、信息和启蒙的需求；一个人利用图书馆的权利不应该因为种族、年龄、背景或者观点的原因而被否定或者剥夺。在我国，许多公共图书馆秉承平等的服务理念向所有用户开放，包括乞丐、拾荒者。自 2003 年起，杭州图书馆开始对所有读者免费开放，包括乞丐、拾荒者和附近的农民工。这一举措推行以来，一直引起一些读者的不满。曾有读者投诉，称允许乞丐进图书馆是对其他读者不尊重。2011 年 1 月 18 日，该馆馆长楮树青在微博上表示："我无权拒绝他们入内读书，但您有权选择离开。"这话赢得了网友一致的赞誉。公共图书馆因其公共属性决定了它们必须面向全体社会成员开放。杭州市图书馆办公室刘主任说："我们一直觉得，这是公共图书馆本来就应该承担的责任。"

四、免费开放的服务理念

普遍平等地为用户提供信息服务是公共图书馆的基本义务，而免费开放则是实现普遍平等的基本保障。《公共图书馆宣言(1994)》称，公共图书馆应遵循免费原则。我国的《图书馆服务宣言》也提倡图书馆以公益性服务为基本原则。直到今天，在欧美国家许多 19 世纪设立的公共图书馆门楣上仍然保留着"免费图书馆"（Free Library）或者"向一切民众免费"（Free to All People）等字样。① 无论是发达国家还是发展中国家，由于经济发展的不平衡，都存在着不同程度的贫富差距，若要使社会的各个阶层，尤其是弱势群体享有平等利用图书馆信息资源的机会，我们必须实行公共图书馆免费开放，这也是公共图书馆存在的意义。我国诸多省市的公共图书馆较早就开始实施向社会民众的免费开放。2006 年 7 月 10 日，在深圳图书馆新馆开馆的新闻发布会上，馆长吴晞提出新图书馆要实行公共图书馆的理念："开放、平等、免费"，提倡"一切都是免费的""不用带钱包来图书馆"，这是在全国率先实现免费开放的文化场馆。原来传统图书馆的上网计时费、借书证工本费等收费项目在这里也全部取消。这一免费举动最初令读者产生了误会，有人以免费为名复印资料也拒绝支付费用。历经波折、误会、争议，"公共图书馆"概念逐渐为人们所接受。深圳图书馆新馆的先行之举也推动了深圳公益文化场馆的制度改革。2007 年 3 月 1 日，深圳市政府通过财政补贴的形式，让七家深圳市属公益性文化场馆全部免收门票，向社会开放。这正是深圳市政府提高市民文化净福利水平的利民便民措施。深圳也因此成为国内最早实行文化场馆免费开放的城市。②

2011 年，我国迎来了公共图书馆免费开放时代。文化部、财政部联合出台《关于推进全国美术馆公共图书馆文化馆（站）免费开放工作的意见》，明确表明：2011 年年底之前，国家级、省级美术馆全部向公众免费开放；全国所有公共图书馆、文化馆（站）实现无障碍、零门槛进入，公共空间设施场地全部免费开放，所提供的基本服务项目全部免费。这使得公共图书馆免费开放在国家

---

① 程焕文，潘燕桃. 信息资源共享[M]. 北京：高等教育出版社，2004：31.

② 邓妍. 深圳图书馆，免费开放的先行者[N]. 晶报，2011-08-01.

政策上得到了保障。2011 年 2 月 18 日，文化部、财政部召开全国美术馆、公共图书馆、文化馆(站)免费开放工作电视电话会议，提出中央财政在 2011 年将新增公共图书馆等公共文化部门或机构免费开放经费投入约 18 亿元，进一步将免费开放工作做实、做细、做好。实施免费开放政策后，公共图书馆信息资源的利用率大幅度提升。例如，江西省自 2011 年 3 月统一部署 11 家公共图书馆先行启动了免费开放试点工作。试点的公共图书馆，其阅览室、报告厅、自修室等公共空间设施场地免费，文献资源借阅、检索，公益性讲座和展览等基本文化服务项目也将逐步健全并免费提供，还取消了办证费、验证费等收费项目。截至 2011 年 9 月，贵溪市图书馆新办理借阅证 500 多个，是 2010 年同期的 10 倍；靖安县图书馆平均每天 25 人办证，最高的一日达到 64 人；进贤县图书馆新增借阅证 450 个，相当于过去一年办证数量的 4 倍。江西省免费开放的 11 个试点图书馆，每个馆月入读者数量较以前均增长了 4 倍以上。① 这一政策的实施是实现和保障人民群众基本文化权益的积极行动，得到了广大人民群众的支持和认可。

五、无障碍服务的理念

无障碍服务，是指增强残疾人能力并促进其融入社会的一种手段，包括信息通讯技术和互联网两个范畴。公共图书馆面向社会所有公众开放，这其中自然包括残疾人。《公共图书馆宣言(1994)》指出，公共图书馆必须向由于各种原因不能利用其正常的服务和资料的人，如残疾人等，提供特殊的服务和资料。《中共中央国务院关于促进残疾人事业发展的意见》(2008 年 3 月 28 日)也

---

① 图书馆免费开放之后[EB/OL].[2012-04-24]. http://www.jxnews.com.cn/jxrb/system/2011/09.15/011772346.shtml.

要求"积极推进信息和交流无障碍""公共机构要提供无障碍服务，影视作品和节目要加配字幕，网络、电子信息和通信产品要方便残疾人使用"。目前，我国公共图书馆利用信息技术、上门服务等多种方式为残疾人提供无障碍的图书馆服务。例如，首都图书馆专门建设无障碍图书馆，引进先进的阳光读屏电脑、盲文点显器和助视器等帮助盲人读者上网、阅读；上海图书馆通过制作有声读物和无障碍电影、开发电子资源拓宽了盲人的阅读领域；深圳图书馆在建立视障阅览室的同时，定期举办盲人免费电脑培训；杭州图书馆秉持"平等、免费、无障碍"的服务理念，在浙江省盲人学校开设盲文分馆。

在国际图书馆界，盲人数字图书馆的相关研究早在 20 世纪 80 年代就已得到了相当程度的关注，国际图联于 1983 年成立了盲人图书馆联合分会。至 21 世纪，美国、法国、加拿大等国均已建立了盲人数字图书馆，而我国在此方面一直相对落后。2008 年，由中国残疾人联合会信息中心、中国盲文出版社、国家图书馆合作建设的中国盲人数字图书馆，依托国图丰富的馆藏资源，借助残联信息中心和中国盲文出版社在信息无障碍建设方面的经验，利用先进的信息无障碍读取技术，使盲人朋友足不出户就能享受到国家级图书馆的周到服务，与正常人一样共享信息社会的便利，为盲人和视觉障碍群体打开一扇通往浩瀚知识海洋的大门。中国盲人数字图书馆的资源建设和栏目设计均面向盲人的需求，坚持非数字可替换格式资料文献资源的数字化和 Web 上原生数字内容资源的加工、组织并重。网站规划设置了新闻动态、电子图书、音乐欣赏、在线讲座、最新公告、读者指南、新书速递、机构介绍、友情链接、网站导航十个栏目，做到静态信息与动态信息相结合。按照"边建设边服务"的原则，中国盲人数字图书馆网站各栏目的数字资源将在需求调研的基础上不断扩容，以满足不同职业、兴趣爱好的盲人朋友的需求。①

六、重视新技术的服务理念

图书馆一向是信息技术发展的灵敏反应区。为了更好地践行"节约读者的时间""为用户提供普遍均等的图书馆服务"等服务理念，我国公共图书馆普遍重视利用现代信息技术，提高数字资源提供能力和使用效率，以服务创新应对信息时代的挑战。当互联网走进人们的视野，图书馆网站的建设使得人们无须走进图书馆就可以通过联机公共目录查询系统（OPAC）查询图书馆的馆藏，使用图书馆的电子资源。当 Web 2.0 开始风行，图书馆就开始利用博客（Blog）、简易信息聚合（RSS）、百科全书（Wiki）、即时通讯（IM）等 2.0 技术加强与用户的互动，如广东省立中山图书馆的 RSS 订阅、深圳图书馆的 IM 实时咨询、上海闵行区图书馆的"闵图书芯"博客等。

如今，重视新技术应用的服务理念已深入图书馆人的思想。手机图书馆、无线射频识别技术（RFID）、云计算等高端技术都在公共图书馆得到了应用。例如，上海图书馆推出的手机图书馆服务，只要用户的手机安装了 Android 系统，就可以通过触及上海图书馆官方网站，下载相关的客户端软件，实现书目检索、读者服务、微博分享、上图信息、你问我答和分馆导航等七大功能。在手机图书馆上可以检索上海图书馆书目信息，囊括上海市中心图书馆在内的 260 多家馆的馆藏信息，能检索全市 200 多万种、近 1 600 万册馆藏文献资料。上海图书馆还与豆瓣网合作，对于读者检索到的书籍，可以查看有关网友的评论，这无疑可以帮助读者更好地了解书籍的口碑。对于平时繁忙的读者来说，还可以

---

① 第三届文化部创新奖获奖项目：中国盲人数字图书馆［EB/OL］.［2012-04-24］. http://www.ccnt.gov.cn/sjzz/whkjs/ztlm/whbcxj/201005/t20100503_78866.html.

通过手机图书馆查看已借图书信息，并办理续借。目前该手机图书馆所达到的七大功能，只是手机图书馆的第一步，上海图书馆正在设法使更多平时无暇光顾图书馆的人们，通过手机就能将图书借到家中。① 此外，国家图书馆等公共图书馆还引进无线射频识别技术（RFID），提供智能架位导航服务，使到馆读者通过计算机机读目录检索，就可以确定书的精确位置，继续点击架位导航上的图标，读者还可知道该书的空间方位和取书的最短距离，方便读者快速、准确地找到所需图书。②

【本章小结】

随着信息技术的快速发展和信息数量急剧增长，通过各种途径为用户提供精心挑选的信息资源，不仅是现代社会公民的迫切需要，也是公共图书馆生存发展的基础。基层公共图书馆因其接触到我国绝大多数的民众，是图书馆服务社会的主力军，其信息资源建设与服务的质量及效果就显得更为重要。公共图书馆应在实用、特色、共建共享原则的指导下，构建纸质资源与数字资源合理并存的信息资源体系，并遵循以人为本、普遍平等、资源共享、免费开放、无障碍、重视新技术等理念为用户提供信息服务。

---

① 手机变身"借阅证"，上海图书馆让好书"触"手可及［EB/OL］.［2012-04-24］. http://citynews.eastday.com/csdb/html/2012-04/13/content_67629.htm.

② 感受国家图书馆新技术新服务［EB/OL］.［2012-04-24］. http://www.nlc.gov.cn/newtsgj/yjdt/2010n/3y_2174/201003/t20100301_34055.htm.

【思考题】

1. 信息资源形态的发展对公共图书馆信息资源体系的影响是什么？

2. 如何通过公共图书馆的信息资源建设政策和措施将本馆馆藏信息资源的基本特征体现出来？

3. 地方文献在公共图书馆资源建设中的地位是怎样的？

4. 在公共图书馆实践层面上，服务理念和办馆条件哪个更重要？

5. 参照现代图书馆服务理念，思考一下你所在图书馆在哪些方面还可以更好地提升服务水平。

【推荐阅读】

1. 肖希明. 信息资源建设[M]. 武汉：武汉大学出版社，2008.

2. 程焕文，潘燕桃. 信息资源共享[M]. 北京：高等教育出版社，2004.

3. 屈义华. 基层图书馆信息资源建设与服务[M]. 北京：国家图书馆出版社，2011.

4. 杨玉麟. 图书馆服务理念之我见[J]. 图书与情报，2010(4).

5. 王世伟. 新中国图书馆服务理念与实践60年[J]. 图书馆杂志，2009(10).

6. 中国图书馆学会. 图书馆服务宣言，2008.

7. 联合国教科文组织，国际图联. 公共图书馆宣言(1994)，1994.

第二章　公共图书馆文献资源建设

【内容提要】

本章的主要目的是帮助学习者了解公共图书馆文献资源建设的规划设计方法，掌握文献资源选择的原则和采访的方式与对策，认识特色馆藏文献资源建设的意义、内容和方法，了解馆藏文献资源评价的原则和指标，并运用所学知识开展图书馆文献资源建设工作。

本章涵盖的主要内容包括：公共图书馆文献资源规划与设计、文献资源选择与采访、特色馆藏文献资源建设及馆藏文献资源的评价。

第一节　公共图书馆文献资源规划与设计

进入 21 世纪以来，得益于国家发展公共文化事业的良好环境和文化共享工程等重大文化项目的实施，全国公共图书馆馆藏文献资源日益丰富，总藏量和新增藏量逐年增长，服务能力和社会效益不断增强。但是，读者文献信息需求的日趋多元化和地方社会经济的快速发展，给公共图书馆在完善馆藏结构、深化馆藏内容等方面提出了更具针对性的要求。因此，公共图书馆搞好自身馆藏资源建设的一个重要前提，就是必须依照科学的理论对本馆的文献资源建设进行科学、合理的规划与设计。

一、公共图书馆文献资源规划的原则

(一)思想性原则

党的"十七大"提出了推动文化大发展大繁荣的战略决策，公共图书馆肩负着公共文化服务和社会教育职能，对提升整个社会的综合文化素质和精神文明水平发挥着重要作用。因此，要求图书馆收藏符合正确世界观、人生观、价值观、科学观，有利于培育良好社会公德的文献资源。

(二)实用性原则

公共图书馆应根据本馆的规模和任务，结合图书馆经费投入、读者需求特点、地方发展特色等情况，有针对性地收集和组织符合当地读者实际需求的各类文献资源。特别是在资源建设经费有限的情况下，坚持"藏以致用""以用为主"的文献资源建设理念，避免馆藏文献"大而全""小而全"，实现图书馆资源建设的最大效益。

(三)计划性原则

合理使用有限的文献资源建设经费是公共图书馆文献资源建设的关键。公共图书馆应根据图书馆任务和发展需要，制订一定时期内文献资源发展的规划，对馆藏数量、质量和特色目标做出具体的规定，确定各类文献的选择标准、复本量和经费预算等，以便合理安排文献资源建设经费，提高文献资源质量，使文献资源建设有计划、有目的、有步骤地进行。

(四)系统性原则

系统性原则又称整体性原则，表现为文献内容的系统性和文献出版过程的连续性。在图书馆资源建设中，一方面要体现文献内容的完整性和学科之间的内在联系，保证重点文献，照顾一般文献；另一方面各类型文献，特别是连续出版物，要保持其历史延续性和学科发展的完整性，反映出每一专业领域发展变化的过程，并体现最新的研究成果。在网络环境下，还应使印刷型文献、电子文献和各种网络文献资源优势互补、协调发展，从而形成连续系统、完整统一的馆藏体系。

(五)动态发展原则

公共图书馆作为一个向读者和社会开放的系统，其馆藏文献资源本身就是一个动态系统，其文献资源建设是一个新陈代谢的过程。动态发展原则要求公共图书馆提高馆藏管理水平，重视藏书更新工作，通过优化馆藏结构、调整藏书布局、整合藏书空间等有效手段增强藏书活力，保证馆藏文献正常的新陈代谢和动态平衡，建设一个既有较高质量又有相当数量的藏书体系，提高图书馆服务效益。

(六)特色化与协调原则

特色化与协调原则，一是要求基层公共图书馆依据自身任务和读者需求、本地区文献资源分布状况等，建立有重点、有特色的藏书体系，使文献资源在内容和结构上最大限度满足当地读者需求；二是要积极参与和推动区域合作和文献信息资源共建共享，在统筹规划和各馆协商的基础上，实现区域范围内类别齐全、类型多样、整体性强、资源共享的整体性藏书体系，以满足整个社会的文献信息需求。

二、制定馆藏发展政策

文献资源建设规划可以分为长期规划和短期规划，其中长期规划的常见形式为馆藏发展政策，短期规划的常见形式为年度采访计划。

根据美国图书馆协会的定义，馆藏发展政策是指具有"限定一个图书馆现有馆藏的范围，为资源的持续发展制订计划，明确藏书的优势，概述选书原则和机构目标之间的关系、总的选书标准和知识自由"①功能的文件。它立足于图书馆使命，制订长远的馆藏发展规划，界定馆藏的性质、范围、发展目标和任务，明确文献选择标准与优先级顺序，并为文献经费预算和分配提供依据，以此作为文献招标采购的指南，保障馆藏发展的平衡性与一致性，同时为文献资源发展的馆际协作提供交流和共享的框架，促进馆际合作与资源共建共享。馆藏发展政策的制定与实行是有一定的时间范围的，一般以五年左右为一个周期，到期应进行调整以保持其合理性。

(一)馆藏发展政策的依据

馆藏发展政策是图书馆文献资源发展相关业务规章制度的系统性集合。馆藏发展政策将采访工作作为图书馆整体战略的一个部分加以考察，并通过制定战略性政策，阐明采访与图书馆其他工作之间关联性和系统性的逻辑关系。②

公共图书馆制定完善的馆藏发展政策，需要依据图书馆自身条件和具体情况，遵循文献资源建设相关原则，构建优化的、多层次的、具有特色的、可持续发展的文献资源保障体系，以满足地方社会发展和公众对文献资源的需求；需要把馆藏发展政策放到社会政治、经济、科学、教育、文化发展的大环境、大气候中，注重文献资源体系的社会需求适应性和藏书体系的整体功能，长远满足社会知识与信息获取的需求；同时，还需要考虑地区文献资源的分布状况，着眼于地区文献资源建设整体布局与协调发展，

---

① ANJEJO R. Collection development policies for small libraries[J]. PNLA Quarterly, Vol. 70, Issue 2, Winter, 2006：12-16.

② 吴建中. 藏书发展政策[EB/OL]. [2012-04-09]. http://blog. sina. com. cn/s/blog_53586b810100yu6q. html.

着眼于未来发展的需要。公共图书馆制定馆藏发展政策需要重点考虑以下因素。

1. 图书馆的定位与服务对象

公共图书馆通常以本地区公民为主要服务对象，公众不分户籍、性别、年龄、职业、教育程度及宗教信仰都应该享有平等使用图书馆的权利。图书馆所有资源和服务都应该以满足读者需求为前提，在分析图书馆读者特点和读者信息需求的基础上确定图书馆的定位与发展方向。作为地区公共文化服务空间，基层公共图书馆可以通过建立丰富多元的馆藏资源，充分发挥公共图书馆教育公众、传播知识、充实文化、倡导休闲的功能。

2. 图书馆的未来发展计划

根据图书馆所服务地区的中长期规划、各类型文献(包括电子出版物和网络资源)的发展趋势，以及地区文献资源共建共享的客观可能性，基层公共图书馆可以制订符合地区发展需求和公众期望的发展计划。例如，积极提升文献资源数量和质量，举办各类阅读推广活动及图书馆利用指导活动，使图书馆真正成为公众的知识宝库与精神家园，充分发挥图书馆多元化的社会教育功能；加强信息化服务，为读者提供快速便捷的服务，运用现代化信息技术满足社会经济发展快速增长的信息需求；建立馆藏特色，加强区域合作和资源共享，扩大服务层面，满足公众多元化的信息需求。

(二)馆藏发展政策的内容

馆藏发展政策主要用于确定规划期内文献资源建设的发展目标和任务，以及实现的途径和结果，是对文献资源建设的宏观控制，其基本内容如下。

1. 文献资源的规划设计

主要是根据图书馆文献资源现状及发展定位，确定文献资源在规划期内应达到的目标和水平，所收藏文献的学科范围、类型、主题、深度，以及馆藏特色，具体内容如下。

（1）依据本地区服务人口等因素，确定规划期内需要实现的图书、报刊、多媒体及电子资源的数量及其学科分布。

（2）根据图书馆定位、任务和读者需求，确定文献资源在规划期内的收藏范围、类型、主题和深度。作为基层公共图书馆，收藏范围应与读者需求和地区特性相应，建立公众所需的馆藏；收藏类型应以纸本书刊为主，同时积极征集多媒体资源和数字资源；主题范围应根据本地区社会经济发展的特点和读者的实际需求来确定，兼顾知识性与娱乐性，同时配合地方特色，收藏与本地区历史和社会发展相关的文献资源；内容深度应以满足读者一般生活、休闲、学习与工作所需信息为主，同时根据地方经济社会发展趋势提供公众工作或学习所需的文献资源，以满足不同层次的信息需求。

（3）文献资源特色规划。馆藏特色应在现有馆藏学科类别、类型、服务对象的基础上，对读者需求、地区特色和发展趋势加以整体考虑，选取较具特殊性或馆藏量较丰富的特色主题。

2. 文献资源搜集与维护制度

主要是综合考虑图书馆的目的与任务、读者需求、地方发展的特性、馆藏特色的建立及馆藏的均衡发展等因素，确立文献资源采访、组织、复选和剔除的原则和标准，以充分有效利用有限的购书经费，并维持馆藏资料的时效性和完整性。

（1）文献资源采访制度。包括文献采访的方针、总原则和指导资源配置的采访政策。其中，文献采访的方针是指根据地方文明建设、经济和社会发展以及读者需求，鼓励资源共建共享，建设有特色和重点的馆藏体系，在本馆原有文献资源建设基础上使馆藏有计划、有重点地得到补充。

文献采访的总原则是对馆藏重点和馆藏特色的描述，应以具有版权或具有公开播放权为基本采访原则，确定全面购藏或征集入藏，以及有选择有重点入藏的文献类型或学科范围。

指导资源配置的采访政策是指依据文献专项购置经费指标，制订科学可行的计划，合理使用文献购置经费，科学地分配各类文献的采购比例，保证藏书质量。在重视印刷型文献的同时，以读者需求及发展趋势为原则，加强音像资料、电子出版物的采访，并注重各类型文献的合理协调与配置。

（2）文献资源维护制度。文献资源维护是图书馆至为重要与繁复的工作，需要对包括馆藏组织、盘点、更新、评价与剔除在内的各项工作制定规范制度。

馆藏组织制度要明确馆藏文献资源的加工工序和上架规范，并维持整齐以便读者查找，同时明确整架顺位要求，避免出现乱架，影响读者使用。

馆藏盘点制度应明确执行部门和执行周期，以确保实际馆藏与馆藏目录相符，维护馆藏文献资源的完整性，并据此掌握实际馆藏的数量，作为馆藏整理与典藏方式改进的参考。

馆藏更新制度应结合内容与外观两个因素，对内容已陈旧过时的馆藏或属连续性出版的参考资料进行更新，以便向读者提供新颖实时的文献信息；对外观损坏且不堪修复或修复费用高于书价的馆藏，可考虑重新购置。馆藏更新应持续进行，以提高读者利用率，发挥馆藏文献信息的价值。

（3）馆藏评价制度。通过定期的馆藏评价，可以切实了解馆藏学科内容分布与特征，以获得有关馆藏数量、深度及范围的可靠信息。对质的评价，可通过专家评鉴法、书目核对法、读者意见调查法等，了解馆藏范围的广度与深度是否符合图书馆的功能与设置目的；对量的评价，可通过增长量、增长率等相关数据的统计分析，掌握馆藏消长的情况，了解馆藏现状和馆藏结构；对馆藏使用情况，可通过对馆藏相关的资料加以汇总与统计分析，掌握馆藏被使用的情况和读者使用馆藏的习惯。

面对有限的空间和无限膨胀的文献增长量，图书馆应依据自身任务和具体情况形成藏书剔旧的准则和工作机制，对内容不符合图书馆馆藏发展原则、内容错误或参考价值低、已失去其时效性及已有新版可取代、严重残缺破损以致无法阅读、复本过多而使用率低的文献资源，应考虑剔旧淘汰，以确保馆藏维持稳定状态。

3. 馆际合作政策

在参与和推动区域合作以及文献资源共建共享的过程中，基层公共图书馆应改变以往各自为政的思维模式，根据图书馆在地区的作用和地位，加强馆藏特色资源的收集，增加特色资源的数量与载体形式，进而提升馆藏服务的质量，展现馆藏特色的实质效益；同时以多种方式参与当地图书馆之间的文献资源共享合作与协作，推动区域公共图书馆服务水平的整体提升。

三、制订年度采访计划

图书馆年度采访计划是为实现馆藏发展政策而制订的具体实施计划，与图书馆的馆藏发展政策相辅相成。一方面图书馆年度采访计划必须从馆藏发展目标出发，围绕馆藏发展政策进行；另一方面，馆藏发展政策需要年度采访计划来逐步体现。

图书馆年度采访计划应在统计分析上一年度文献资源建设情况的基础上，结合馆藏发展政策、年度文献购置经费和文献出版发行情况制订，一般比较详细、具体，有很强的可操作性，其具体内容如下。

(1)年度文献发展任务。根据馆藏发展政策、年度文献购置经费以及考虑涨幅后的文献价格确定不同类型文献的年度入藏计划，明确图书馆年度需要购置的纸质中外文图书数量、中外文报刊数量，以及数字资源数量等。

(2)年度入藏文献的重点和范围。根据馆藏发展政策确定的本年度藏书发展任务及各项具体要求，明确本年度入藏文献的重点和范围，以及有关国内外文献的类型、文种、载体等收集的范围，并对各类文献的复本量进行规定。

(3)各类型、学科、语种文献资源的采访经费分配比例。应根据图书馆实际情况和读者的阅读倾向，具体确定纸质图刊、数字化书刊、音像资料等的购买比例；根据图书馆读者兴趣和层次，确定不同学科文献、不同深度文献和外文文献的购置比例。

(4)完成计划的具体方法、步骤及措施，以及本年度计划开展的调查研究工作的目的、要求、对象和时间等。

年度采访计划通常在上一年第四季度编制，其编制的程序包括：(1)总结前期采访工作情况，并整理分析有关调查研究材料，如文献的利用率和拒借率调查、读者需求调查、书目信息调查等。(2)根据馆藏发展政策的要求，结合图书馆年度主要工作任务，提出年度文献发展的整体要求。(3)根据读者需求和图书馆发展目标，依据分类法确定各类文献采购数量比例，并确定不同类型文献的复本量，计算分配各季度的采购经费。(4)明确采选模式和采选程序，确定采访人员的责任和权限，明确工作进度要求。(5)编写计划草案，组织讨论、修改，并送上级审批。

年度采访计划应进行定期检查和年终总结，分析经验吸取教训以便改进工作。

第二节 公共图书馆文献资源选择与采访

一、公共图书馆文献资源采访工作现状

文献资源采访工作，是指根据图书馆的性质、任务、读者需求、经费状况，通过寻找、选择、采集等方式建立馆藏，并连续不断地补充新出版物的过程。工作内容包括：制定采访方针、计划和文献搜集标准，研究图书市场和书源信息，收集有关书目，调查读者需求、研究书目，进行初选和查重，领导和专家小组审核初选书目，文献订购及发订单，建立文献采访档案并归档，新书到货验收和登录，对未到文献进行跟踪，财务及账款处理，新书移送编目，收集反馈信息，复选与剔除，采访协调，质量评估等，是图书馆一项重要的基础工作，是开展各项服务工作的基础和保障，不仅决定着馆藏结构和质量，也影响着公众对图书馆服务的满意度。

(一)新时期采访工作的变化

进入 21 世纪以来，公共图书馆采访工作发生了一系列变化，主要表现如下。

1. 采访对象的变化

首先是文献资源出版数量和种类激增，而公共图书馆受购书经费和馆舍面积所限，实际入藏文献种数及相对完备程度偏低，所入藏的文献品种占年出版品种比例呈下降趋势。其次是文献资源载体多样化，大量的磁盘、磁带、光盘、网络数字化信息等新型文献载体对传统纸质文献形成巨大冲击。

2. 采访渠道的多样化

过去图书馆采访文献主要依靠新华书店，而随着文化出版事

业和市场经济的蓬勃发展，目前图书馆采访文献的来源除了新华书店，还有大量民营书店、图书发行企业和网络书店可供选择。

3. 采访方式的多样化

图书馆传统文献采访方式主要以书目订购为主，以现场采购、图书交换、赠送等其他方式为辅，而随着市场经济及电子商务环境的不断优化，各种文献采访模式应运而生，如采购招标、网上采购、采购外包等。科学合理地确定文献采访方案是采访人员所面临的首要问题。

4. 采访策略的改变

过去公共图书馆大多习惯于按照自己的设想、规划、资金和人员情况独立作业，文献资源建设处于一种较分散、各自为政的状态，容易造成区域内文献信息建设规模小、内容重复、缺乏协作共享等弊端，而现在为实现区域内图书馆资源建设的共享，各种合作性采访、集团式采访已成为发展趋势。

(二)当前采访工作面临的问题

1. 新学科、新知识的不断涌现给采访工作带来难度

随着科学技术相互交叉、相互融合越来越普遍，新兴学科、边缘学科不断涌现，知识更新越来越快，广大读者对文献信息的需求更加迫切，对文献内容的需求也趋于全方位，这些都对文献采访工作提出了更高的要求。

2. 采访工作人员存在主观性和盲目性

采访工作人员长年累月埋首于繁重的选书、查重、验收、登录等技术性工作，容易出现凭感觉和凭经验行事的倾向，令采访工作带有主观性和盲目性，从而忽视对读者阅读行为的研究，忽视对自身科学知识水平的提高和文化视野的扩大。

3. 政府采购方式削弱了图书馆对文献源的选择权

政府采购原则上要求每年重新招标以确定供应商，但很难有一家供应商能保证每次都中标，长期、连续出版的多卷书、工具书、套书等不可能一次出齐，频繁地更换供应商可能对馆藏的系统性和完整性造成影响。

4. 缺乏对采访工作的监督与评估

对采访工作的监督与评估的意义在于提供反馈信息，指出图书馆采访工作的优点与缺失。缺乏对图书馆文献利用率、利用效果以及读者和社会对图书馆文献认可度的监督与评估，则难以把握读者的实际信息需求。

另外，资源建设经费不足、图书馆空间有限等老问题，依然制约着公共图书馆资源建设的整体发展。在争取地方财政加大投入的同时，图书馆尤其要注重资源采访方面的协作协调，利用各种地域性、行业性文献资源共建共享机制，实现资源建设与服务的社会效益最大化，避免重复采购、资源浪费的现象。

二、公共图书馆文献资源选择原则与标准

文献资源选择是指依据图书馆的性质和任务、服务对象的需求、地区发展的特性、馆藏特色的建立以及馆藏均衡发展的需要，对众多的文献进行鉴别、判断和挑选的过程，其结果对馆藏文献资源的质量起着决定性作用。为了以有限的购置经费建立适用的馆藏，以满足现代图书馆的功能需要，提高文献选择工作的质量和效率，文献选择工作应吸纳专家学者及一般读者参与，并由专职文献采访人员选择、采集文献。

(一)文献资源的选择原则

文献资源的选择应以合法出版物为前提，并配合图书馆的服

务宗旨和读者需求拟定选择原则,一般可以分为文献资源的选择通则和各类文献资源的选择标准。

1. 文献采选的基本原则

文献采选的基本原则即文献采选时应遵循的具体原则,应具有可操作性。例如,实用性原则,公共图书馆读者阅读需求多表现为求知型、实用型和娱乐型,馆藏应以"用"为中心;经济性原则,在能够应对读者需求的前提下,根据有限购书经费选择适用文献;系统性与发展性原则,即尽量要保持藏书内容的延续性和完整性,反映学科知识体系的交叉和联系,同时又能适应时代的发展;特色化与分工协调原则,即建立有重点、有特色的专门化资源体系,同时通过区域共建共享从宏观角度形成类别齐全、类型多样的综合性资源体系。

2. 各类型出版物的采选原则

规定不同载体文献的采选原则、采选方法及所占的比例。其中,中文图书采选应依据图书馆藏书发展政策,注意藏书的学科结构和层次结构的合理组配,获奖图书及畅销图书尽量全面采选,及时入藏各学科最前沿、最重要以及经典著作;丛书、多卷书及重要的工具书等一般不出现缺订、漏订,各类入藏文献应符合馆藏规划和年度采访计划的要求;中文报刊采选应从总体上保持入藏量相对稳定,在保持原有纸质期刊的系统性和连续性的基础上,尽可能提高期刊需求满足率;外语图书报刊应根据图书馆馆藏特色及本地多元文化阅读需求,有选择、有重点地精选采购。

3. 各学科文献采选的原则及标准

应区分重点馆藏和一般馆藏,根据读者需求,调整各种文献资源的比例结构,有重点地进行资源投入,保证重点、兼顾一般,充分体现馆藏文献配置的科学性和合理性。

4. 采访文献的结构

包括学科结构、等级结构、文种结构、时间结构等，用以确定馆藏的完备程度、内容深浅程度以及满足特定文献需求的水平。图书馆首先应根据馆藏特色和用户需求确定馆藏的学科结构，然后根据图书馆性质与规模、馆藏内容来划分馆藏级别，并确定馆藏的文种结构和时间结构，由此形成整体馆藏文献结构。

5. 复本量

规定各类文献每种的单册采访数量。根据图书馆的性质、任务、特点和读者需求，以及典藏空间和管理能力，确定不同学科、文种、等级、类型文献的复本量。

6. 文献采访方式及渠道

即各类文献的获得方式及管理办法。详见本节"三、公共图书馆文献资源的采访方式"。

(二)文献资源的选择标准

公共图书馆应该根据图书馆的性质和任务，以及广大人民群众娱乐和终身教育的需要，同时兼顾各个年龄层次和各种文化水平读者的需要，制订详细的操作性强的文献选择标准，其中需要重点考虑如下因素。

1. 文献的读者对象

图书馆要选择适合读者水平、能力和需求的文献。每种文献都有特定的读者对象，许多书目则直接或间接地提供了相关信息。基层公共图书馆通常以满足读者一般生活、休闲、学习与工作的文献需求为主，同时兼顾服务于地方产业经济发展的高端应用或科学研究需求。

2. 文献内容的主题

图书馆应根据自身性质和任务制订详细的类目表，分别确定重点选择和一般入藏的文献主题，以指导文献选择工作。在看不到文献原件的情况下，可通过书目提供的题名、内容简介及有关评论初步确定文献主题。

3. 文献的责任者

文献的责任者主要指文献的著者和编者。一般而言，公共图书馆不可能入藏某学科的全部文献，因此在选择文献时应优先考虑著名责任者的著作，因为文献的责任者在学科领域中的地位和知名度基本可以反映该文献的学术价值。

4. 文献的出版者

通常情况下，应优先选择由专业或著名出版机构出版的文献。

5. 文献的价格

图书馆在制定文献选择标准时，应根据自身经费情况确定文献的单种最高限价，对价格较高而又必须或应该入藏的文献，应提交具有审批权限的主管领导研究决定。

三、公共图书馆文献资源的采访方式

按照采访主体划分，可分为单馆自行采购、合作采购、集团采购和采访外包；按照经费使用权限划分，可分为政府采购和自主采购；按照采访工作方式划分，可分为预采、现采、邮购、网购、交换、调拨、征集等。图书馆应主动寻找文献来源，综合利用多种方法和渠道，以保证及时获得读者所需的文献资源。

(一)按照采访主体划分

1. 单馆自行采访

单馆自行采访是指个体图书馆根据自身的目标、任务、读者需求和经费状况，进行采访信息搜集、文献选择、文献查重、文献订购、文献验收等操作。

2. 合作采访

合作采访又称为协调采购、联合采购，是指某区域内的图书馆通过统筹规划，就各馆收藏范围及收藏重点进行协商，建立地区文献联合采购体系及文献资源保障体系。

3. 集团采访

集团采访是指一定数量的图书馆在协调机制下统一与书商谈判，以获得购入文献的较优惠价格，适用于批量较大或金额较高的文献。

4. 采访业务外包

采访业务外包是指将采访业务中订购前的查重、订单核对以及提交采访数据等业务外包给供应商，而馆藏发展、选书、验收等工作作为核心业务仍然由图书馆控制。

(二)按照经费使用权限划分

1. 政府采购方式

图书馆使用财政性资金采购政府采购目录以内的或者采购限额标准以上的文献，应采取政府采购方式，并针对不同的采购环境和采购对象，合理选择公开招标、邀请招标、竞争性谈判、单一来源采购、询价等政府采购监督管理部门认定的政府采购方式。对包括采购方案、采购方式和标准化作业在内的整个采购过程，应该从制度上加强规范和评估，发现问题及时调整。

2. 图书馆自主采访方式

由于文献资源出版数量庞大，政府采购中标的供应商未必能满足图书馆所有的文献需求，图书馆可以向主管政府采购的上级部门申请保留部分年度下拨经费用于自主采访，以此缓解招标采购灵活性不足的问题，同时推进馆藏建设，尤其是特色馆藏建设。

需要注意的是，采用这种采访方式一定要严格执行备案制度，按规范程序开展，以备审查。

(三)按照采访工作方式划分

1. 购买方式

(1)期货文献订购。指从文献征订目录中选择文献，获取并填制订单后向经销商发送，再由经销商按订单供应文献的方式，适用于经费充裕、采购文献品种多、数量大、长期订购的情况。

(2)现货文献选购。指采访人员到出版发行部门或书店等地挑选购买的方式，适用于采购急需文献或有专家或读者参与现场选购的情况。其中，竞拍属于现货文献选购的一种特殊形式，即通过参加拍卖会获得所需文献，适用于对古籍、手稿、善本、字画真迹等的购买与收藏。

(3)报刊预订。指通过经销商按年度提供的报刊征订目录或征订单进行订购，可分为续订、停订和新订。其中，续订即对前一年度期刊订购目录的订刊号、刊名、出版频率和价格等信息逐一核对后确认继续订购期刊的工作行为；停订即标注不再续订某种期刊；新订即将经过询价及选择的新刊清单发给经销商的工作行为。

(4)邮购。适用于向外地新华书店邮购部、出版社发行部门，以及其他学术机构、团体等组织采购零散出版物或非正式出版物，以及补配没有预订或不易现购的文献。

(5)网上采购。即通过互联网来完成文献采购的过程：登录网上书店网站，查找相关书目，选定文献后提交订单购买。

2. 非购买方式

(1)交换。指图书馆之间或图书馆与其他文献收藏单位之间相互交换文献，以便互通有无、调剂余缺、丰富馆藏。

（2）调拨。指在上级主管部门的组织下或按照一定的协调机制，有计划地将部分馆藏文献调拨给需要的图书馆。常见的情况有：撤销单位移交、馆际支援、调剂复本量过大的文献或呆滞文献。

（3）征集。指通过发函、专人登门访求、向社会发布广告或启事等方式，有针对性地从机构或个人那里获得珍贵文献。

（4）接受捐赠。指图书馆接受个人、单位或社会团体等所赠文献。

（5）租借。指支付短期使用费而获得文献短期使用权的文献采集方式，适用于不出卖的或无力购买而又急需的文献。

（6）复制。主要有复印、照相、录音、录像、扫描等形式，但必须注意知识产权问题。

（7）自行制作。主要是利用录音、录像和计算机等技术和设备，同样也需要注意知识产权问题。

四、合理有效的文献采访对策

为了高效率、高质量地开展文献资源建设工作，必须在文献资源来源信息和需求信息、采访工作参与度、采访审批程序、采访工作规范、文献购置经费使用效益评估等方面采取合理有效的文献采访对策。

（一）充分掌握文献资源来源信息和需求信息

1. 多渠道了解文献出版发行和书商信息

文献出版发行和书商信息的收集是文献采选工作中的重要环节，工作内容包括出版发行和书商信息的收集，以及对收集到的各种不同的出版发行和书商信息进行汇集整理。

国内中文出版物主要发行信息的类型包括邮发书目、书店书目和出版社书目，还有专题性书目、回溯性书目、参考性书目、报刊书评、网络书目信息和其他信息等。国外出版物的书目信息主要有发行商书目、出版社书目、书评报道、在版书目、网上信息、国际交换目录等。①

文献采访人员可以采用订购、免费获赠、展会收集等各种方法，应用网络搜索引擎、专业网站、数据库等现代化手段积极收集国内外的文献发行信息，以保证书目收集的完备性和准确性。还要加强对书商的信息收集和沟通，对于书商的综合能力和服务能力，书商的经营理念、规模、服务水平、技术能力等要有清醒的认识和全面的了解。对收集到的文献出版发行和书商信息要加强综合评价，主要评价内容包括：书目信息是否完备准确、是否及时、评价内容是否恰当、到货率和到货速度等。

2. 加强信息沟通与反馈，了解读者需求

对读者需求信息的收集可以为馆藏文献资源建设提供准确的参考数据，进而提高文献采选的质量。其工作内容主要包括：(1)制订调查方案，确定调查的目的、规模、范围和方法，提出时间进度和报告分析要求。(2)安排部门及人员，并分配调查方案和实施细则确定的各项工作。(3)定期检查工作进度，对工作中出现的问题加强沟通和反馈。(4)汇集调查数据，分析统计结果，完成读者调查报告，并提出改进的方法和措施。

(二)提高文献资源采访工作参与度

1. 发动馆内相关部门人员协助采访工作

文献资源采访要以满足读者的需求为前提，因此，要发动图书馆所有开放窗口和部门，如书刊借阅部、信息服务部等工作人员，给文献采访人员反馈来自各方读者的文献需求和意见，并可

① 中国图书馆学会.《图书馆文献采访工作规范》介绍［EB/OL］.［2012-04-12］. http://www.lsc.org.cn/CN/News/2006-10/EnableSite_ReadNews135710011161705600.html.

对采访人员提供的采购价格昂贵的文献资源进行评议审定，以提高文献采访工作效率和工作质量。

2. 发动社会各界参与图书采选

可通过设立图书订购信息推荐处、召开读者座谈会、个别走访、随机询问等获得大量第一手资料，然后由采访人员统一收集、整理读者建议和反馈意见，以增强选书的针对性，满足广大读者一般生活、休闲、学习与工作的文献需求。也可以建立"专家推荐机制"，通过向本地支柱行业的学科带头人提供文献信息服务，邀请专家为图书馆挑选优秀文献，同时利用专家推荐书目引导读者阅读，以提高图书馆为高层次人才服务的力度和深度。

（三）建立完善的文献资源采访审批程序

为了规范文献资源的采访工作，加强文献资源采购经费的监督管理，提高文献资源采购决策的制度化、科学化水平以及资金的使用效益，促进廉政建设，图书馆应根据国家有关招投标管理办法，在总结多年来文献资源采访工作经验的基础上，制定适合图书馆实际的文献资源采访审批原则与程序。

文献资源采访要以满足图书馆任务、读者对象和未来发展对文献的需求为原则，要兼顾不同的读者群体对文献的需求，注重馆藏文献的连续性、完整性和适用性，突出图书馆藏书特色，并根据读者的阅读习惯和文献的特点选择不同载体的文献，认真收集用户的意见和建议，实行责任审批制度。对单件（套）价格昂贵的文献资料要实行分级审批；对采访部门主任、分管文献资源建设的副馆长、馆长分别赋予不同审批权限；考虑到中文和外文文献的单价实际水平有较大差异，在执行过程中可以适当调高外文文献的审批权限。按照国家对大额资金支出的要求，涉及资金额度较高的文献购置，应实行专家咨询基础上的领导集体决策。

(四)建立完善、规范的文献资源采访工作程序

文献资源采访工作规范主要是加强图书馆文献采访工作管理，规范文献采访工作操作，提高文献采访质量。主要内容包括如下方面。

(1)严格执行文献采购原则和标准，认真履行文献采购审批程序，加强文献购置经费的管理，合理使用文献购置经费，避免漏订或重购，确保图书馆文献资源建设工作做到"有规划、有计划、有预算"。

(2)掌握图书馆重点藏书的现状与趋势，了解国内外文献信息资源出版发行机构性质特点和资源特色，完备收集国内外出版发行信息，并加以整理、分析、建档和建库。充分熟悉图书馆馆藏，了解各学科、各类型文献资源收藏情况，对当前畅销图书、获奖图书、各学科经典著作和重要学术论著的收藏状况做到"家底清，情况明"。

(3)要在图书馆内各开放部门建立起有效的资源需求及资源利用信息反馈渠道，经常到读者部门听取和收集一线工作人员对藏书补充的建议，及时了解读者对文献信息资源购置和补充的意见与建议，并做好读者调研和查访记录，建立信息档案。积极开发完善读者荐购平台，及时发布书目文献信息，公开订购和入藏信息，在图书馆文献信息资源建设工作中，切实赋予读者知情权、建议权、参与权、决策权和决定权。

(4)定期组织进行采选工作检查。其中，采选工序环节检查，应包括审核选书质量和数量，抽查图书发订、验收、登记、移交等环节的工作数量和质量情况，对误采率、加工时限、书商的配书情况、业务统计、购书经费使用等方面进行专项检查；文献采购管理检查，应包括有关政府采购的法律、行政法规和规章制度的执行情况，采购范围、采购方式和采购程序的执行情况，以及

图书馆有关文献采购经费管理制度的执行情况。

(5)发现问题要及时改正，并撰写检查报告提交有关领导和部门。

(五)加强文献购置经费使用效益评估

文献经费的多少决定着基层公共图书馆馆藏发展的规模、馆藏结构、资源类型和满足读者需求的程度，因此必须加强文献经费的管理，合理使用文献购置经费，有计划、有针对性地购买文献，满足不同层次读者的文献需求。

图书馆应组织专门人员(一般由主管馆长、文献资源建设部或采编部主任、财务主管、采访人员组成)制订年度文献购置经费使用计划，在制订经费使用计划时，应坚持重点优先、合理分布、互为补充、需求满足的原则。凡是与图书馆重点馆藏一致的文献资源要首先得到保障，地方建设发展和读者需求大的文献资源优先考虑，并保持文献经费在图书馆各学科门类之间的均衡，实现纸本资源与电子资源的互补，及时补充高利用率资源，切实加强文献购置经费使用的力度和广度。

文献购置经费使用是否合理可以通过使用效益评估进行分析确定，进而了解不同类型文献的经费投入与利用现状，及时调整资金的流向。在评价文献购置经费效益时，一方面要考虑重点馆藏的完备程度，因为这是一馆的特色所在，也是馆际协作和资源共享的重要文献源；另一方面要通过合理调整各类文献购置经费的比例优化文献结构，在有限的经费、馆舍和人力等条件下把满足率控制在适当范围内。

五、文献资源采访理念的创新与实践

为了提高文献利用率，近年来国内图书馆开始改变过去的"小而全、大而全"的做法，积极采访读者喜欢、利用率高的书刊，文献资源建设工作越来越重视读者的参与度。越来越多的图书馆开始进行读者参与图书馆采访模式的创新。例如，召开读者座谈会，了解读者阅读需求；拓宽沟通渠道，在网上开辟"读者之窗"和"新书荐购"专栏，让读者以荐书表、网上荐书等方式推荐图书；在流通部门放置新书采购意见箱和张贴新书书目等，让读者选择自己想看的书刊；利用 E-mail 等方式随时与读者进行交流，等等。

总的来说，这些采访模式均体现了基于读者需求的采访理念，即在文献资源采访工作中坚持以人为本，以满足读者需求为主导和驱动。其意义在于增强采访工作的科学性和有效性，有利于全面系统地优化馆藏结构，缓解文献采购数量的有限性与读者日益增长的信息需求之间的矛盾，以及采访工作者知识结构的单一性与文献内容的复杂性之间的矛盾，从而提高文献利用率和读者服务满意度。

基于读者需求的采访理念在实践应用中形式灵活，较为典型的应用方式有读者荐购、读者决策采购和读者自主采购，其读者参与程度依次由浅到深。

(一)读者荐购

读者荐购是指读者可以通过征订目录来浏览推荐书刊，也可以在征订库中检索所需书刊并选择，还可以自己输入书刊信息以推荐自认为有价值的图书，采访人员在书目截止期限内，汇总收回的书目及电子荐购文档中的相应信息，并依此形成最终的选书策略[①]。

案例 2.1   佛山市图书馆专家采访系统

广东省佛山市图书馆"专家采访系统"邀请佛山支柱行业学科

---

① 张彦静. "专家采访系统"一种新的服务模式[J]. 图书馆论坛，2006(4).

带头人作为"专家采访系统"的专家，一方面根据专家提供的行业动态及研究趋向采购相关的文献资料；另一方面向专家传递行业相关书目信息，实行"专家选书"与采访人员采购相结合的方式，使图书馆的馆藏趋于科学、实用。

例如，根据专家采访系统中法律专家的建议，佛山市图书馆对法律文献阅览室的藏书结构进行了调整，减少实用性、普及性读物的采购，重点购进国内外法学的权威理论著作和最新研究著作、各种案例的诠释，适当购进英文原版法律法规及研究著作。这样既能满足市民普法的需要，又能适应法律专业人员研究的需求，进而提高了馆藏质量。

(二)读者决策采购

即首先由图书馆与书商确定符合藏书发展政策的预设文档，然后书商提供符合预设文档要求的机读书目记录，图书馆把机读书目记录导入图书馆自动化系统，读者通过联机公共目录查询系统查到书目记录后，或者点击链接直接阅读电子书，或者要求提供印刷本，由图书馆统一付费购买。①

案例2.2　镇江市图书馆"读者荐购"服务

为了更好地满足读者的阅读需求，江苏省镇江市图书馆在原有的"读者意见征询"基础上，借助系统升级的契机，开通"读者荐购"功能，读者可以通过借阅部的查询机，或者在家中上网，甚至使用手机的网页浏览器登录图书馆的书目检索系统，向图书馆提出荐购意见。读者输入书名或关键字，系统会在网上搜索出相关图书的信息，并根据读者的选择自动将该书的信息填写完毕，并记录读者

---

① 张甲，胡小菁. 读者决策的图书馆藏书采购——藏书建设2.0版[J]. 中国图书馆学报，2011(2).

的荐购信息。除了这种方式之外，读者还可以通过图书馆网站查询或浏览书商提供的书目目录，选择感兴趣的书目进行荐购。

（三）读者自主采购

这是一种由图书馆与书商合作提供的借阅服务。图书馆为书商提供场地和销售平台，书商凭借自身规模和资金力量为图书馆提供突破图书馆购书经费限制的可借阅图书，读者可以就室阅览，也可以外借或购买新书，其中读者外借图书视为图书馆采购，读者购买图书按图书馆与书商协议享受折扣优惠。读者自主采购是对基于读者需求采访理念的深度实践，它颠覆了对读者需求先审查后满足的传统服务理念，主动把图书采购的终审权还予读者，使读者参与图书馆采购的方式更简便、更深入、更透彻，既尊重和满足读者需求，又体现了图书馆服务大众的公共定位，能更广泛地吸引公众关注图书馆建设和利用图书馆资源，使图书馆最大限度地发挥文化传播和引导的价值。

案例2.3　佛山市禅城区图书馆读者自主采购借阅服务

广东省佛山市禅城区图书馆与图书供应商合作，由采访人员不定期到书商处选择近期出版新书，经过查重和加装磁条后，不经编目加工处理直接进入新书阅览室，读者可阅、可借、可买。对读者选择外借的图书，工作人员现场贴条码，盖馆藏章，录入简单数据，即时办理外借手续。新书经首次借阅归还后移交采编部门加工处理。一定时间内不被读者借阅，且经有关人员确认无收藏价值的图书则退回书商，并更换新的图书。

这一做法通过服务业务流程的重组和规范科学的管理，减少了文献采购的随意性和新书上架的时滞，杜绝了"死书"，提高了文献收藏质量、利用率和购书经费的使用效益，依托图书销售行业的资金力量和市场敏感度，使读者在更具规模和时效性的图书市场中享受更具针对性的公共服务。

六、加强文献资源采访队伍建设

文献采访人员整体素质的高低直接影响到对图书馆馆藏文献采集的方针、原则、计划和标准的理解能力与文献采集质量的优劣，因此基层公共图书馆必须搭建合理的采访人员知识结构，加强采访人员的教育培训，使采访人员及时更新知识、技能，提高自身素质，真正从单一型人才成长为集多种知识和技能于一身的复合型人才。

(一)搭建合理的知识结构

为保障高质量馆藏文献体系的建设及馆藏特色的形成，图书馆应该根据文献资源体系建设和发展的需要，适时调整采访人员知识结构。

(1)具有比较系统的图书馆学专业知识和书目文献知识，了解图书馆的方针、任务、读者情况，掌握图书馆的文献资源体系结构、收藏的范围和重点，熟悉图书馆工作的各个环节，以便挑选适合图书馆收藏的文献资源。

(2)具有广博的科技文化知识，精通1～2门专业，掌握国内外文献资源的出版动态，善于掌握先进的工作方法，熟悉电子计算机和网络的使用，熟练掌握网上采购技能等。

(3)具有较强的研究能力，以便开展文献来源、馆藏文献资源情况、文献资源利用率等调查研究，从而广辟书源，研究图书馆的重点藏书和特色藏书，了解图书馆读者的需求情况，最大限度地提高图书馆文献资源的利用率，满足各种类型的读者的需要。

(二)加强职业道德和行为规范建设

图书馆具有保存人类文明记录、传播文献信息，以及社会教育和娱乐休闲等功能，承担着实现和保障公众文化权利、满足公众基本文献需求的社会责任。图书馆文献采访工作者要充分认识文献采访工作在整个图书馆工作中的重要地位，遵循文献资源建设的原则、规范和文献采集方针，努力提高专业水平，努力采集能够最大限度满足读者需求的文献。在文献的选择和采购过程中应公正无私，不以个人兴趣、立场、学术观点选择文献；对文献供应商和出版机构的评价和选择应公平公正，不利用职务之便谋取私利；同时应加强法律意识，遵守国家相关法律法规及行业相关准则和规范，尊重知识产权，自觉抵制文献采访过程中的各种违法违规行为，为实现图书馆的社会责任而努力建设并完善馆藏文献资源。

（三）持续开展继续教育

采访人员素质的提高是一项长期的工作，随着图书馆办馆水平和层次的提高、文献种类的增多，以及文献内容深广度的加强，读者和图书馆对采访人员素质的要求也越来越高。采访人员必须具有广博的学识，通今博古，掌握外语和计算机技术，能够熟练运用计算机进行图书管理和信息分析，才能胜任采访工作。为此，基层公共图书馆可通过继续教育、集体培训、请专家来馆举办讲座等方式，有计划地对采访人员进行图书馆专业知识和馆藏相关学科专业知识的培训，提高业务素质，拓宽知识结构，进而提高文献采访的质量。同时，通过培训、讲座、读者调研等方式，让采访人员明确图书馆性质、任务和服务对象，了解馆藏结构和读者的文献需求倾向，减少文献采访的随意性和盲目性。

（四）加强社交组织能力培养

基层公共图书馆采访工作头绪纷繁、涉及面广，经常需要与书商、读者等单位和个人进行沟通和交流，协调处理各项采访事务，没有一定的社会活动能力和组织协调能力是不能胜任采访工作的。因此，在重视采访人员思想素质和业务能力的培养与提高的同时，也要重视采访人员社会活动能力和组织协调能力的培养与提高，使采访人员善于与同行、读者、书店及出版机构等单位和个人打交道，形成一种既和谐又有创造性的气氛。

（五）提高身体素质

身体素质包括体力和脑力。图书馆文献采访工作既有体力劳动，又有脑力劳动，采访人员还需要经常出差到外地现采，因此，文献采访人员要具有健康的身体、充沛的精力、较强的记忆力和敏捷的思维能力，才能适应紧张、繁重的文献采访工作的需要。

第三节　特色馆藏文献资源建设

特色馆藏是指图书馆收藏的，具有特定学科（或主题）、地域、历史、政治、文化背景的，或者关于某一语种、某一类型或人物的具有一定规模的成系列的文献，是一个图书馆区别于其他图书馆的馆藏特色所在。特色馆藏在图书馆文献资源建设中占有重要地位，它也是图书馆开展特色服务、满足读者更高需求的必要条件。

一、特色馆藏资源建设的意义与作用

图书馆的特色馆藏文献体现了图书馆不同于其他图书馆的特色和价值，是图书馆在合作与竞争并存的信息时代更好地生存与发展的重要保障。

（一）有利于提高经费使用效益

当今时代，知识更新速度不断加快，文献出版物增长迅猛，图书馆购书经费有限，在面对文献量剧增、文献类型庞杂、书刊价格飞涨这些状况时，图书馆根据自身的实际情况，突出重点，以有限的资金建设具有特色的馆藏，对提高图书馆经费使用效益，形成特色优势，具有积极的意义。

(二)促进资源共享

社会信息化、信息社会化使社会对文献信息资源的需求日益增长，任何图书馆都无法靠一己之力全方位地满足读者对文献信息的需求，文献资源共享已成为图书馆事业发展的必然趋势。现代信息技术为文献资源共享提供了技术条件，但传统观念下的图书馆，追求"大而全""小而全"的馆藏体系，造成了各图书馆在文献资源建设中的重复和遗漏，降低了整体文献馆藏的完备程度和知识含量，文献资源共享的社会效益和经济效益无法显现。因此，图书馆只有形成各自具有特色的馆藏体系，使文献资源布局逐步趋于合理，从整体上提高文献资源保障的水平，由此而建立起来的文献资源系统才有可能从广度和深度上满足读者的各种需求，文献资源共享才会由理想变成现实。对一个图书馆而言，收藏的文献是否有特色，是决定这个馆在文献资源共享系统中价值和地位的依据。对于文献资源共享系统而言，各子系统的馆藏独具特色，互补合作，是系统功能最优的重要基础。

(三)提高图书馆在本地经济文化建设中的地位与作用

图书馆根据本地社会发展、经济文化建设、科研活动等需要，建设特色馆藏资源，可以更好地利用自身资源优势，为地方经济文化建设提供智力支持，不断提高服务的深度和广度，从而使自身在社会发展中的地位与作用不断提升。

二、地方特色馆藏文献

(一)地方文献

1. 地方文献的概念

地方文献是反映特定区域内自然环境与社会环境沿革、发展和现状的历史资料和现实资料的总和。它是记载一定区域内自然、社会和人群存在、发展变化及影响的特定文献，具有很强的使用价值和保存价值，并具有"一地之百科"的丰富内涵和"原汁原味"不可替代的独有特色；同时还具有"资政、励志、存史"的重要价值。地方文献是图书馆特色馆藏建设的一个重点和亮点。

对于地方文献的范围，存在两种不同的理解：一种是广义的理解，即将地方文献理解为与本地区相关的一切资料，包括史料、人物、出版三个部分；另一种是狭义的理解，专指内容上具有地方特点的出版物，而地方人士著作和地方出版物，在内容上无地方特色的，则不作为地方文献处理。① 大多数图书馆在从事地方文献的收集与保存时都采用狭义的理解。

地方文献的类型，过去主要以纸质文献为主，载体包括书、报、刊，除此之外，对于"片纸只字"，只要有文献价值的都应该列入收藏的范围，如照片、地图、邮票、钞票、火花、传单、广告、海报等。尽管其数量不多，但作为正规文献的补充，起到很好的作用。由于历史的积淀，这其中相当部分不只具有文献价值，同时具有文物价值。随着网络的普及和地方性网页内容的不断丰富，数字化地方文献也越来越受到图书馆的重视。

2. 地方文献的收集

地方文献的收集，是地方文献开发利用的基础和前提。随着信息技术的广泛运用，地方文献的内容、数量、形式、载体都发生了很大的变化，各种新型载体文献大量出现。图书馆应通过多种途径收集各类地方文献，丰富地方文献馆藏。

(1)建立呈缴样本制度，利用政府行为保证地方文献采集的完整性和系统性。这种呈缴样本制度，不应局限于地方出版社的出

---

① 金沛霖. 图书馆地方文献工作[M]. 北京：北京图书馆出版社，2000：6.

版物，也应包括各级政府和企事业单位、科研学术部门编撰的图书、期刊、报纸、资料等(对有密级的资料，应进行技术性处理，确保机密)。

(2)构建地方文献采集协作网络。征集地方文献的工作量大、涉及面广、出版单位多，特别是地方文献中很大一部分是非正式出版物，印刷数量少，多数为一次性刊印版，基本上是在本地区或本行业范围内散发，发行途径不畅，获取的难度大。因此，公共图书馆可以通过新闻出版管理部门了解内部图书、期刊、报纸的出版情况，主动与本地区内的地方史志办、党史办、科委、政协文史委、学术团体、研究机构、教育行政部门、大中专学校、大中型企业等单位和部门加强协作，密切联系，建立长期、固定的联系合作网络，构建地方文献采集网络。同时，建立地方文献信息专家联络系统，将地方名流、专业作家以及相关企事业单位组织在一起，疏通信息采集通道，构建和完善信息采集系统，迅速、全面地采集地方文献资源。

(3)加强馆际协作，促进地方文献的交流。各图书馆要与本地区其他图书馆建立协作关系，双方互通信息，主动索取或赠送，以共同充实馆藏。另外，还要与档案馆、博物馆、文化馆等单位积极沟通合作，通过协商进行大体分工，同时编制馆际联合目录，谋求较大范围内的地方文献资源共享。

(4)扩大宣传渠道，营造地方文献征集社会氛围。图书馆可通过报纸、广播、电视等媒体或利用馆内广告牌、网站等途径，发布征集各类地方文献的消息，号召社会各界及广大读者积极参与向图书馆捐赠地方文献的活动，使社会各界广泛了解地方文献工作的重要性和意义，扩大影响，营造广泛关注地方文献征集的社会氛围，形成人人重视征集工作的规模效应，吸引更多的人捐赠和利用。

（5）举办展览征集地方文献，丰富馆藏。图书馆可以举办各类丰富多彩的地方特色展览，如地方文献征集成果展览，地方名人书画创作展，地方非物质文化遗产展，地方风貌、建设成果、历史文物遗产展，城市新貌摄影展，个人著作及手稿展，专题图片资料展，遗迹展，或举办各种比赛活动及纪念历史事件和历史人物展览等，以展览检阅征集工作的成果，同时又动员和鼓励更多的各界人士向图书馆捐赠图书，扩大图书馆收藏工作的影响，促进征集工作的深入开展。

（6）广开渠道，保障经费。在文献采购经费使用上，图书馆在保障综合性文献资源收藏的基础上，应凸显对馆藏特色文献资源的收藏；积极利用地方文献开展服务活动，创造社会效益和经济效益，用部分所得支持馆藏建设；拓展国内外交流渠道，多方联系国内外的团体和个人，争取捐赠或援助。

在收集原则上，要确保重点，涉及一般。建立具有特色的地方文献资料库，其重点应放在与地方经济、政治、历史、文献有关的学科上。

3. 地方文献保存、整理和开发

凡是本馆已入藏的地方文献应设立专藏，基层图书馆可设专柜、专架，有条件的图书馆可以设立专室，以收藏和展示。

收集来的地方文献，必须进行分类编目的整理工作，编制地方文献目录，才便于读者查阅和研究参考。可按文献的内容、性质、形式编成不同用途的目录，如按地方文献著述形式可分为地方志书目、家谱书目、地图书目、论著书目、年谱书目、资料汇编目录；按地方文献出版形式可分为图书目录、报刊目录、图片目录等；按地方文献内容可分为地方文献综合目录、地方文献专题目录；按地方文献揭示程度可分为地方文献简目、地方文献考录。

要组织力量积极整理地方文献，确立有价值的主题进行二次文献开发，便于读者利用，通过社会的广泛利用来以用代征，以用促征。同时，要培养一支收集、整理、加工、研究、开发地方文献资源的专业技术队伍。地方文献的研究、收集、加工和开发，需要一支高素质的专业队伍。由专人负责地方文献的收集工作，此外，工作人员要有一定的研究开发能力，有敏锐的信息意识和地方文献捕捉能力，具有较强的综合分析能力和文献鉴别能力，能够维系公共关系，拓展用户群体，并能掌握基本的计算机信息处理技术。

随着信息网络时代的发展，馆藏地方文献数字化工作成为地方文献工作的必然发展趋势。通过数字化将传统媒体的地方文献转换成数字文献，并通过网络提供给读者使用，不仅可以借助其检索快捷，使用方便，不受时间、空间局限的优势，充分满足广大读者的需求，最大限度地发挥地方文献的使用价值，真正实现地方文献资源的共建共享，而且对有效地保护珍贵的地方文献资源，减少文献的破损、遗失等现象也有积极的意义。

(二)非物质文化遗产

信息资源除文献信息外，还有载体信息，它是以人类大脑为载体并借助口耳相传的信息知识。按照其表达方式，可分为口语信息和体语信息。口语信息是人类以口头语言表述出来，但未被记录下来的信息资源，如谈话、讲演等；体语信息是以人的体态表述出来的信息资源，如舞蹈、手势等。载体信息多属于经验性，未被组织和符号化的知识信息。

传统上，图书馆只偏重保存记录人类知识的文字产品，而对于非文字的文化传统、田野中的活态知识等非物质文化遗产没有给予重视。① 作为传播信息和发展文化的主要社会机构，图书馆应该积极关注和参与本地区非物质文化遗产的保护与传播，并将其明确纳入到自己的职能范围之内。

1."非物质文化遗产"的定义

根据联合国教科文组织 2003 年 10 月 17 日通过的《保护非物质文化遗产公约》中的定义，"非物质文化遗产"指被各群体、团体，有时为个人视为其文化遗产的各种实践、表演、表现形式、知识体系和技能及其有关的工具、实物、工艺品和文化场所。包括：口头传统和表现形式，即作为非物质文化遗产媒介的语言；表演艺术；社会实践、仪式、节庆活动；有关自然界和宇宙的知识和实践；传统手工艺。

2. 保护非物质文化遗产是现代图书馆的重要职能

2005 年，《国务院办公厅关于加强我国非物质文化遗产保护工作的意见》中明确指出，图书馆在非物质文化遗产保存、保护、宣传、弘扬等方面，应参与其中并发挥重要作用。事实上，在联合国教科文组织《公共图书馆宣言(1994)》所赋予的公共图书馆的若干主要使命中，以下内容与非物质文化遗产的保护也具有密切联系：提高对文化遗产的认识，促进对艺术鉴赏、科学成就和创新的了解；提供各种表演艺术的文化表现途径，促进不同文化之间的对话和文化多样性的发展，支持口头传统文化。

非物质文化遗产作为一种社会记忆，是知识的一种类型，是人类知识文化的一个重要组成部分。随着图书馆功能的分化与增加，在现代科学技术的支持下，在创新理念的实践中，图书馆将通过对这些活态文化的采集、保存、整理、交流、传播，扩大自身功能的空间。就现代图书馆而言，参与非物质文化遗产保护、

---

① 郑寒春. 浅谈公共图书馆与非物质文化遗产保护工作[J]. 科技信息，2009(35).

抢救各种非文献化知识信息必须与图书馆传统的文献知识融合在一起，将保存知识记忆、进行文化传播、开展社会教育、开发智力、文化娱乐等有机融合，相互补充。"图书馆对非物质文化遗产文献信息化的汇集保存，将使非物质文化遗产知识与传统的文献知识互为补充，相得益彰。"①

3. 开展非物质文化遗产相关文献资料的收集

非物质文化遗产的相关资料具有零散性、多样性等特点，图书馆可采取多种方式加以收集和保存。

(1)横向收集。走访相关文化部门、民间团体及个人，征集有关非物质文化遗产项目的图片、文字、音频和视频资料。

(2)纵向共享。图书馆系统内开展馆际互借和馆际协作，实现各馆资源共享。

(3)自采自建。利用现代技术手段，深入民间进行调查采访，对文化遗产进行图、文、声、像相结合的立体式记录，以笔录、摄影、录音、录像等手段真实记录现场，并将其转化为数字化文档进行永久保存。

案例2.4　佛山市图书馆制作《佛山记忆——佛山乡土文化系列纪录片》

佛山自古以来是一个工商业发达、人文历史悠久的岭南古镇，随着社会的发展，在佛山古城日新月异变化的同时，一些传统文化和历史遗迹也正以同样的速度迅速流失，渐渐淡出人们的视野。为保护佛山传统文化，更好地宣传佛山历史文化，2008年佛山市图书馆牵头组织开展了《佛山记忆——佛山乡土文化系列纪录片》项目拍摄工作。该片以口述的方式，用现代影像技术对当事人的亲身讲述进行记录，以此来反映一个传统行业、一种民间艺术、

---

①　王贤芬. 图书馆抢救保护非物质文化遗产的思考[J]. 四川图书馆学报，2008(4).

一个社会群落的历史及发展，进而反映时代的面貌。"佛山记忆"乡土系列片目前内容设计主要分 13 个系列，包括：陶艺大师系列、村落故事系列、街道故事系列、语言系列、民间艺术系列、民间工艺系列、品牌故事系列、建筑物故事系列、名流系列、行业系列、民间习俗系列、民间特色用品系列、佛山功夫系列。从项目启动至今共完成 120 集。目前该专题片已作为专栏节目，在当地电视台陆续播出，社会反响良好。

三、学科专业特色馆藏

学科专业特色是指图书馆馆藏中某类学科或某些专业文献比较系统完整，能基本满足该学科或专业研究的需要。

建立学科专业特色馆藏，图书馆应根据当地的产业特点、信息来源的多少、服务对象的需求以及经费状况等条件，确定专业主题，调整文献结构，使重点学科和优势专业的文献资源形成一定规模，并具有系统性、独特性，形成有特色的文献资源体系。

例如，广东省佛山市禅城区联合图书馆成立了多个专业特色分馆，上海市曲阳图书馆创办了"上海影视文献图书馆"，北京市崇文区图书馆创办成立了"北京包装资料馆"，湖北孝感大悟县图书馆建立了法律分馆，河北正定县图书馆建立了农业分馆，四川成都武侯区图书馆建立了法律分馆等，它们通过系统收藏独具特色的专业文献资源，建设了各具特色的馆藏。

案例 2.5　佛山市禅城区联合图书馆各分馆的专业特色馆藏建设①

佛山市禅城区联合图书馆依托该地区各镇、街产业优势和特

---

① 佛山市禅城区联合图书馆. 佛山市禅城区联合图书馆的建设与发展[EB/OL]. [2012-04-12]. http://www.cclib.cn/page/6-01.html.

色建立了数个专业分馆：澜石金属分馆位于"中国不锈钢名镇"——佛山澜石镇的国际金属交易中心，是全国首家金属行业公共图书馆，该馆与行业商会、不锈钢协会合作，定期发布行业信息、供求信息，开辟定题服务专栏和金属知识连载，与高校合作开发"金属数据库"，建设金属专业图书馆网站，开设金属产品设计室和主要面向金属行业的金属行业翻译中心；环市童装分馆设立在佛山环市童装交易中心创新中心内，是全国首家童装行业公共图书馆，该馆重点收集国内外各种童装文献和专业信息，包括各类专业书刊、国内外最新童装设计式样、产品样本、服装配件、少年儿童模特摄影等信息资料，力争成为国内重要的童装文献收藏专业馆。这些分馆依据当地产业特色，建设特色资源，开展专业性服务，通过图书馆的专业服务和文化支持来提升地方产业的文化品位，探索出一条公共图书馆走专业化服务的新路子。

案例 2.6　湖北省大悟县图书馆法律分馆的专业特色馆藏建设①

湖北省大悟县图书馆法律分馆地处国家级山区贫困县，通过与大悟县检察院采取投资共建、资源共享的模式，克服了场地、经费等困难，投资近 50 万元，历时 5 个月，建成了一个面积近200 平方米的多功能图书阅览室。法律分馆分陈列区、阅览区、视频区三个功能区，藏书 8 000 余册，图书种类以政法理论和法律专业为主，涵盖政治理论与形势政策、人文社科、法律综合、刑事法律理论与实务、民事法律理论与实务、检察理论研究与改革、检察综合业务知识等方面，法律门类相对比较齐全，突出了法律专业特点和检察工作特色，具有较强的实用性和针对性，是孝感市第一个基层检察院法律图书室。法律分馆的投入使用将极

---

① 叶敏. 大悟图书馆法律分馆在县检察院建成并投入使用[EB/OL]. [2012-07-12]. http://www.hbdawu.gov.cn/news/jjdw/zwyw/30430.html.

大地提高大悟县检察院干警的法律理论水平，为开展各项检察业务提供了前提保障。同时也为当地基层检察院进一步加强检察文化建设提供一个新的起点，创造了一个好的平台。

构建特色专业馆藏，应有专人进行采访、收集，通过各种信息渠道，广泛进行特色学科文献资源的汇总和收藏。

(1)与专业出版社合作，对重点收藏的某学科或专业出版物进行筛选、征订。

(2)到相关学科或专业的研究机构收集或交换内部文献资料和出版物、专业发展的实物等。这部分文献很多都反映学科科研的前端信息，是学科特色资源的一部分，通过正规发行渠道很难获得，应积极主动上门联系征集。

(3)与企业、公司建立长期合作关系，联络收集和交换相关文献资料和出版物。

四、非文献特色馆藏

在新信息环境下，随着图书馆服务和收藏功能的拓展，图书馆的收藏范围在不断地扩展，特色馆藏的内涵和外延也在逐步发生变化，很多图书馆不仅仅收藏一次文献、二次文献、三次文献，而且开始注重对实物的收藏，突破了只收集文献的这一基本准则的局限，突出地方特色，彰显特色服务，在图书馆界产生了一定的影响。例如，有些图书馆为了配合地方历史研究，收集玉石、古钱币甚至当地的碑帖、牌匾、书画作品等，且形成了一定的规模，对研究当地的历史沿革、地方志等起到一定的积极作用，产生了较大的影响，在图书馆界也产生了不同的反响。虽然对此举的说法不一，但代表了近段时期我国一些图书馆在特色馆藏建设过程中捕捉到的闪光点，并有不断扩大、竞相模仿的趋势。

实物资源与文字资源的有机整合是多方位建设特色馆藏资源

体系，丰富地方人、事、物的立体形象和生命力的重要内容和方式。许多地方历史悠久，物产丰富，人文荟萃，留下的实物资源不少，如古建筑、石刻、匾额、历史照片等特种资料。在对实物资源的采集中，应引起我们充分注意的还包括因城镇建设即将被改变的有明显地方特色的具有历史文化价值的建筑群落和生活群落的照片、录影等。

五、其他特种文献资源建设

(一)古籍

所谓古籍，主要指书写或印刷于 1911 年以前，具有中国古典装帧形式的书籍。图书馆中收藏的古籍都会被作为珍品特藏的镇馆之宝。

古籍基本上可以分为两大部分：一部分是古籍特藏，即 1911 年以前抄写或印刷的文献，这一部分是特藏的主体。除了抄本外，古籍的印刷形式主要有三种：雕版印刷、活字印刷和套版印刷。常见版式包括：卷轴装、经折装、包背装、蝴蝶装和线装等。另一部分则是古籍的复制本，包括铅印、影印和石印等多种类型。

古籍特藏文献的主要收集方式为国家调拨、无偿捐赠、购买和交换，其中购买分为私人出售、书店选购和拍卖会竞买三种形式。近年来古籍的收集以捐赠和购买较为常见。

古籍特藏是图书馆各类文献中最为珍贵和重要的文献，收藏有古籍的图书馆必须具备良好的保存条件和严格的保护措施。古籍保护一般分为原本保护和再生保护两个方面：前者主要是对古籍原本进行妥善保存和修复；后者是对古籍进行影印或整理，对古籍的形式和内容进行转移保存和再揭示，通过开展出版、缩微和数字化等工作，使古籍化身千百，永久传承。为实施"中华古籍特藏保护计划"，2006 年国家文化部委托国家图书馆主持制定了

《古籍定级标准》《图书馆古籍特藏书库基本要求》《古籍特藏破损定级标准》《古籍修复技术规范与质量要求》《古籍普查规范》五项标准，这些标准相互关联，为确保"保护计划"的有效实施奠定了基础，同时也为各级图书馆开展古籍保护工作提供了标准规范。

2007 年 1 月，国务院办公厅下发了《关于进一加强古籍保护工作的意见》，确定了古籍保护的工作方针是"保护为主，抢救第一，合理利用，加强管理"，提出了开展古籍普查；建立古籍联合目录、古籍数字资源库及《国家珍贵古籍名录》；命名"全国古籍重点保护单位"，改善古籍存藏环境；培养一批古籍保护专业人员；加强古籍整理和研究利用，特别是应用现代技术加强古籍数字化和缩微工作等古籍保护总体目标和任务。在我国历史上由中央政府发布古籍保护的方案并统筹实施尚属首次，充分体现了国家对古籍保护工作的高度重视，它为各级图书馆开展古籍整理和保护工作提供了政策保障。

(二)政府信息资源

政府信息资源是指一切产生于政府内部或虽然产生于政府外部但对政府活动有影响的信息。从这个定义可以看出，政府信息资源包含两方面的内容：一是指政府行政机构在行使公共权力、管理国家事务及社会公共事务的过程中产生的信息资源；二是指虽然产生于政府外部，但却处于政府部门最关心的目标范围内，具有某种广泛性意义和参考价值、对全局有一定影响的倾向性信息资源，例如经济活动信息、科技成果信息等信息资源。①

2008 年 5 月 1 日，国务院颁布实施的《政府信息公开条例》第 16 条规定："各级人民政府应当在国家档案馆、公共图书馆设置

---

① 杨玉麟，赵冰. 公共信息资源与政府信息资源的概念及特征研究[J]. 图书馆论坛，2007(6).

政府信息查阅场所，并配备相应的设施、设备，为公民、法人或者其他组织获取政府信息提供便利。行政机关应当及时向国家档案馆、公共图书馆提供主动公开的政府信息。"这些规定使公共图书馆成为政府信息公开的重要场所，也是政府信息资源的保存基地。图书馆只有具有一定规模的政府信息资源，才能确保相关服务职能的实现。政府出版物寄存制度为公共图书馆政府信息资源的收集与积累提供了有效的途径与制度基础。《政府信息公开条例》已经给出了建立寄存图书馆制度的雏形：一方面要求政府部门在各地区指定相应的图书馆收藏政府出版物，这些出版物包括以往的政府出版物和现有的出版物（含印刷型、缩微型和电子型），从而为公共图书馆提供政府信息服务提供资源保障；另一方面要求图书馆建立政府信息出版物特色资源库与专门阅览室，负责收藏政府公报、统计调查等政府出版物，并提供图书、期刊、报纸、视听资料、多媒体等文献为政府和公众服务。

公共图书馆应发挥自身专业优势对政府信息进行科学组织、加工、整合，根据当地的实际情况，形成当地政府信息公开的分类体系；对政府信息做出深度标引，设计多途径、多角度的索引方式，形成方便检索的政府信息检索平台或数据库。还可以不定期地就某些重要问题、热点问题，整合或编纂专题性的政府信息汇编，或形成累积性的专题资料数据库。此外，图书馆还应积极参与政府信息公开目录、指南、索引、摘要的编制工作，有条件的图书馆还应该利用自身特长通过分类、汇编、知识挖掘等各种技术与方法对政府信息及其他相关信息资源进行有效的整合，开展知识创新服务。

（三）工具书

工具书是按一定排检次序把有关知识、资料或事实加以汇编，专供检索查考的书籍。因一般不以系统阅读为目的，而是作为在需要时查考和检索知识使用的辅助工具，故称工具书。

工具书从内容和功用上大致可分为三类：（1）检索型工具书，包括书目、索引、文摘。（2）辞书型工具书，包括字典和词（辞）典。（3）参考资料型工具书，包括百科全书、类书、政书、年鉴、手册、名录、表谱、图录，以及其他参考性资料。

在工具书的馆藏建设上，除了贯彻求新、求精、求全、求特的采购原则外，在订购及典藏方面，还要注重以下几点工作：（1）字典、词（辞）典等辞书类工具书及时更新，保持连续性与完整性。这类工具书的特点是更新快，因此要及时更新版本。（2）综合性与专科性相互补充。工具书按其内容性质可区分为综合性工具书和专门工具书。综合性工具书需求人数多，读者对象广，是图书馆不可或缺的馆藏；而具有专科性质的专门工具书则可以根据本地具体需求情况有选择地采购。（3）特殊工具书与相应馆藏配套典藏，方便使用。主要是一些与古籍关系密切的工具书，如《中国丛书综录》《中国古籍版刻辞典》《中国古籍善本书目》等，可入藏古籍阅览室，以利读者使用。

（四）标准文献

国际标准化组织将标准定义为"为在一定范围内获得最佳秩序，对活动或其结果规定共同的和重复使用的规则、导则或特性的文件，该文件经协商一致制定并经一个公认的机构批准"。[①] 标准种类繁多，按制定和发布机构的级别及适用范围可划分为国际标准、区域标准、国家标准、行业标准、地方标准及企业标准；按标准的内容性质可划分为技术标准、管理标准和工作标准。所有标准都可根据其约束效力分为强制性标准和推荐性标准。

图书馆馆藏标准包括印刷型标准文献资料、标准数据库、网

---

① 李耀明，黄儒虎. 标准文献信息管理［M］. 北京：中国计量出版社，1998：2.

上免费标准查询网站，例如《国家标准全文数据库》《中国标准数据库》《中国行业标准全文数据库》《国外标准数据库》、万方数据服务平台的《中外标准数据库》、中国标准服务网（www. cssn. net. cn）、国家标准化管理委员会网站（www. sac. gov. cn）、中国环境标准网（www. es. org. cn）、中国标准化研究院网站（www. cnis. gov. cn）、国家科技图书文献中心《国外标准库》、国际标准化组织（ISO）世界标准服务网（WSSN）等。

公共图书馆在收集各类标准文献过程中，应结合本地区工农业生产的重点，有选择地收藏行业标准，开展标准文献特色信息服务，在促进标准信息公共传播上发挥积极作用。

（五）专利文献

专利文献是实行专利制度的国家及国际性专利组织在审批专利过程中产生的官方文件及其出版物的总称。早期专利文献称专利证书或发明专利证书，它是授予发明人独占的法律文件。专利说明书，即对发明的描述，包括对要求获得独占权的描述，在当时仅仅作为该法律文件中的一部分。现代专利文献，根据其不同功能，分为三大类型：一次专利文献、二次专利文献和专利分类资料。作为信息资源的重要组成部分，专利文献已成为推动科技、经济、文化和社会发展的重要杠杆，且被越来越多的有识之士认识和运用。

专利文献除纸质型文献外，还有缩微胶卷、平片和光盘等多种载体形式，随着网络技术的不断发展，现在部分专利文献可以通过网络传输下载获得。

图书馆可以结合本地相关部门的重点攻关课题或企业的科研项目，在充分了解读者需求的基础上，有目的地收集相关专利文献信息资源，并将分散的关于某一课题的专利信息文献最大限度地集中起来，加以归纳整理后，编制成专题目录或专题索引、综述或专题报告，及时提供给单位和科研人员利用，真正做到提供高层次的专利文献服务。

(六)馆史资料

馆史资料是记录和反映一个图书馆自身建设和发展历程的史实资料，包括文字资料、图片资料和各类实物资料。

公共图书馆是我国文化事业的重要组成部分，是社会政治、经济和科技进步的重要标志和积极促进者，每个图书馆对自身在建馆、立馆过程中留下的珍贵资料都应好好收集和保存。

图书馆馆史资料的收集工作，一方面必须依据原始档案资料，全面、精炼、系统地汇聚史料，为日后的馆史编纂工作提供可靠、翔实、丰富的史料；另一方面还要加强口述历史的收集与考证。史料收集人员应以本馆档案资料为重点，依据档案目录调出相关主题卷宗，从中查找所需史料，同时还应浏览相关的书刊资料，以扩大图书馆馆史资料的收集途径。收集的史料必须坚持资料真实准确，做到有史可鉴，有据可依，以免以误传误，贻误后人。

对于收集的馆史资料可按相关主题类别加以整理编辑。图书馆利用馆史资料编史修志、举办馆史展览，对记录和反映图书馆发展历史，加强馆员爱馆教育和精神激励，增进社会公众深入了解图书馆具有重要意义。

(七)珍贵馆藏

包括名人字画、受赠名家藏书、珍贵纪念品、受赠礼品及其他馆藏贵重物品。

图书馆应建立珍贵馆藏档案和目录，并设专库或专柜保管，做好防潮、防水、防蛀、防腐、防尘、防震、防污染、防紫外线等技术预防工作，安装防盗报警设备。为加强珍贵馆藏的管理，确保安全，应建立相关管理制度。

第四节　馆藏文献资源的评价

　　馆藏文献资源的评价是图书馆有系统、有组织地评价某一特定时间内图书馆的文献资源及其效益，即依据一定的标准对馆藏的数量和质量进行计算、分析与判断。

　　图书馆通过定期和持续地开展馆藏文献资源评价，可以了解馆藏文献资源的建设情况，包括馆藏的数量、范围、深度、可支持服务需求程度等信息，对馆藏发展是否符合图书馆的方针任务，是否能满足读者对文献信息的需求，是否能支持本地经济文化建设的发展做出判断和评价，为制定或调整馆藏发展政策，改进文献采访工作，开展馆藏补充、复选、更新等工作提供参考依据。馆藏文献资源评价是图书馆文献资源建设工作的重要内容，也是图书馆管理的重要方法之一。

一、馆藏文献资源评价的原则

（一）科学性原则

　　这是进行馆藏文献资源评价应遵循的根本原则。科学性原则要求各项评价指标都要有明确的含义和目标导向，要能反映馆藏资源的主要因素和内在联系。

（二）系统性原则

　　在指标的设置上要综合考虑评价对象、评价目标及各指标本身的特征，全面且有重点地反映各因素之间的关系，尽量避免指标的重复性，使整个评价目标和评价体系成为一个有机的整体。

（三）实际性原则

　　根据图书馆的实际情况进行馆藏评价。评价对象可以是馆藏的一部分，也可以是全部馆藏。评价所选取的时间也是根据情况变化的，可以按年度进行，或者针对某一时段内的馆藏进行评价。

(四)通用可比性原则

评价指标体系需具备纵向和横向的比较功能，即评价指标要有通用性和可比性。可以对同一类文献资源不同时期的使用人息进行比较，又可以对同类不同载体的信息资源进行比较。

(五)可操作性原则

馆藏评价指标应遵循定性和定量相结合的原则来制定，其各项指标的收集及评定要具有较强的客观性和可操作性，尽量减少主观性指标，增加客观性指标。客观性指标应简便易行，控制评价指标的总数量。

(六)目标导向性原则

进行馆藏文献资源评价不仅仅是为了评出这部分资源的优劣，更重要的是通过评价支持和影响图书馆的决策，使其更清楚地认识自身资源的各项情况，对图书馆的管理和决策有着正确的目标导向作用。

(七)经济性原则

在选择馆藏评价方法时，应选择能够实现评价目标的省时、省力、省经费的方法，在评价规模和评价人员的确定方面也应尽可能遵循该原则。

(八)制度化原则

图书馆必须经常地、有计划地开展馆藏评价，并建立相关的规章制度，保障馆藏评价工作的有序开展。进行全面系统的馆藏评价不仅需要较长的时间，更需要动用大量的人力、物力和财力，5～10 年作为一个评价周期较为合适；而对馆藏的一个方面或一个部分的评价则应作为一项经常性的工作开展。

二、馆藏文献资源的评价指标

文献资源评价是对不同学科、不同文种、不同类型文献的采访、收藏、使用及物理状态等进行评价，包括馆藏数量和质量两个方面。

(一)馆藏数量的评价指标

馆藏数量是图书馆开展服务工作的物质基础，是衡量图书馆事业发展状况的主要标志之一。图书馆通过馆藏书目系统，进行馆藏总量和各类型文献量的统计，测算满足用户需求的程度。进行馆藏文献数量的评价，可以依据国家及地方相关部门颁布的有关文件标准，此外，图书馆所制定的规划与相关规定，以及在进行馆藏评价的过程中所积累的经验也可作为馆藏评价的计量标准。对馆藏文献数量的评价指标主要包括以下几方面。

1. 文献资源保障率

文献资源保障率，即每个读者平均占有的图书馆馆藏量。没有一定数量的文献资源，图书馆的服务无法开展，但馆藏量的增长与满足读者文献需求的能力并不成正比。如何根据自身的发展状况确定合理的馆藏量，是图书馆需要探索研究的。目前，文献保障率仍是评价馆藏数量的一个重要指标。

2. 读者满足率

读者满足率，即读者在实际使用中获得的文献数量与他实际需要的文献数量之比。馆藏文献资源建设的根本目的在于最大限度满足读者的文献需求。一方面，图书馆的文献资源品种齐全，数量上形成相当的规模，对读者的满足程度越高越好；另一方面，对于一个具体的图书馆而言，不可能也没必要完全满足所有读者的文献需求。根据我国图书馆的现状，一般认为满足率在 75%～

85％之间是比较理想的藏书规模，其余部分应当通过馆际互借、资源共享来解决。

3. 文献资源覆盖率

文献资源覆盖率，即馆藏文献中占本馆各学科领域文献的比例，它是图书馆收藏文献完备程度的重要标志。就全国文献资源整体系统来说，这种覆盖率应该越高越好。就图书馆自身而言，应根据自身需要和可能的条件，在某一学科领域达到一定的馆藏，才能形成一定的特色。

4. 馆藏文献增长量

对馆藏文献增长量的评价，即是评价增长的数量是否科学、合理。一般把年平均增长量作为馆藏文献增长量指标。馆藏文献增长量太低，造成馆藏文献贫乏，知识断层，读者利用文献受到限制；馆藏文献增长量过高，造成大量无用文献进入图书馆，文献利用率下降。

(二)馆藏质量评价指标

图书馆文献资源建设的好坏，主要是看其是否符合社会发展的需要，能否满足读者需要，即通过馆藏质量来判断的。馆藏质量是衡量图书馆办馆水平高低的重要标准，而且直接影响着图书馆的服务工作。因此，馆藏文献质量评价是图书馆文献资源建设过程中的一个重要环节。馆藏质量的评价指标主要有以下几方面。

1. 文献资源的结构

文献资源的结构包括学科结构、类型结构、文种结构和时间结构。

学科结构是指各类学科专业文献的比例结构，它是馆藏结构中一个最基本的部分。根据需求层次，图书馆学科馆藏等级分为完整级、研究级、学习级、基本级和最低级五个级别，相对其他类型图书馆，公共图书馆在满足学科信息需求的能力方面相对偏低，大部分都处于学习级和基本级，甚至是最低级。因此，图书馆应结合本地经济文化发展和本馆读者实际需求结构，划分收藏级别和规定收藏目标，优化馆藏学科结构。

类型结构是指馆藏体系中各种不同出版形式、不同载体的文献结构状况，主要考虑图书期刊比例、纸质文献与数字文献比例。各图书馆可根据本馆经费情况、网络化和数字化的条件来构建类型结构比例。

文种结构是指馆藏中各语种文献的结构状况。图书馆对某一学科领域收藏文献涉及的文种越多，其完备程度也相对越强。但由于受到经费限制，更主要是受到读者在信息需求方面的制约，除民族地区公共图书馆的少数民族语言文献有一定的优势外，多数公共图书馆在非汉语文献方面很难形成优势。

时间结构是指按文献出版时间划分的层次结构。根据文献半衰期理论，文献价值随着时间的流逝而逐渐降低直至消失（特殊文献除外）。3～10 年的文献其老化程度进入半衰期，11～20 年的文献内容被视为陈旧，20 年以上的文献内容基本失去了利用的价值。图书馆应掌握各学科文献的半衰期，合理调整文献时序比例，及时补充更新相关文献资源，定期剔除价值低或者已经丧失价值的文献。例如，计算机学科比数理化学科文献老化速度快，保存时间就相应有所区别。目前，馆藏文献时间结构大致可分为 1～3 年、4～10 年、11～20 年、20 年以上四个等级。

2. 文献资源的利用率（流通率）

利用率的高低是文献资源质量和结构等方面的综合反映。收藏的文献资源质量越高，读者使用频率就越高。对于书刊评价标准，借阅率是最基本的反映。图书馆也可在一定时期内选定相关种类馆藏资源的读者，对其使用情况进行跟踪调查，获得利用率数据，从而为馆藏的合理配置提供依据。目前，我国大部分图书馆的文献使用率较低，馆藏质量可能是其主要原因。有专家指出，图书馆应争取馆藏利用率达到75％，至少不能少于50％。

3. 文献资源的知识信息含量

读者信息需求的满足在很大程度上取决于图书馆文献资源的知识信息量。衡量文献中知识信息含量的一种比较可行的评价标准是考察核心文献的拥有率。对馆藏文献利用与流通分布状况的研究表明，25％的文献提供了流通的75％，50％的文献提供了流通的90％。这就是说，大多数的读者需求集中在少数核心文献上，而核心文献实际上就是科学信息和知识含量大的文献。因此，通过测定馆藏核心文献的占有率，就可以比较客观、准确地评价文献资源的知识信息含量。

图书馆面对庞大的出版发行信息，不能盲目选择，应合理利用图书馆经费，保证学术价值高、内容新颖的核心文献的收藏。对于图书文献，可以根据学科核心书目等，保证核心图书的入藏；对于中文期刊文献，可利用北京大学四年一版的《中文核心期刊要目总览》、中国科技信息研究所每年出一次的《中国科技期刊引证报告》、中国科学院文献情报中心建立的中国科学引文数据库（限于理工科期刊）、中国社会科学院文献信息中心和社科文献计量评价中心共同建立的《中国人文社会科学核心期刊要览》等圈定各学科的核心期刊范围，保证核心期刊的入藏。

文献资源建设与评价是动态的、发展的，两者具有互动性，文献资源建设的评价往往滞后于文献资源建设。图书馆建立健全科学的文献资源评价体系，对提高文献资源建设质量将起到巨大的推动作用。

三、馆藏文献资源的评价方法

(一)评价需考虑的因素

(1)确定评价馆藏文献资源的范围,即评价全部或是部分馆藏。

(2)确定馆藏评价的目的。评价目的不同,评价的内容和方法也不尽相同。

(3)选择适当的评价方法。

(4)预估实施评价所需的资源。

(二)评价方法

对图书馆馆藏资源的评价,主要从三个角度出发:(1)根据其本身的各项特征制定的评价指标体系。(2)馆藏资源对读者信息需求的满足能力和信息资源被利用程度。(3)馆藏资源的利用率和使用效益。将三方面相结合,做到多方面、多角度地选取评价指标,尽可能客观、科学地对馆藏资源做出合理评价。

目前,馆藏文献资源的评价方法有以下几种。

1. 自我评价法

图书馆工作人员,通过定期对馆藏文献资源进行统计分析,从不同侧面进行评价。例如,评价文献增长量、文献文种结构及文献类型结构是否合理,文献的知识信息含量是否适合于读者需求,文献出版时间是否较新等。

2. 读者评价法

读者评价法是图书馆最常用的定性方法,主要是通过对读者的调查实现的,一般采用召开读者座谈会、发放调查问卷的形式。

这种方法根据读者反馈的关于馆藏的意见,使图书馆了解并掌握他们对不同类型文献的阅读需求,为制订馆藏补充计划提供可靠依据，为馆藏文献资源建设工作提供有价值的反馈信息。它操作简便，适用于各类图书馆。但是，在进行读者调查时除设计调查表比较烦琐外，被调查读者的代表性、读者答题的真实性和调查得到结论的推广性等方面也都存在不足，读者的意见有时是主观的、零碎的、片面的，读者相对窄小的兴趣范围与图书馆要满足大多数读者需求形成了矛盾。所以，在定性分析基础上，我们有时还需要借助定量方法来科学评价馆藏。

3. 流通分析法

图书馆的文献资料大部分可供读者外借使用，因此流通记录是了解读者使用馆藏状况的一种具体依据。图书馆可依据流通记录中所记载的读者类型、图书类别、语言、出版年、入馆日期等来分析读者使用馆藏的情形。

通过流通分析法可以了解读者的需求和借阅情形，而且评价资料易归类分析，评价结果较为客观，但它对读者在馆内使用文献资料的情况无法全面反映，造成评价结果与实际情况有一定的偏差。

4. 书目核对法

书目核对法是将被评价的馆藏与标准书目、核心书目或权威性的馆藏目录逐一进行核对，以评价馆藏文献收藏的完备程度。例如，国内出版的社科新书目、科技新书目等，这些目录中所列"必备文献"的收藏情况，可以反映一个图书馆馆藏文献的质量。有时也可以通过确定核心出版社的方法来评价图书。

书目核对法的优点是核对的过程较容易进行，使用标准书目，评价的结果具有一定的权威性，同时能明确指出馆藏所缺乏的资料，可凭此弥补馆藏不足。缺点是许多标准书目不常更新修订，容易过时；书目不一定符合各个图书馆的个别所需；书目中所列的图书数量有限，不能以少数馆藏来评价全部馆藏的质量；某些学科难以寻获合适的核对书目。

5. 引文分析法

引文分析法是对文章后面的参考文献进行统计分析,确定馆藏核心图书和期刊,考察图书馆馆藏满足读者从事学术研究活动的程度,为制定馆藏文献资源建设政策提供针对性强的第一手资料。此种方法对学术图书馆、专门图书馆或是其他有特定读者的图书馆较为适用。

引文分析法的优点是可了解读者使用文献资料的特性,明确指出读者已使用而图书馆未收藏的资料,借以弥补馆藏缺失;可搜集全部或某类读者的文章加以分析,具有弹性。缺点是无法完整反映读者使用馆藏的情形;由于作者引用的理由较多,甚至存在伪引和虚假引用等现象,因此分析的结论并不十分可靠;文献被引用需要一段时间,故无法评价新入藏的馆藏。

目前国内还没有一套统一评价馆藏资源的评价方法和指标体系,有关馆藏文献资源评价的研究一般都只是从某一角度或某一资源类型开展的评价。馆藏文献资源的评价比较复杂,单纯用某一种方法评价馆藏文献质量的高低难以准确、客观和全面,因此,可以考虑定性与定量相结合进行分析评价。对于难以量化的标准可以采用定性评价的方法,定性评价简单易行、适应性较强,而定量评价具有客观性、准确性,两种评价方法结合进行可以互相取长补短,贴近客观实际。

随着电子网络信息技术的发展,我国大部分公共图书馆目前的馆藏资源都包含两部分,文献资源和数字资源(或称电子资源),因此在进行馆藏资源的评价过程中,应充分考虑两种类型资源的相互补充、相互作用。

【本章小结】

公共图书馆文献资源体系是图书馆开展服务的重要基础，图书馆依据发展目标和任务、读者需求、地区发展的特性、馆藏特色的建立以及馆藏均衡发展的需要，系统地确定图书馆文献资源长期发展策略以及具体实施规范。通过对众多的文献进行鉴别、判断和挑选，以科学规范的方式和合理有效的策略进行文献采访，同时积极创新文献资源采访理念，加强文献资源采访队伍建设，长期积累，形成本馆文献资源体系。加强图书馆特色馆藏文献建设，目的在于体现图书馆不同于其他图书馆的特色和价值，为图书馆在合作与竞争并存的信息时代更好地生存与发展提供重要保障。馆藏文献资源评价不仅能正确描述馆藏，获得有关馆藏的范围、深度、可支持服务需求程度等可靠信息，还能确认馆藏的强弱，把过去一个时间段里馆藏发展工作的情况反馈给图书馆员，对制定或修改馆藏发展政策，开展馆藏补充、复审、更新等一系列工作，起到直接或间接的指导作用。

【思考题】

1. 为什么公共图书馆文献资源规划与建设要体现读者需求和地区发展需要？

2. 文献资源建设工作的科学规范性和公众参与度应如何协调？

3. 公共图书馆如何根据自身情况开展特色馆藏建设工作？

4. 谈谈你对馆藏资源绩效评估在图书馆文献资源评价中的意义和作用的认识。

【推荐阅读】

1. 常书智. 文献资源建设工作[M]. 北京：北京图书馆出版社，2000.

2. 方家忠，刘洪辉. 公共图书馆文献信息资源政府采购[M]. 广州：暨南大学出版社，2010.

3. 金沛霖. 图书馆地方文献工作[M]，北京：北京图书馆出版社，2000.

4. 李德跃. 中文图书采访工作手册[M]. 北京：北京图书馆出版社，2004.

5. 屈义华. 基层图书馆信息资源建设与服务[M]. 北京：国家图书馆出版社，2011.

第三章　公共图书馆数字资源建设

【内容提要】

　　本章的主要目的是帮助学习者了解数字资源对图书馆的影响，了解我国公共图书馆数字资源建设的现状，理解进行图书馆数字资源建设的内容与原则，理解数字资源建设规划的层次与内容；同时帮助学习者能够运用所学知识，针对所在图书馆自身的实际情况，了解各级图书馆在书目数据库的共建共享、特色数据库的建设、商业数据库的选择以及网络信息资源的开发和利用等方面的情况，为本馆数字资源建设选择适合的最佳实践方案；掌握数字资源服务绩效评价指标体系的主要内容。

　　为此，本章涵盖的主要内容包括：数字资源的建设规划、数字资源建设、数字资源服务绩效评价。

第一节　公共图书馆数字资源的建设规划

一、数字资源对公共图书馆的影响

　　数字资源，或称电子资源，是将文字、声音、影像、动画等各种媒体形式的数据加以数字化，借由计算机操作，或结合计算机接口设备(如光驱等)而呈现的作品。数字资源通常须借助计算机、调制解调器、电话线、光纤网络、因特网、宽带网络，结合通讯协议等才能获取，其利用方式包括直接取用或远程利用。① 概括来说，数字资源就是将计算机技术、通信技术以及多媒体技术相互融合而形成的以数字形式发布、存取、利用的信息资源总和。

数字资源有多种分类标准，从数据的组织形式上看，有数据库、电子期刊、电子图书、网页、多媒体资料等类型；按存储介质可分为磁介质（软盘、硬盘、磁盘阵列、移动硬盘、U 盘、磁带等）和光介质（包括 CD、DVD、LD 等类型）两种类型；按数据传播的范围可分为单机、局域网和广域网等形式；从资源提供者来看，可分为商业化的数字资源和非商业化的数字资源。

数字资源从记录载体、表达方式、传播手段等各个方面代表着人类获取信息的先进水平和发展方向，是当今重要的文献信息表现形式之一。同数字资源出现前以纸质印刷型为主的传统文献资源相比，数字资源类型更为多样，信息内容更加丰富，文献采集更加方便，读者获取更为便利。因此，从某种程度上讲，数字资源是传统图书馆向现代图书馆转型的助推器，没有数字资源的图书馆不能称为现代图书馆。数字资源的重要性由此可见一斑。

（一）数字资源丰富了图书馆资源建设与服务的内涵

随着计算机技术和网络通讯技术的迅猛发展，人们已经不再满足于从图书馆的馆藏纸质文献中获取所需信息的服务模式，图书馆必须正确认识数字资源已经或者正在深刻影响着各项工作：数字资源将馆藏文献以数字化、多媒体化的方式呈现给读者；数字资源促进了检索技术的发展，实现了数据检索由外观扩展深入至内容本身；搜索引擎更加强化了自动搜集与更新信息功能，使

---

① 黄俊贵. 关于图书馆信息资源建设的问题[J]. 图书馆论坛，2003(6).

得网络信息的搜集与更新更加省时省力；图书馆的文献服务能力和质量也不再局限于馆藏规模，还要取决于其综合利用各种数字资源的能力；数字资源还突破图书馆实体和虚拟的馆舍限制，拉近馆藏资源与读者之间的时空距离，真正实现读者与资源的"零距离接触"。从这个意义上来说，以数字资源为基础的现代图书馆服务更易于满足广大读者的需求。

(二)数字资源和传统文献资源是相辅相成的关系，而非对立的关系

整体而言，数字资源的广泛应用对公共图书馆既是一种挑战，同时也是一种机遇，它对原有图书馆的管理方式、服务理念，尤其是馆藏建设方面，带来了巨大的冲击。但数字资源和传统文献资源之间也是相辅相成的关系。数字资源具有存储量大、传播范围广、实效性强、检索便捷、扩大了馆藏来源、不受时间限制、可供读者多人无限次使用、更大程度地实现资源共享的特性，使得数字资源在图书馆馆藏文献资源中所占比例越来越大。但与传统文献资源相比较，数字资源并非完美无缺：必须投入额外资金购置相关硬件设备，承担通讯费用和网络维护费用等，大大提高了它的使用成本；而传统文献资源更符合人们长期的阅读习惯，使用成本低廉，对使用者无其他技能要求。数字资源虽然总体呈现增长趋势，但有些只是传统文献的延伸和翻版。

数字资源和传统文献资源在图书馆的馆藏中都扮演着重要的角色，都是必不可少的，二者之间互有优缺点，彼此共存互补，没有谁能完全取代谁。处理好二者的关系，发挥各自的优势，协调发展，才是图书馆数字化进程的必由之路。

二、公共图书馆数字资源建设现状及存在问题

(一)我国数字资源建设已初具规模,但地区、城乡发展极不平衡,呈明显阶梯状分布

自 1999 年 3 月国家图书馆成立"国家图书馆文献数字化中心"、2000 年国家正式启动中国数字图书馆工程开始,国内公共图书馆纷纷开展了一系列数字资源建设工作。经过十几年的努力,可以说目前我国数字资源建设已初具规模。

但我国公共图书馆的经费来源单一,主要来自地方政府的年度财政拨款、临时性专项拨款,政府投入是制约公共图书馆发展的首要"瓶颈"。而我国经济发展严重不平衡的现状,导致东西部地区、城乡之间财政收入的巨大差距,也制约了各地图书馆数字资源建设的发展速度与规模,使得公共图书馆数字资源建设呈明显阶梯状分布的局面。

(二)数字资源建设存在的问题

公共图书馆在进行数字资源建设时,主要存在以下困难。

1. 缺乏整体规划

长期以来,我国公共图书馆系统隶属各地方政府,彼此之间缺乏直接有效的统一管理。因此,在数字资源建设中不可避免地出现各自为政、重复上马的现象。各个图书馆独立建成的数据库也存在结构单一、规模小、专业面狭窄的问题,无法实现信息资源的共建共享,造成了一定的社会资源浪费。

2. 缺乏统一标准

数字资源建设的最终目的就是要使读者突破图书馆的时空限制,实现真正意义上的"资源共建共享",这就要求各个图书馆拥有统一的建设标准,并在统一标准的规范与指引下开展工作。但

目前各图书馆在数据库建设的标准化和规范化方面还处于比较混乱的状态，造成数据库的兼容性和互用性差，从而制约了数据库作用的发挥，严重影响数字资源建设的总体工作。

3. 缺乏经费来源

作为公益性事业单位，国家和地方的财政状况决定了图书馆事业的发展规模和速度。虽然这些年来，各级政府加大了对图书馆事业的扶持力度，但从总体来看，公共图书馆事业的历史欠账太多，"十一五"期间财政增长的年均速度为 21.3%，同期公共图书馆的年均增幅为 7%，仅为财政年均增长速度的 1/3①。图书馆经费增长的比例与发展需求之间存在很大落差。在经费紧张的大背景下，进行数字资源建设时，要同时兼顾设备运行维护以及人员培训的费用越发显得困难。

4. 缺乏高素质人才

有了整体规划、统一标准以及充足的经费支持，人才因素便成为了数字资源建设的重要因素。数字资源建设工作的复杂性与多样性对图书馆人员的素质提出了更高的要求：除了具备扎实的图书馆学知识外，还应兼备外语能力、计算机网络知识和检索技能，以及一定的法律知识和市场宣传推广能力。但目前基层公共图书馆普遍存在专职专业人员少、整体素质差等问题，几乎没有真正的高素质专业人才，以这种人员结构是难以胜任图书馆数字资源建设重任的。

5. 知识产权保护有关法规亟待完善，知识产权保护意识有待提高

知识产权保护在中国还处于发展阶段，有关知识产权的研究

---

① 公益文化事业的发展现状，历史欠账太多[EB/OL]．[2011-04-23]．http://blog.sina.com.cn/s/blog_5375c0300100v978.html.

也起步比较晚，因此我国在知识产权保护方面还显得有些薄弱，国民对知识产权保护的意识也有待提高与增强。特别是自 2002 年陈兴良诉国家数字图书馆有限责任公司一案开始，图书馆在数字化建设的过程中屡次成为侵权案被告，这都引发社会尤其是图书馆界对数字资源建设工作中侵权案件的讨论与思考。如何在保护著作权人的合法权益与兼顾社会公众利益之间寻求一个适当的平衡点，达到多方"共赢"的理想效果，就成为亟待解决的问题。

(三)"文化共享工程"对图书馆的数字资源建设与发展的作用

"文化共享工程"是 2002 年由文化部、财政部联合实施的一项文化创新工程，主要目的是利用现代信息技术，对全国现有各门类的文化信息资源进行数字化处理和加工整合，并通过互联网和卫星传播等手段将资源传输到基层，彻底消除不同地区在获取文化信息资源上的不平等，为广大群众提供公益性服务，实现优秀文化信息资源在全国范围内的共建共享。

截至 2011 年年底，文化共享工程已初步建成技术先进、服务便捷、覆盖城乡的数字文化服务体系，形成了由国家中心，省级分中心，县(区)级支中心，镇(街)、社区基层服务点组成的服务体系，资源建设总量累计达到 136.4TB。其中，2011 年全年国家中心 7TB、地方 21.4TB，为历年最高。①

文化共享工程的全面实施给公共图书馆的发展提供了非常好的平台和机遇，使图书馆发生了跨越式的发展，在很大程度上提升了图书馆的办馆基础条件，尤其对西部经济欠发达地区图书馆的整体发展发挥着特别重要的作用。

公共图书馆应利用文化共享工程的契机，积极推进数字资源

---

① 文化部全国文化信息资源建设管理中心. 2011 年全国文化信息资源共享工程督导工作暨公共电子阅览室建设试点工作总结会议在上海召开[J]. 全国文化信息资源共享工程工作简报，2012(1).

共建共享工作。具体来说就是充分利用文化共享工程的资源，直接丰富图书馆的馆藏资源；制作出具有地方特色的数据库后，借助文化共享工程这个大平台，宣传推广独具本地特色的历史文化；并以此为基础，创新读者服务。

三、公共图书馆数字资源建设的内容

数字资源建设就是运用数字化的技术手段，将多种形式的信息进行数字化的处理与加工，同时对已形成的数字资源进行科学的规划、选择、采集、组织，遵循针对性、特色化、标准化、服务性、共享性、安全性等原则，使之形成可利用的数字资源体系的全过程。数字资源的建设是围绕数字资源体系的形成、发展而产生的全部活动，其主要内容包括以下几个方面。

（一）数字资源建设规划

数字资源建设是一项庞大的系统工程，影响因素众多，关系复杂，因此必须从不同层次对其进行规划。从宏观上看，国家应该从资源整合的角度出发，集合社会上所有信息资源拥有者的优势，进行统一规划，分工协作，制定标准，联合进行数据库建设，推动资源的全面共建共享。从微观上看，每个图书馆都应该根据自身的性质、任务和读者需求，确定本馆的数字资源建设原则、范围、重点和采集标准，提出适合本馆资源建设的发展模式，并在此基础上制订发展计划，协调各类型资源在馆藏资源中的比例，建立一个有重点、有特色的数字资源体系。

（二）数据库建设

数据库建设是信息资源组织建设最重要、最有效的方式，也是数字资源建设的核心内容。其主要内容包括以下几点。

1. 数据库的选题

在数据库建设前，应该针对数据库建设的可行性展开系列调研，包括已有或在建数据库的分布情况，读者的现实需求与潜在需求情况，待建数据库的学术价值、利用价值、经济效益和社会效益等评估，信息源的充足性及信息搜集渠道的畅通性，数据库建设所需的软硬件环境、技术人才、资金等情况。

2. 数据收集

以畅通的信息采集渠道，及时将各种形式的信息资源进行汇总筛选、整理集中，保证信息资源的完整性、权威性和及时性。

3. 数据加工

数据加工是对所收集的数据进行处理与加工，主要包括以下内容。[①]

（1）筛选：对收集的数据进行审核筛选，将重复的、不准确的以及价值不大的信息予以剔除，保留可收录进数据库的数据。

（2）数字化处理：对传统纸质文献进行图像扫描、图像处理、转换识别、核对等。

（3）标引：选择合适的标引方式，制定标引细则，规定标引的深度、分类的集中与分散、主题词和关键词的选用规则等。

（4）录入：制定严格的质量管理制度，确保输入数据库的数据准确无误。

（5）审核：全面、认真地进行审核，确保每一条录入数据的准确性。

4. 数据管理与维护

使用数据库管理软件，以网页形式发布数据库内容，同时根据读者的反馈信息，及时对数据进行替换、删除、修改和整理。

---

① 肖希明，等. 数字信息资源建设与服务研究[M]. 武汉：武汉大学出版社，2008：14.

(三)网络信息资源的开发和组织

为解决庞杂无序的网络信息资源与读者信息需求结构间的矛盾，图书馆可通过搜索引擎和资源导航等方式，将无序的网上信息组织成有序的信息资源系统，从而提高读者的检索效率，更好地满足他们的信息需求。

1. 搜索引擎

搜索引擎，即根据 TCP/IP 协议，在网上发现新的网址、网页信息，然后对有用信息进行抽取、排序、分类后建立的网络索引数据库。这种方式虽然自动化程度高，更新速度快，并提供多种检索方式，但检索到的信息过于庞杂，查准率较低。

2. 资源导航

资源导航，即利用已有的信息标引、分类、查询、搜索、评估等方面的理论与实践，精选因特网上海量的学术信息资源，并将经过注释或评注的网站组织到特定的界面，从而为读者提供免费信息服务的过程。[①] 资源导航具备站点导航和搜索引擎的双重功能，可实现对站点内容的整理、指引和检索。

(四)数字资源的购买

数字资源的购买，即直接购买由数据库商生产发行的、商业化的正式出版物，包括商业数据库、电子期刊、电子图书以及其他数字资源。图书馆根据一定的采选原则和标准，与数字资源提供商签订使用合同，付费购买使用权，通过图书馆网站提供给内部读者或远程读者使用，这是目前图书馆数字资源建设的重要方式。

---

① 代根兴. 数字时代图书馆信息资源建设[M]. 北京：北京图书馆出版社，2006：68.

(五)数字资源的整合

数字资源的整合是数字资源优化组合的一种存在状态，是依据一定的需要，对各个相对独立的数字资源系统中的数据对象、功能结构及其互动关系进行融合、类聚和重组，重新结合为一个新的有机整体，形成效能更好、效率更高的新的数字资源体系。[①]数字资源的整合实现了不同资源间的横向联系，保持了知识体系的完整性，提高了数字资源的利用率。

四、数字资源建设规划的层次与内容

(一)数字资源建设规划的具体内容

数字资源建设可分为宏观与微观两个层次：宏观层次的数字资源建设规划，是指国家数字资源建设战略规划，主要用于对数字资源建设的宏观指导；微观层次的数字资源建设规划，主要是指公共图书馆对自身运行所需要的数字资源，从选择、采集、组织、整合到开发利用全过程进行全面规划。[②] 由于本教材培训对象以图书馆员为主，因此，我们将主要说明微观层次，即个体公共图书馆的数字资源建设规划的内容。

1. 数字资源建设现状调查与需求分析

任何科学、切实可行的建设规划都是建立在全面了解现状及深入分析需求的基础上，因此，在制订图书馆数字资源建设规划前，必须充分了解以下情况：国内外数字资源的发展状况；国家有关数字资源建设的法律法规和宏观规划；已开发或正在开发数字资源的数量与质量；不同图书馆间资源共建共享的进展与效果；

---

① 马文峰，杜小勇. 数字资源整合方式研究[J]. 图书情报工作，2005(5).
② 肖希明，等. 数字信息资源建设与服务研究[M]. 武汉：武汉大学出版社，2008：56.

信息资源分布和使用情况，数字资源的开发能力等。

为尽可能及时有效地满足读者信息需求多样化、时效性、开放性的需求，图书馆数字资源建设必须在"以需求为导向，以应用促发展"原则的指导下，进一步推动数字资源建设的发展步伐。

2. 数字资源建设目标的确定

图书馆在进行数字资源建设的过程中，应该对每个阶段设定一些具体的目标，并据此检验数字资源建设的完成情况。具体包括：（1）数量目标，即对一定时间内图书馆数字资源的增长量和覆盖率提出一些量化考核指标。（2）质量目标，即以广泛性、及时性、科学性、标准性等指标为标准，对所采集的数字资源的内容提出明确要求。（3）特色化目标，即数字资源建设必须体现当地的地理、历史与文化特点以及读者的特殊需求。

3. 数字资源结构规划

数字资源多种多样，彼此千差万别，因此，必须根据其内容价值与读者需求的不同，科学合理地区分采集与储存的级别，制定相应的建设目标，才能形成功能优化的数字资源体系。美国伯克利数字图书馆提出了数字图书馆馆藏划分的四个级别，即永久保存级馆藏、服务级馆藏、镜像级馆藏和链接级馆藏。

永久保存级馆藏，指特定图书馆的现实馆藏。服务级馆藏，指存储在其他数字图书馆服务器上的虚拟馆藏。镜像级馆藏，指其他数字图书馆馆藏的拷贝。链接级馆藏，指通过链路连接起来的信息资源。通常除了永久保存级馆藏不可改变外，其他三个馆藏级别均可根据图书馆的馆藏政策变化而发生变化。

4. 数字资源采集标准与模式的确定

图书馆数字资源建设不可能将浩如烟海的信息收罗无遗，而是应该根据各个图书馆的实际情况，对数字资源的选择与采集的具体原则和标准做出明确规定。同时，为应对高昂的数字资源采购费用，图书馆还应对是否以集团采购或其他模式进行数字资源建设做出明确规定。

5. 数据库建设与网络信息资源开发规划

数据库建设是数字资源建设的核心内容，应依据读者需求、信息特色以及配套条件等进行分析，确定图书馆建设特色数据库的可行性与必要性，并对数据库的各项具体指标做出规定。

对数量庞大但质量参差不齐、分散无序的网络信息资源，图书馆也应在明确选择标准、开发与组织方式的前提下，通过鉴别、选择、组织、加工、开发等活动，使其成为可供利用的信息资源。

6. 数字资源整合的计划

数字资源建设应该通过一些中间技术，把不同来源、不同类型、不同格式的信息整合起来，集合成一种跨平台、跨数据库、跨内容的，在统一检索界面中浏览、检索的新型数字资源体系，真正实现无缝链接。

(二)图书馆数字资源建设参考方案

公共图书馆面对的服务对象大多数是休闲型的群体，在进行数字资源建设时应充分体现其服务职能与服务主体等因素，提出合理的建设方案。同时，还必须明确认识，数字资源建设不是要在图书馆已有的馆藏体系之外，另外再建一个独立的馆藏体系，而是要通过数字资源的建设，使已有的馆藏体系更加完善。①

虽然我国基层公共图书馆在经济水平、文化环境等方面存在巨大差异，但各级图书馆的服务职能与服务主体却是一致的：服务于当地经济、文化等各项工作，体现读者至上的原则。因此，

---

① 范并思. 基层公共图书馆数字资源建设：理念、原则与方案[J]. 图书馆论坛，2005(6).

针对商业数据库、自建数据库、网上免费链接三种数字资源类型，我们提出一个框架式方案，供公共图书馆在进行数字资源建设时予以参考。

(1)经济发达地区的区县级图书馆，应该同时发展商业数据库、自建数据库、网上免费链接三类数字资源。地区经济发达，数字资源的市场需求也更为迫切：凭借一定的经济购买能力，可购买一些综合性的文献数据库；拥有较高素质的图书馆人才队伍，可开展自建数据库和网上免费链接数据库的工作，充实图书馆的数字资源。

(2)经济欠发达地区的区县级图书馆，应该以自建数据库、网上免费链接为主。对这类型图书馆来说，不应超越自身经济条件，将有限的经费花在购买商业数据库上，而应该将数字资源建设的重心放在满足当地居民的生活、学习、娱乐方面，开发独具地方特色的特色文献数据库；同时，对数量丰富的免费网络资源加以科学组织和管理，建成网上免费链接数据库。

(3)区县以下级的图书馆，一般不提倡独立购买或自建数据库，也不提倡独立建立网站，应该依托上级图书馆，实现资源共享。

总之，在实际工作中，基层图书馆必须克服缺乏理性、盲目攀比的心理，立足自有的财力、人才、技术和设备能力，合理选择一种能最大限度满足读者的信息需求、发挥数字资源的经济效益和社会效益的建设方案。

第二节　公共图书馆数字资源建设

网络技术、通讯技术以及数字化技术的飞速发展，使数字资源呈现几何级数增长，每年新增信息中有92%是以数字资源的形式产生的；① 同时，读者也越来越倾向于通过数字资源来解决自身的信息需求。因此，图书馆必须以全新的视角去审视和发展图书馆的数字资源。图书馆发展数字资源通常有两种方式：一种是将图书馆馆藏的纸本资源数字化，自主建设各类相关数据库；另一种是直接购买商业数据库，或通过收集、加工网上免费信息资源集合而成的数据库。如此建成的数字资源更为开放、有序和便捷，可最大限度地满足读者多层次、多种类的信息需求，提高数字资源的利用率。

基层图书馆的数字资源建设通常包括书目数据库建设、特色数据库建设、商业数据库的采购、网络信息资源的开发和利用等几个方面。

一、公共图书馆书目数据库的共建共享

(一)书目数据库的作用

书目数据库是图书馆信息服务系统的基础，是图书馆馆藏资源数字化建设的重要内容，它是对图书馆馆藏进行揭示、帮助读者检索和利用图书馆的信息资源，是开发图书馆信息资源的基础数据库，也是图书馆全面实现网络化、自动化和资源共享的基础与关键。② 它的规模、质量和标准化程度对整个信息系统的效益有着决定性的作用。

(二)书目数据库建设的方式与程序

书目数据库的建设通常有三种方式：（1）自建。（2）标准书目套录。（3）套录和自建相结合。其中自建书目数据库比较灵活，自

---

① 杜亮，刘涛，等. 数字资源建设与共享："十二五"展望[J]. 图书馆学刊，2011(10).

② 马春燕. 数字信息资源开发与建设[M]. 北京：经济管理出版社，2009：73.

主性强，容易操作，但数据库质量不易控制，非标准的数据会直接影响到数据的交换和共享效果；采用套录书目数据虽省时、省力、速度快，书目数据的标准化也能得到保障，但套录数据不能涵盖所有新书的书目数据，有时还需要通过自建数据予以补充，所以多数图书馆都是采用套录与自建相结合的方式来建设本馆的书目数据库。

为保证书目数据库的质量，必须做好以下每项工作。

1. 编目系统的选择

管理系统中的编目子系统对编目质量起着决定性作用。目前，公共图书馆中使用较多的管理系统有：深图图书馆自动化集成系统(ILAS)、金盘图书馆集成管理系统(GDLIS)、文津图书馆管理集成系统、汇文文献信息服务系统、博菲特文献管理集成系统等。图书馆可根据本馆的实际状况，从中选择一个稳定性、兼容性兼备的功能齐全的管理系统。

2. 数据录入

在数据录入时要严格按照国家制定的著录标准，进行规范化、标准化著录。

3. 建立严格的工作程序

在书目数据库建设的准备、数据录入、数据核校三个阶段中建立严格的工作规范，确保数据的准确性。

4. 人员的组织培训

编目人员的综合素质是保证数据库质量的关键，因此，应强化他们的技能培训和责任心教育。

(三)书目数据资源共建共享的模式

1. 联机编目方式

所谓联机编目，就是各成员馆与联机编目中心通过计算机自动化系统和网络连接起来，按照标准的机读目录格式著录书目数据，实现联机共享编目。各成员馆可联机实时检索查询其他成员馆或联机编目中心的书目数据，瞬时获得所需数据；对未检索到记录的新书，按联机编目中心统一标准进行编目并上载，供其他成员馆查询使用。

在联机编目网络中，可以对地理位置分散的书目资源实现实时的集中管理，而且是实时检索，可进行交互对话，数据传输及时准确，数据质量和标准化程度高，从长远来看，联机编目方式是一种比较理想的模式，也是我国文献编目的发展方向。

2. 集中编目方式

集中编目又称统一采编，是指在一个地区、行业或系统内，多个图书馆通过协商，由一个能力和条件较强的图书馆承担各成员馆的采购编目业务，其他成员共享其成果的一种工作方式。集中编目避免了各个图书馆在编目工作中的各自为政，使文献达到一次制作多次使用、一方编制多方共享、一种形式输入多种形式输出的目的，书目数据以最快的速度、最短的时差进入联机书目数据库，缓解了过往新书书目数据制作时滞过长的矛盾。同时，集中编目方式还从根本上改变了以往分散编目造成的浪费和书目数据不标准、不规范的缺陷，保证了编目数据的质量。

但是集中编目方式也有两个明显的缺点：（1）这种编目方式的适用范围仅局限于一个地区、行业或系统内，只能实现小范围的书目数据资源共享，在一定程度上影响了书目数据的检中率。（2）文献信息量过度集中，使编目中心承担较大压力，容易造成工作量的积压，影响到编目数据的时效性。

总之，基层图书馆应根据本馆的办馆条件、人员素质、资金状况、规模大小、读者需求等实际情况，选择最符合自身特点的建库模式。但无论采用何种书目数据库建设模式，都应将标准化、规范化摆在首要位置，强化书目数据间的兼容性，以免造成书目检索和数据资源共享的困难。

(四)书目数据库建设应注意的问题

书目数据库是图书馆实现计算机化、网络化的关键，是信息资源共享的物质基础。因此，在进行书目数据库建设时必须注意以下几个问题。

1. 书目数据库的质量

质量是数据库的生命，也是数据库建设中最核心的问题。因此，在书目数据库建设的过程中，必须既要保证书目数据的完整性，又要保证数据源的全、准、新，还要建立严格质量监督体系，强化数据库的标准化、规范化，提高书目数据的质量。可以说，书目数据的标准化、规范化、准确化、完整化、一致化是书目数据库正常运转的保障，也是实现书目数据共建共享的前提条件。

2. 功能优化

数据库的功能是否完善直接影响其检索效率，总体来讲，检索入口越多，越便于读者使用。因此，要不断完善数据库的检索系统功能：提供单机版、局域网版、网络版等运行环境；提供多角度同时检索；支持定性检索和定量检索等方式；提供多个检索入口，并实现各项间的逻辑组配检索和标引词的位置算符检索，以及一次检索结果基础上的多次循环检索。[①]

3. 书目数据库的再开发

在完成书目数据库建设后，图书馆还应对文献的内容进行深层次揭示，对全文数据库进行开发与应用，形成二次或三次文献信息数据库，提供增值性服务。

---

① 马春燕. 数字信息资源开发与建设[M]. 北京：经济管理出版社，2009：80.

总之，基层图书馆在建设书目数据库时，必须根据自身的实际情况，转变旧有观念，坚定走联合建库、资源共享的道路，协调好书目数量和书目质量的关系，以最适合本馆发展特点的建库模式来推进书目数据库建设的各项工作。

二、特色数据库的建设

由于服务区域及服务对象的不同，公共图书馆的馆藏资源也各具特色。在数字资源建设的过程中应该结合不同图书馆的具体情况，选准定位，突显特色馆藏，这样才能使数据库具有旺盛的生命力，才能吸引读者。特色数据库的建设是特色馆藏的延续，是数字资源建设中必不可缺的一部分。

(一)建设特色数据库的作用

特色数据库是指图书馆依托馆藏信息资源，针对读者的信息需求，收集、分析、评论某一学科或某一专题有利用价值的各类型信息资源，并按照一定标准和规范将其中特色化的资源进行数字化，最终以数据库的形式存储起来的信息资源集合。① 可以说，特色数据库是图书馆特色资源的集中反映，充分展示了其个性化特征，是吸引更多读者、扩大社会影响力的核心资源，对提升自身的社会形象、体现生存价值都具有非常积极的意义。因此，图书馆若想在数字化、网络化市场争得一席之地，必须以自建的特色数据库作为亮点。

特色数据库建设的目的是为了满足读者的特殊文献信息需求，在建设过程中应当遵循实用性、独特性、共享性、规范性等原则。

---

① 代根兴. 数字时代的图书馆信息资源建设［M］. 北京：北京图书馆出版社，2006：56.

（二）自建特色数据库的流程

1. 数据库选题

图书馆在建设特色数据库之前，应依据读者的信息需求，结合现有的资源特色，对建设的可行性问题进行调研分析。具体来说，内容如下。

（1）调研已有的或在建的数据库资源分布状况，选择特色数据库建设的切入点，避免重复建设。

（2）分析研究特定的读者群，掌握其对数据库的特色化、个性化信息需求。

（3）分析特色数据库资源的学术价值、利用价值、社会效益、信息源的充足性，以及信息搜集渠道的畅通性等问题。

（4）分析特色数据库建设中所需的人才队伍和配套设备。

（5）资金问题。通过多种渠道积极筹集经费，这是特色数据库建设的关键问题。

2. 数据库开发方案的实施

经过详尽的选题可行性分析论证后，制订并实施数据库开发方案。

（1）数据收集。建立并拓展畅通的信息采集渠道，广泛采集信息资源后，对其进行汇总筛选、整理集中，并制订相关工作计划。另外，还应随时对信息资源进行查漏补缺，保证数据的完整性、权威性、及时性。

（2）配备硬件和软件设备。建设特色数据库，需要配备相应的硬件和软件设备，具体数量视数据库建设规模而定。

（3）数据加工。对数据的筛选、数字化处理、标引、录入、审核、数据发布等处理与加工的过程。

3. 数据库更新维护

数据库的更新维护是其旺盛生命力的重要保障，特别要注重读者在使用数据过程中的反馈信息，及时对数据进行更新维护，保持数据信息的新颖性。

（三）自建特色数据库应注意的问题

特色数据库的建设有利于文献资源的合理配置，在建设过程中除了要注意标准化、规范化、人才、质量、维护等问题外，还应注意以下几个方面。

1. 数据库建设协调规划

规划是数据库建设的重要环节，图书馆不能盲目求大求全，而应根据自身的实际情况，确定数据库建设的规模，充分利用有限的资金，建设出高质量、精品化的特色数据库，避免重复浪费。

2. 知识产权问题

特色数据库建设过程中面临严峻的知识产权保护问题，图书馆应该在适应知识产权国际秩序的基础上，充分利用知识产权保护的信息资源合理使用的权利，开发建设不以盈利为目的的特色数据库，在避免引起知识产权纠纷的同时，为社会公众提供更丰富的信息资源。

3. 数据库的宣传推广

图书馆耗费人力、物力、财力建成了特色数据库，大多数却忽略了对其的宣传推广，使它们处于"养在深闺无人识"的处境。因此，需要借助各种宣传渠道，加大特色数据库推广力度，让更多的读者了解与使用。

三、商业数据库的选择

（一）商业数据库的含义与类型

商业数据库是指由数据库生产商或数据库服务提供商开发的各种文献数据库。图书馆以购买或获得授权的方式，通过图书馆的界面供内部读者或远程读者使用。购买商业数据库产品或服务已经成为公共图书馆数字资源建设的重要手段。

目前国内的商业数据库，在出售时一般有两种方式：(1)包库方式，购买者只有使用权，没有所有权。(2)镜像方式，购买者既有所有权又有使用权。具体来说就是，如果只以包库方式购买数据库，一旦不再续订，所有数据库的资源就全都没有了。采取镜像方式是指将所购买数据库的数据内容装在本馆的存储设备上，数据库公司还定期不断地充实和添加内容。即便图书馆不再续订，那些已经购回的数据库资源，其所有权仍然是图书馆的，读者照样可以使用。

(二)商业数据库的采购程序

(1)制订馆藏数字资源发展规划。图书馆应根据自身的发展目标、服务对象、经费来源等状况，制订发展规划，明确规定数字资源建设的发展方向和建设目标。

(2)争取经费。在制定数字资源采集的年度财政预算中，不但要考虑维持现有数据库的经费，还要根据规划，增加其他需采购资源的费用。

(3)熟悉、了解数字资源发展动态，及时了解、掌握读者的需求。

(4)初始评价、试用和最终评价。根据评价结果最终确定需购买的数据库。

(5)签订数字资源使用许可协议。

(6)租用、获取、购买数字资源。双方签署许可协议后，将开展数字资源的正式安装或开通调试工作，进行用户使用培训，待数据库运行正常后才支付购买费用。

(7)管理、发布数字资源。对已采购的数字资源，图书馆应对其进行管理维护，及时向图书馆的合法读者进行发布。

（三）商业数据库的集团采购

商业数据库的集团采购是指某一地域、行业或系统内的图书馆自愿组成采购联盟，共同推举谈判代表与数据库商进行价格与使用条款的谈判，联合采购某种数字资源，共同承担购买费用，以最少的经费，获取最优价格、最佳服务和最符合需求的资源。集团采购的优越性已为各图书馆普遍认可：首先，通过联合的优势，享受批量购买的优惠，集中各个成员馆的人、财、物资源进行核心资源购买，节省时间和人力资本，降低总体费用；其次，克服重复购买的问题，实现资源的共建共享；最后，由于是多馆的联合采购，资源评价能够更加客观公正。

集团采购的方式主要有三种：(1)图书馆联盟扮演集团采购代理商，以最优价格购买数据库后，各个成员馆根据自身需求选择少量购买。(2)图书馆联盟代购数字资源，统一安装到本地服务器上，提供给成员馆使用。(3)由图书馆联盟为成员馆签约获得产品的使用许可，提供网关或由成员馆直接访问产品网站，图书馆联盟内成员馆不论规模大小都能为各自的读者提供大范围的核心数字资源检索服务。

数据库的集团采购是一种应用广泛的采购模式，但是它也存在一定的缺陷，主要表现在：数字资源所有权问题、集团内各成员馆的利益平衡问题、使用中的读者管理问题等。因此，应采取以下策略，解决集团采购中存在的问题：首先，成立专门的数字资源建设领导小组，制定采购政策和价格模式，平衡各成员馆间的利益，协商处理采购中遇到的重要事务；其次，积极寻求长期的数字资源保存机制，建立切实可行的保存方法；最后，加强数据库的统一宣传与管理，增加读者使用数据库的意愿，提高使用率。

总之，对于图书馆来说，集团采购不仅可以使经费使用更为合理化，还扩充了数字资源馆藏，提高了数字资源的质量及利用率，进而深化图书馆的服务功能。

四、网络信息资源的开发和利用

网络环境下，图书馆正逐步由传统型服务模式向网络化、电子化、虚拟化、数字化的新型服务模式转变，其中网络信息资源以数量庞大、信息存储量大、检索功能强等优势，越来越成为读者使用率不断提高的资源类型，在图书馆数字资源中所占的比重也逐渐加大。

开发网络信息资源有助于弥补图书馆馆藏的缺失，丰富图书馆的数字资源，更好地满足各类型读者的需求。图书馆应该将网络信息资源的开发和利用作为数字资源建设的工作重点之一，发展馆藏资源和网络资源并重的馆藏发展模式正逐渐为各级图书馆所接受。

(一)网络信息资源的特点

网络环境下，网络信息资源的来源更加广泛多样，传递与反馈更加快速、灵敏，具有动态性和实时性等特点，具体表现如下。

1. 增长迅速且数量巨大，但来源复杂

网络的共享性与开放性使任何人都可以在互联网上发布和索取信息，但由于没有质量控制和管理机制，所有信息未经严格的筛选和整理，良莠不齐，大量不良和无用的信息充斥其中，形成了一个纷繁复杂的网络信息世界，给读者选择和利用网络信息带来了障碍。

2. 获取方式的多样化

图书馆传统文献资源主要是通过购买、交换、捐赠等方式获取，受资金、地域等因素的限制，资源的获取范围也相对有限。

网络环境使图书馆获取信息资源的方式更为多样，还可通过网络快速便捷地与外界进行各种信息资源的交流与传递，实现资源共享。

3. 表现形式多样化

网络信息资源是以文本、图像、音频、视频、软件、数据库等多种形式存在的，涉及各个领域，文献类型更为全面。

4. 存储数字化，以网络为传播媒介

所有网络信息资源最初都是以数字化的形式存在的，并通过网络信息技术，达到信息广泛传播的目的。图书馆通过数字技术，将实体馆藏的纸质文献数字化后，在网络上发布，使其传播范围更广、利用率更高。

5. 读者信息需求的多样化、个性化、无限制性

网络环境下，读者的信息需求更为多样化与个性化。他们希望图书馆提供的信息资源是经过精心筛选和加工整合的，符合其个性需求。同时，网络信息资源没有复本数量的限制，获得授权的读者可无限次地访问及复制使用。

6. 传播方式动态化

网络环境下，信息的更新淘汰周期短，变化快，不稳定，传递和反馈快速灵敏，网络中的任何信息仅需要短短的数秒钟就能传递到世界的每一个角落，从发布者到接收者之间信息的传递毫无滞后性。

(二)网络信息资源开发与利用的内容及方法

1. 网络信息资源开发与利用的内容

(1)重视馆藏资源数字化，加强网络信息资源采集，完善馆藏资源结构。图书馆有限的购书经费及办馆空间与读者不断提高的

信息需求之间存在巨大落差，严重影响了其职能的发挥。因此，图书馆应该充分利用现代网络技术，一方面加大对馆藏文献资源的数字化处理，使之成为读者通过网络可检索使用的二次文献信息资源；另一方面，通过对网络信息资源进行再加工，使其成为读者通过本馆网页即可查找到的信息资源，充实完善图书馆的馆藏资源结构。

（2）多渠道开发利用网络信息资源，发挥图书馆的知识导航作用。主要方式有：①数据挖掘，可准确掌握读者的文献使用规律和信息需求，优化馆藏布局，提高网络信息资源服务的质量。②网络信息资源导航，方便读者浏览和查询重组信息。③信息推送，实现从"人找信息"到"信息找人"的转变。④个性化信息服务，满足特定读者的特殊需求。⑤企业信息资源服务，促进地方经济发展。

2. 网络信息资源开发与利用的方法

（1）站点导航。即网址导引库，这是利用最多、最简单又最直接的网络信息资源开发模式。具体来说，就是图书馆员对网络信息资源进行科学系统地组织、标引，建立网络导航、学科导航或专题资源库，帮助读者尽快获得有价值的信息。

（2）搜索引擎。运用网络自动搜索技术，跟踪网上站点并对站点信息进行收集、整理、分类、索引等处理，同时对每个网站加以注释，给出范畴词或关键词，以产生新的数据库供读者利用。①

（3）信息下载。利用站点导航和搜索引擎等手段，有选择地下载所需信息，再按统一格式整理、建库并建成检索系统。

（4）按专题栏目采集和提供信息。不同栏目可由不同的信息类型构成，并可能有不同的价值选择。

---

① 马春燕. 数字信息资源开发与建设［M］. 北京：经济管理出版社，2009：97.

（5）创建以网上信息资源为收藏对象的各类专业虚拟数据库。例如，建立指引库、网上联机检索数据库等，使读者在馆外也可便捷查找到所需信息。

(三)网络信息资源开发与利用应注意的问题

虽然网络信息资源具有不可比拟的优势，总体发展呈现出一片繁荣的景象，但毋庸置疑的是，在这个快速发展的过程中，网络信息资源也存在着一些不容忽视的问题。这些问题如果得不到有效的解决，势必会影响网络信息资源的健康、快速发展。具体来讲，主要是以下几个方面。

1. 网络信息的甄别、选择问题

互联网上的信息资源虽然丰富，但大量信息垃圾充斥其中。因此，在开发与利用网络信息资源时，首先必须要对网上的信息进行鉴别、选择。鉴别与选择的标准一般应考虑信息内容的学科范围、深度、广度、准确性、时效性、便捷性，以及信息的类型、语种等因素。

2. 网络信息资源的标准化问题

（1）内容格式的标准化。目前国际公认的网络信息资源的内容格式标准是元数据标准，因此建立各种元数据系统间的相互转换关系和转换方法已成为规范数字化信息、保障网络信息资源开发与利用顺利进行的必要条件。具体来说，就是严格按照统一标准，对数据进行加工和管理，采用统一的技术规范与标准要求，对网上信息资源进行整合，使其处于有利于网上传递与检索的良性状态，提高网络信息资源的检索效率。

（2）导航服务的标准化。网络信息资源是以超文本格式，通过节点链接起来的非线形结构，这种链接的方便性造成了网络信息错综复杂和交叉分布的状况，加大了读者查找信息的复杂性。因此网络信息资源的导航服务必须以内容全面、航标明确、界面友好、链接功能强为标准，以提高读者信息的查全率和查准率。

3. 开发建设的质量问题

目前，我国网络信息资源开发建设的总体质量不高，直接影响了读者对网络信息资源数据库的信任与使用，因此在开发过程中应注意如下两点。

（1）信息的完备性。为满足读者一次检索到尽可能多相关信息的需求，图书馆员要善用多种搜索引擎，尽可能全面、系统地查找信息，同时注重信息的连续性和完整性，及时增补新的信息，保证有足够的相关信息量。

（2）信息使用的方便性。网络信息资源库如果检索途径不方便、不顺畅，就会影响读者对其的质量评价和使用选择。因此，在开发网络信息资源时，应充分考虑信息资源的组织是否科学、合理，界面是否友好、易用，检索功能是否完善，检索方式是否灵活多样，是否提供多种方式输出数据等。

4. 有关政策和法律法规不完善

目前我国还没有任何一部法律来确定如何对网络信息资源进行开发和利用，仅仅依靠一些部委政策是不能完全发挥导向和制约作用的，由此造成侵权纠纷频发与信息资源搁置浪费的矛盾局面。因此图书馆在利用网络信息资源时，应坚持合理使用原则，着重强调图书馆的公益性特色和公平免费原则，尽可能规避侵权纠纷的风险。

5. 网络信息的安全机制问题

网络在带来便利的同时，计算机病毒、黑客攻击、网上窃密及有害信息传播等安全问题也日益凸显。但有些图书馆对信息安全缺乏应有的认识和警惕性，有必要强化网络信息的安全措施。

6. 网络信息资源开发与利用的人才问题

网络环境对图书馆员的信息素质提出了更高的要求：他们不仅是资源组织者、信息提供和传播者，也是信息的导航者，是图书馆网络信息资源开发与利用的关键和基础。

总之，在有效解决以上问题的基础上，对庞大的网络信息资源进行有序、规范化整合，并提供有效的检索工具，将有利于网络信息资源的开发与利用，提升图书馆的服务质量和服务能力，更好地为读者服务。

第三节　公共图书馆数字资源服务绩效评价

一、概述

随着数字化的不断发展，读者对数字资源的要求也越来越多，图书馆时刻处于资源购买经费有限和读者需求无限的矛盾之中。同时，图书馆还需面对不断出现的种类繁多的数字资源，因此无论是采购新的数字资源，续订已有的数字资源，还是建设特色数据库，都产生了新的问题：哪些数据库值得引进？怎样通过评价使数字资源建设合理化、科学化？

解决以上问题的关键在于对数字资源的服务绩效进行评价，为评价数字资源的质量、服务和适用性提供合理的依据和支撑。

绩效评价的概念援引于管理学。现代管理学之父彼得·德鲁克（Peter Drucker）曾经说过："管理工作的基本要素之一就是衡量与评估，其中建立衡量尺度就是建立绩效指标。"[①]作为数字资源

---

① 　王宏波. 高校图书馆电子资源服务绩效评价研究——以天津商业大学图书馆为例[D]. 天津：天津师范大学，2010.

的管理者，图书馆员应该在了解和分析各种数字资源的价值和读者需求的基础上，依据科学的决策，对图书馆数字资源服务绩效做出正确评价，进而建立合理的数字资源体系。

数字资源的服务绩效评价不是对服务质量高低的简单评价，而是对其服务效率和满足读者需求的评价，并以评价结果来监督和提高图书馆数字资源管理的质量。数字资源服务绩效评价可以概括为：依据某种标准（数字资源服务绩效评价指标体系）对数字资源服务的效率和效能进行科学的测度和分析。[①]

数字资源服务绩效评价的最终目的是优化图书馆数字资源建设的经费投入，尽可能选择正确和更多的资源，使有限经费获得资源价值最大化，并最大限度地满足读者的需求，最终促进数字资源的整体优化建设，使图书馆的馆藏资源更加合理。

二、评价指标体系的建立

评价指标体系的建立是评价活动开展的核心和基础，根据评价活动所选取的目标、模式的不同，指标的选择也会表现出一定的差异。同时，在数字资源环境下，评价对象也随时处于动态发展的情况，指标体系也要求具备相应的灵活度，所以，确立数字资源服务评价指标体系的任务十分重要，也十分艰巨。结合我国图书馆的实际情况，在确定评价指标时，应遵循科学性、整体性、准确性、累积性、可比性、开放性等原则。

近年来，随着相关领域内理论研究与实践活动的日益活跃，指标体系的设计方面也出现了很多可供借鉴的经验。一般认为，一套全面的数字资源服务评价指标体系至少应该包含以下的内容：

---

① 索传军. 电子资源绩效评估的含义及影响因素分析[J]. 图书情报知识，2005(6).

数字资源的内容、系统功能、使用情况、成本核算、相关服务。①

(一)数字资源的内容

资源的收录内容是购买数字资源最先考虑的因素，所以在购买数字资源之前，要对其收录内容和相关情况进行分析，确定数据库收录是否全面、准确、权威、时效性强，是否符合读者需求，考察的主要指标列举如下。

(1)总体收录情况。指主要收录的资源类型及其数量、包含的时限范围。一般认为，收录内容越多、收录年限越长越好。

(2)核心出版物收录情况。收录的核心期刊所占的比例越高越好。

(3)学科收录范围。根据图书馆的实际需求，确定数据库所收录的学科范围是否符合需求。

(4)数据来源情况。出版物是否多数来源于学术性较强的出版社或学会。

(5)数据库之间的重复情况。相同类型的数据库之间的内容是否有重复，重复程度如何。

(6)出版物更新情况。目前数据库收录的内容仍以印刷型出版物为主，其更新频率也各不相同，频率越高，内容的时效性就越强，数据库的质量就可以得到保证。

(二)系统功能

系统和内容是密不可分的，在对资源的内容进行评估的同时，也要对数字资源的系统功能进行评估，系统的好坏直接影响读者对数字资源内容的使用。

(1)浏览功能。主要是指系统是否为读者提供方便的浏览界

---

① 肖珑，张宇红. 电子资源评价指标体系的建立初探[J]. 大学图书馆学报，2002(3).

面，引导读者使用资源。

（2）检索功能。主要是指系统是否为读者提供各种检索入口、检索途径和检索技术，是否具有方便性和多种技术手段，是否支持读者服务的智能化和个性化需求。

（3）检索结果。主要是指读者是否得到了内容全面的检索结果，下载和使用是否便利。

（三）使用情况

数据库的使用情况一般由数据库商提供使用报告，再据此进行各类分析，通过分析读者的需求和使用规律，可以知道某种数字资源是否受读者欢迎。

（1）系统登录次数。读者通过登录进入系统的次数。

（2）检索次数。读者向系统发出检索要求的次数。

（3）下载次数。读者在系统中下载到本地客户机中的文摘或全文篇数。

（4）系统拒绝服务次数。由于系统、网络故障或数据错误造成读者无法登录、检索、下载的次数。

（四）成本核算

这部分指标的应用主要视图书馆的经费而定。

（1）数据库价格。主要指各数据库的单价。在采购数字资源时，同类型的数据库之间要进行价格的比较。

（2）数据库价格上涨幅度。目前通行的标准是年涨价幅度最多不能超过8%。

（3）检索成本。每检索一次数据库的成本投入。

（4）全文下载成本。每下载一篇全文所需的成本投入。

（5）登录成本。用户每登录一次数据库的成本投入。

（6）其他成本。为数据库使用购买的相关软硬件费用、技术维护、培训等费用。

(五)相关服务

数据库商提供的使用和维护等相关服务，同样影响着数字资源的质量和读者的使用，这也是在购买和更新数据库时必须考虑和谈判的问题。这一部分的指标可以分为如下几个方面。

(1)读者服务。系统中是否有读者培训工作，是否提供其他辅助功能等。

(2)数据传递方式。目前提供的方式主要有国际网、Digital Island(DI，数码岛)专线、本地服务。

(3)是否提供足够时间的免费试用。通常数字资源的试用期为3个月，不可过短，以便了解和分析资源，收集反馈意见，了解读者需求，统计使用情况。

(4)数据库访问方式。通常有两种访问方式：①采用 IP 地址控制，读者自动登录访问。②使用用户名、密码登录。以哪一种方式为首选，要视各馆的具体情况而定。

(5)数据更新服务。在建立本地服务时，特别要注意能否按时更新本地数据，数据是否有缺漏。

(6)数据库是否解决了版权问题。版权是否清晰是影响数字资源可持续利用的重要因素，一旦有版权纠纷发生，图书馆的投入将付诸东流。

(7)数据库使用中的问题如何解决，主要指维护服务。

三、评价数据的采集

当数字资源服务评价指标体系建立后，评价的成功与否将取决于评价指标的采集，数据的采集需要精心组织，以尽量减少数据的失真、遗漏等现象。

国内图书馆界经过多年研究，评价数据的来源大致可分为：

数据库商提供的使用报告、图书馆的本地日志、调查问卷等①。

(一)数据库商提供的使用报告

数字资源的获取方式有多种方式，数据系统的动态性和数字资源的分散性给资源的使用和评价数据的收集带来很大困难，所以对数字资源评价的统计数据无论是国内还是国外，目前主要是来自数据库商。常用的相关统计指标有：登录次数、检索次数、下载次数等。

但是每个数据库商都是自定符合自身利益的标准，统计方式不一致，多数过于简单，而且数据的准确性和客观性难以保证，从而导致不同数据库商之间的数据很难进行对比分析，给评价工作带来很大困难。

(二)图书馆的本地日志

Web(环球网)服务器在工作时，时刻将用户访问的结果记录在一些 Log(日志)文件中，比如读者的 IP(网络之间互连的协议)地址、浏览时间、访问的资源、访问的方式等信息，通过跟踪可以获得数字资源和服务的使用轨迹，间接地掌握读者利用数字资源的情况。这些日志文件的产生不受人为因素的影响，便于采集，数据准确，得出的结论比较客观。

但这些日志文件的信息量很大，数据复杂，针对性不强，精确度也有待提高，再加上很多系统没有设置统计和累计装置，很多图书馆由于资金和技术等方面的原因，对日志文件中统计数据的收集周期不固定，分析不深入，因此，将它作为评价分析的依据还具有一定的局限性。

(三)调查问卷

图书馆可以利用问卷调查的方式来评价读者对数字资源服务

---

① 马建霞. 图书馆数字资源访问统计研究[J]. 图书馆杂志，2005(8).

的满意程度，这种方法对象直接，程序简单，可以不定期开展。目前国内多家图书馆采用调查问卷的方式或者通过图书馆网页收集读者意见，对读者的满意度进行评价；也可以在图书馆之间进行问卷调查，了解同行对资源的满意程度。

问卷设计一般包括三部分内容：第一部分为读者基本信息，主要调查读者的身份和专业领域等；第二部分为问卷的主体，包括读者对数字资源的了解情况、对数字资源的使用情况、数字资源宣传推广、数字资源使用频率高低排行以及使用过程中的常见问题等方面；第三部分为综合评价反馈，调查读者对于数字资源的总体满意程度，并设计一个开放式问题来收集读者的意见和建议。

但是调查问卷的方法受主观和人为因素影响的可能性较大，缺乏理论指导，在系统性、科学性方面略显薄弱，因此，对读者的满意度进行评价只是资源服务评价的一部分，它不能代替整体评价。

四、评价实施流程

(一)确定评价的目标

确定目标是评价工作的首要环节。图书馆面对不断出现的种类繁多的数字资源，首先要根据馆藏资源体系，从中挑选适合需求的数据库作为评价活动的目标。

(二)成立评价领导小组

评价领导小组是开展评价活动的主体，将对整个评价活动起主导性作用。小组成员以图书馆学专家和图书馆工作人员为主。

(三)建立评价指标体系

指标体系的构建要确保评价目标的可比性，每项指标都要有规范的定义和合理的量化，确保评价结果的准确性。

(四)评价活动实施

评价活动实施主要指评价数据的采集、分析等步骤，特别要注意数据收集的准确性和完整性。

(五)形成评价报告

小组在对目标进行认真的评价后，通常要以评价报告的形式反映出来，从而为领导决策提供依据。

数字资源的评价流程不是单一的流程，是一个循环、周而复始的过程，评价报告在为领导提供决策依据后，又要进入下一个评价周期。评价将对图书馆提升服务质量，建立合理的资源体系起到促进作用。

【本章小结】

从某种意义上讲，数字资源是传统图书馆向现代图书馆转型的助推器，没有数字资源的图书馆不能称为现代图书馆，更无从谈起所谓的"数字图书馆"。数字资源的重要性由此可见一斑。经过十几年的努力，我国数字资源建设已初具规模，但还存在很多问题。因此有必要在理解数字资源建设内容的基础上，根据各个图书馆的实际情况，在书目数据库的共建共享、特色数据库的建设、商业数据库的选择、网络信息资源的开发和利用等方面，选择符合自身定位、服务对象、服务范畴的建设方式。

对数字资源的服务绩效进行评估，为评价数字资源的质量、服务和适用性提供合理的依据和支撑，这就要求引入数字资源服务绩效评价体系。根据评价指标体系，对图书馆数字资源进行客观、公正的评价，从而优化数字资源馆藏体系。

【思考题】

1. 在数字化时代，有人提出了"图书馆消亡论"，你如何看待这一观点？

2. 结合本馆自身情况，图书馆如何建设独具特色的数据库？

3. 你所在的图书馆在进行数字资源的绩效评估时会选择采用哪些指标？

【推荐阅读】

1. 屈义华. 基层图书馆信息资源建设与服务[M]. 北京：国家图书馆出版社，2011.

2. 梁奋东. 图书馆数字资源建设与服务[M]. 深圳：海天出版社，2007.

3. 代根兴. 数字时代的图书馆信息资源建设[M]. 北京：北京图书馆出版社，2006.

4. 肖希明，等. 数字信息资源建设与服务研究[M]. 武汉：武汉大学出版社，2008.

5. 毕强，陈晓美. 数字资源建设与管理[M]. 北京：科学出版社，2010.

6. 马春燕. 数字信息资源开发与建设[M]. 北京：经济管理出版社，2009.

7. 何晓萍. 数字资源建设与利用[M]. 南昌：江西科学技术出版社，2006.

8. 朱华琴. 图书馆信息资源建设与服务链状循环模式的构建[J]. 图书馆论坛，2007(4)：107-109.

9. 范并思. 基层公共图书馆数字资源建设：理念、原则与方案[J]. 图书馆论坛，2005(6)：190-195.

10. 梁奋东. 公共图书馆电子资源馆藏发展及其政策初探——深圳图书馆新馆个案研究[J]. 图书馆，2006(3)：56-58.

第四章　公共图书馆文献资源组织与管理

【内容提要】

本章主要目的是向学习者介绍公共图书馆如何对入藏的文献资源进行规范的揭示、组织和管理，从而实现资源的有效保护和广泛利用。

本章主要内容有：文献资源的分类标引、主题标引、著录规则、机读目录，以及文献加工管理等若干方面。

肖希明教授在《信息资源建设》一书中，对文献资源组织定义如下：图书馆为了实现有效保存和积极利用文献资源之目的，对馆藏文献资源进行整序、布局、排列和科学的管理，使之成为有序化的科学的文献资源体系的过程①。在图书馆业务工作中，对文献资源的组织具体表现为文献资源的著录、标引(分类和主题)、加工、排架、剔除、保护等管理环节。

第一节　文献资源的分类

一、文献资源分类的原理和作用

分类是人类的基本逻辑思维形式之一，是人类认识和区分客观事物的基本思维活动。世界上的任何事物都有着多样的不同属

---

① 肖希明. 信息资源建设[M]. 武汉：武汉大学出版社，2008：244.

性特征，其中有本质性特征和非本质性特征。通过本质性特征可以将它与其他不同的事物区分开来，将相同的事物聚集在一起。

生活中，我们经常会用到类的概念。商店里的商品或按用途(服装、食品、生活用品)分别陈设，或按材质(塑料制品、纸制品、金属制品)列类摆放，方便人们按类索取；对人类本身，按性别可分为男人和女人，按年龄分为儿童、成人、老人等。记录人类对客观世界认知程度的文献资源的分类，也应是建立在人类对世界事物的分类之上。

(一)类、分类、类目、类名、类号的概念

类，是指具有一种共同属性的个别事物的集合，是表明某些个别事物共有的某个特征的一种概念。事物之间的共同或不同的特征，也就形成了各种相同或不同的类，即所谓"物以类聚"。

分类，是人类认识事物、区分事物、组织事物的一种逻辑方法，它是以事物的本质属性或其他显著特征作为根据，把各种事物集合成类的过程。① 这里所讲的事物的本质属性是指事物本身具有的、较稳定的、起决定性作用的属性，并且通过这种属性可以与其他事物区别开来。对事物的分类要求以事物的本质属性作为分类依据，这是因为它能揭示事物之间的内在联系，有助于人们深入地认识和区分事物。分类的根本特征，一个是区分，对不同事物之间的划分；一个是类集，将相同的事物归纳在一起。

类在文献资源分类体系中又称为类目，类目是构成文献资源体系的基本单元，一个类目就表示具有某种共同属性的一组文献资源。表示类目概念的名称叫类名，类名不但指示了类目的名称，还规定了类目的性质和内容范围，要求表达精确、概括。

类号，是分类法的标识符号，如《中国图书馆分类法》中的类

---

① 常书智. 文献资源建设工作[M]. 北京：北京图书馆出版社，2000：123.

目"R135.3 高温中暑"，其中"R135.3"是类号，"高温中暑"是类名。

(二)文献资源分类的含义

文献资源分类，是以文献分类法为工具，根据文献资源所反映的学科知识内容和其他显著属性特征，分门别类地、系统地组织与揭示文献资源的一种方法。①

俞君立、陈树年在《文献分类学》中，对此概念阐述了以下四个方面的含义：(1)文献资源分类的对象是图书馆和各种文献资源保存机构所收集的各种类型的资源，不仅包括印刷型文献，还包括缩微资料、音像资料、电子出版物和网络文献资源。(2)文献资源的分类是根据其学科内容属性和其他显著特征而归类的。文献作为人类各种知识的记录和传播载体存在，其中的学科知识内容是其本质属性，也是知识归类时的主要依据。(3)文献资源分类的工具就是文献分类法。其作用体现在两个方面：一方面，分类法能根据学科知识内容或其他显著特征将学科内容性质相同的文献资源聚集在一起，便于检索利用；另一方面，分类法也给文献信息资源收藏机构一个统一的、可执行的分类标准，保证文献资源分类的准确性和一致性。(4)文献资源分类是按照学科知识的系统性来组织和揭示资源的，满足了人们从学科门类对事物和问题进行族性检索的需要。

(三)文献资源分类的基本原理

文献分类是以科学分类为基础，以概念逻辑为分类元素，结合文献分类的特殊标准而开展的文献资源组织工作。文献资源分类有以下三个基本原理。

---

① 俞君立，陈树年. 文献分类学[M]. 武汉：武汉大学出版社，2001：2.

1. 概念逻辑原理

事物的每个属性均可以用逻辑概念来表达，因此文献分类时，必须遵守概念逻辑原理，注意文献所表达的知识内容，以及在学科体系中的纵向逻辑关系。归入某个下位类目的文献，必须带有上位类目的属性。例如"S857.5 皮肤病"，是指动物的皮肤病，一定带有其上位类"S85 动物医学"的属性。依同一标准划分出的同位类之间关系相斥，文献归类时不可既入此类，又入其同位类。例如绘画技法中，"J211.2 各种画技法；按题材分"，其下位类"J211.21/28"，是按题材划分的同位类，文献归类时，就只能入其一类。

2. 科学分类原理

因为文献所承载的知识内容有其学科属性，因而在分类时，也要遵循科学分类的客观和发展原则。[①] 文献只有归入正确的类目、类级，才能通过分类体系的纵横关系，体现出与其他文献所反映学科知识内容的系统性和发展性，从而为读者的学习和研究提供帮助。

3. 文献分类标准原理

文献分类是以其内容的学科属性为最重要的分类标准，但因文献的多样性和读者需求的多变，使得体裁、编写目的、阅读对象等也是分类时的辅助标准。在分类时，要根据不同的文献选择分类时的标准次序，以达到最佳归类。

(四)文献资源分类的作用

文献资源分类的作用表现在以下三个方面。

首先，通过对文献资源的分类，建立从学科的族性纵向角度

---

① 俞君立，陈树年. 文献分类学[M]. 武汉：武汉大学出版社，2001：17.

入手的分类检索系统。文献分类既能反映文献在某个学科系统中的位置，也能揭示其与相关学科文献的相互交叉、相互渗透的关系。便于读者从学科知识系统按类检索、获得文献，也便于图书馆员向读者推荐阅读，编制阅读书目，提供参考咨询服务。

其次，可组织分类排架。图书馆的文献资源不同于个人藏书的数量，是以成千上万册、百万册计算的。图书馆文献资源如果不以某种方式进行排列管理，读者查找时会出现"大海捞针"的现象。依照文献所属的学科进行分类排架，相同内容的图书集中在一起，不同内容的区分开来，便于读者从学科系统来利用文献。分类排架有利于对文献实现开架借阅，便于读者直接、方便地使用文献。依文献登记号、年代等的外部形式特征进行的文献排架，则不能揭示文献内容之间的联系，不宜用于开架借阅。

最后，通过对文献资源进行按类统计其借阅量，可以追踪读者的阅读需求，了解阅读倾向，为文献资源建设工作提供决策依据。

二、《中国图书馆分类法》的基本结构

《中国图书馆分类法》（以下简称《中图法》），是我国各类文献信息机构使用最广、影响最大的一部等级列举式分类法。从1975年起，至今已出版至第五版。为了满足不同类型图书馆和不同文献类型的分类需求，《中图法》还出版了简本、少儿版、期刊版等不同系列版本。随着计算机技术的应用，现又出现了《中图法》的电子版和 Web 版。《中图法》编委会还建立了网站（http://clc.nlc.gov.cn/），进行《中图法》和《中国分类主题词表》（以下简称《中分表》）的宣传、推广和研究。

（一）《中图法》的宏观结构

《中图法》从体系上讲，有宏观结构和微观结构之分。宏观结构是指分类法的基本构成部分及相互关系，各组成部分均为具有

特定功能的独立模块。《中图法》宏观结构包括：编制说明、基本大类表、基本类目表(简表)、主表、附表、索引和使用手册。

1. 编制说明

编制说明是对《中图法》的编制理论、指导思想、编制原则、结构体系、知识范畴、适用范围、标记制度、编制目的与经过、各个版次修订情况等基本事项的总体说明。

2. 基本部类与基本大类表

基本部类，也称基本序列，是分类法中为建立知识分类体系，对知识门类所进行的最概括、最本质的区分和排列，是确立基本大类的基础。《中图法》依据毛泽东关于知识问题的论述，将知识门类分为哲学、社会科学、自然科学三大部类，同时增设马克思主义、列宁主义、毛泽东思想、邓小平理论，综合性图书两大部类，构成其基本序列如下：

马克思主义、列宁主义、毛泽东思想、邓小平理论

哲学

社会科学

自然科学

综合性图书

基本部类是整个分类法展开的基础，在类表中并不单独列出。

基本大类又称基本大纲，是分类法列出的第一级类目。《中图法》在考虑学科领域的平衡的基础上，以国际上通用的基本学科划分和专业划分为依据，设置了 22 个基本大类：

A　马克思主义、列宁主义、毛泽东思想、邓小平理论

B　哲学、宗教

C　社会科学总论

D　政治、法律

E　军事

F　经济

G　文化、科学、教育、体育

H　语言、文字

I　文学

J　艺术

K　历史、地理

N　自然科学总论

O　数理科学和化学

P　天文学、地球科学

Q　生物科学

R　医药、卫生

S　农业科学

T　工业技术

U　交通运输

V　航空、航天

X　环境科学、安全科学

Z　综合性图书

其中，根据文献分类的实际需要，设置了"社会科学总论"和"自然科学总论"两类，用以收纳这两个学科领域的综合性文献。

由于工业技术是一个庞大的体系，文献数量巨大，因此又以双字母标记展开了 16 个二级类目：

TB　一般工业技术

TD　矿业工程

TE　石油、天然气工业

TF　冶金工业

TG　金属学、金属工艺

TH　机械、仪表工业

TJ　武器工业

TK　动力工程

TL　原子能技术

TM　电工技术

TN　电子技术、通信技术

TP　自动化技术、计算机技术

TQ　化学工业

TS　轻工业、手工业、生活服务业

TU　建筑科学

TV　水利工程

社会科学各大类的排列主要根据大类间关系密切程度以及与其他部类的关系来确定，大体上按"上层建筑—经济基础—意识形态"，即政治—经济—文化的次序排列。

自然科学各大类则按学科的属性，遵循从一般到特殊、从简单到复杂、从低级到高级、从理论到应用的次序排列，并形成"基础理论—技术科学—应用科学"三个层次。

3. 基本类目表

基本类目表也称简表，是由《中图法》的一级大类进一步区分出来的二、三级类目所组成（部分学科领域可能达到四级类目），是《中图法》的类目体系框架，展示了分类法基本知识结构与划分规则。通过简表，可以迅速了解《中图法》的概貌，把握其编制的知识结构脉络和各个知识领域的联系。基本类目表可作为小型文献信息单位的分类工具，也可使用简表编制分类排架号，实现文献粗排架。

基本类目表片段：

T　　工业技术 　　　　　　　　（一级类目）

　TP　　自动化技术、计算机技术（二级类目）

　　TP1　　**自动化基础理论** 　　　（三级类目）

　　TP2　　**自动化技术及设备** 　　（三级类目）

　　TP3　　**计算技术、计算机技术** （三级类目）

4. 主表

　　主表也称详表，是由各级类目组成的一览表，《中图法》编制的理论、技术和规则贯穿其中，是文献资源分类标引的主要依据。主表按功能分为术语（类名）系统、标记系统、注释系统和专类复分表。

　　主表片段：

TP　　自动化技术、计算机技术

　　TP1　　　**自动化基础理论**

　　TP2　　　**自动化技术及设备**

　　　TP24　　　**机器人技术**

　　　　TP 241　　　机器手

　　　　　TP241.2　　　工业机器手

　　　　　TP241.3　　　专用机器手

5. 附表

　　附表也称辅助表，是一组组配有标号的标准子目表，编列在主表之后，用于对主表中列举的类目进行细分。《中图法》的附表是八个通用复分表，即总论复分表，世界地区表，中国地区表，国际时代表，中国时代表，世界种族与民族表，中国民族表，通用时间，地点和环境、人员表。通用复分表不能单独使用，只能对主表类目起复分作用。

　　世界地区表片段：

1　世界

2　中国

3　亚洲

　　31　东亚

　　……

　　33　东南亚

　　35　南亚

　　　　351　印度

　　　　353　巴基斯坦

　　　　354　孟加拉国

　　　　……

6. 索引

《中图法》的索引单独成册，收录了详表和八个复分表的全部类目以及注释包含的有检索意义的主题概念，按单词予以轮排，利用汉语字面成族的原理，将有相同单词的类目名称汇集在一起，排列在某一单词之下，从而可以从那个单词出发，查出含有该单词的全部类目。必须注意的是，分类法索引是通过字顺查找类目的工具，不能直接用于分类标引，查找的结果要回到分类中进行核对。

7. 使用手册

《中图法》使用手册单独成册，详细阐述《中图法》的编制理论和技术、各类文献分类规则与方法，是指导馆员学习和正确使用《中图法》的权威性工具。

（二）《中图法》的微观结构

《中图法》的微观结构，主要是指它的类目结构。类目是表达文献资源内容的概念，每个类目都代表具有某种共同属性的文献的集合。类目是构成分类法的最基本要素，分类法的整体功能就是通过类目及其联系而实现的。《中图法》的类目由类号、类名、类级、注释和参照组成。

TP　　自动化技术、计算机技术

TP1　　自动化基础理论

TP2　　自动化技术与设备

TP24　　机器人技术

机器人工程学入此。　——注释

1. 类号

类号是类目的标记符号，它用号码来表示类目的含义，决定类目在分类体系中的位置，表达类目之间的族性关系。《中图法》采用拉丁字母和阿拉伯数字相结合的混合制标记符号来作类号，如 C3、TB21 等。

2. 类名

类名即类目的名称，是用来描述类目内涵和外延的词语，类名直接或间接表达类目的含义或内容范围。如"U472 汽车保养与修理"。

3. 类级

类级是指类目的级别，代表该类目在《中图法》体系中的级别，显示类目间的等级关系。在印刷版《中图法》中，是以字体大小和缩格来表示不同等级的。

4. 注释和参照

《中图法》使用注释和参照的方法，对类目含义及内容范围、分类方法、复分方法、特殊书次号编制方法、该类与其他类目的关系等进行的说明，是归类时的重要依据。

分类法全部类目的排列与联系，就构成《中图法》的术语系统、标记系统、注释系统和类目等级结构。

(三)各学科门类的编制结构

《中图法》根据不同学科门类的特点确立了不同的编制结构，以满足各学科、专业文献整序和检索的需要。

1. 马克思主义、列宁主义、毛泽东思想、邓小平理论类目的编列

《中图法》A 类具有特藏性质，首先按著作类型区分为原著、传记、学习和研究三大部分，继而采用"依人列类"的方法按经典作家列类，在各经典作家之下，分别再按著作体例、时代细分。原著、传记、学习和研究三大部分都编列了相关的总论性类目。

《中图法》五版对 A 类有重大修订：允许用户自行选择该类文献的集中或分散。若不集中于 A 大类，可按文献性质及学科内容分散处理，如马恩列斯的综合性著作及其研究可入 D33/37 的"－0"等。

2. 哲学、社会科学类目的编列

在哲学、社会科学类目中，重要的分类标准是地区和时代。在各学科的理论方法之后，按世界各国的社会、经济、文化活动列类。对地区和时代的划分，根据学科性质的不同，使用的阶段和层次也有所不同。时代区分一般在国家区分之后进行。

3. 自然科学基础科学类目的编列

《中图法》在自然科学基础科学部分，主要是根据研究对象的结构或运动形式划分，类目的排列主要是依据事物内部的规律，按照"机械运动—物理运动—化学运动—无机物质的宏观运动—生命运动"由低级向高级排列。

4. 技术科学和应用科学类目的编列

技术科学和应用科学类目的编列，一般先依加工的对象或方法划分，再按产品或技术方法进一步划分，各项具体工程技术都按工程的"方面"(即"理论—设计—结构—材料—设备—工艺—运行—工厂—综合利用")使用统一的体例进行细分。

5. 综合性文献类目的编列

综合性文献是依文献著述、出版的形式特点编列的。该类文献是多学科知识的集合，一般首先按出版物类型分为参考工具书和检索工具书两类。参考工具书按"出版物类型—国家"的次序列类，专科性参考工具书也可按出版物形式集中，按学科细分。检索类专科性工具书，一律不区分国别，直接采用组配编号法按学科内容细分。

三、文献分类标引的基本规则

为充分揭示文献资源内容，正确归类，便于读者从分类角度检索资源，人们对分类的基本规律进行了总结，概括成共同遵守的分类基本规则，并要求贯穿执行于整个文献资源分类的实践过程。

(一)学科属性原则

文献分类首选以其内容的学科或专业属性为主要标准，只有在不适于以学科属性为区分标准时，才考虑以其他方面的性质(如体裁、地域、时代、语文等)作为分类标准。例如，《集成电路手册》分入 TN4—62；《钢铁是怎样炼成的》(苏联现代长篇小说)分入 I512.45。

(二)专指性原则

文献分类要求符合专指的要求。也就是说，要将文献分入恰如其分的类，而不能分入范围大于或小于文献实际内容的类目。例如，《电视机维修手册》和《大屏幕电视维修手册》，前者是总论电视机维修的著作，应归入 TN949.7，后者是专论大屏幕电视机维修的著作，应归入 TN949.16。

（三）实用性原则

文献分类的目的是使文献发挥最大作用，即要根据读者的需要将文献分入最大用途的类。例如，《莫泊桑短篇小说选》是法汉对照读物，应分入法汉对照读物 H329.4：I565.44，而不是 I565.44。

（四）一致性原则

文献分类要遵循一致性的原则，即要将内容相同的文献集中归入同一个类目，而不要分散于有关各类。一致性原则还表现在相同主题文献在不同时期、不同编目员之间，归类也要保持统一。

四、文献资源分类的基本工作程序

文献资源分类与下一节的主题标引，虽然是以不同的检索语言来标引文献，但其工作程序是一致的，在此综合论述。

第一步，查重。目的在于避免同书异号，重复标引，保持同一种文献的标引前后一致。查重解决的问题主要有：利用公务书名目录（纸质卡片目录）或书目数据库，查明待标引文献是否为已入藏文献的复本，是否为已入藏文献的不同版本，是否为多卷书的不同卷次或续编，是否为已入藏文献的不同载体形式等。如为复本，则直接添加并分配馆藏地址；如为不同版本、版次，则引用原来文献的分类号和主题词；如为不同载体形式，则适当改动类号和主题词即可。查重有利于提高标引速度。

第二步，文献主题分析。主题分析的质量决定着标引的质量。准确的标引取决于对文献主题的正确分析和概念的准确提炼和选择。一般应该做到不遗漏应该分析出来的概念，但也不过度析出无价值的主题概念。例如《肉鹅高效益养殖技术》一书，对肉鹅的品种、经济杂交、营养与饲料、种草养鹅、鹅的孵化、饲养管理、常见病防治、鹅场建设等进行了介绍。通过分析，认定它是一本针对农民朋友的论述肉用鹅养殖方法的图书，分析提炼出几个概念：鹅、肉用鹅、养殖、饲养管理。

第三步，归类和主题词选择。根据文献主要主题的学科属性及其他特征，查阅《中图法》，找到与其相符的类目，赋予文献分类号，作为分类检索标识。再根据分类号查阅《中分表》，找出相符合的规范主题词。《肉鹅高效益养殖技术》一书，逐层分析归入 S 农业科学——S8 畜牧、动物医学、狩猎、蚕、蜂——S83 家禽——S835 鹅。主题标引，查阅《中分表》的"分类主题对应表"，原先分析提炼的"鹅、肉用鹅、养殖、饲养管理"概念，经与《中分表》中的规范主题词比对，规范为"鹅、肉用型、饲养管理"。

第四步，编制分类索书号，主题词组配。对于采用分类排架的文献机构，对同类书还须进一步区分，以实现同类书的个别化，要编制书次号(同类书的排列次序号码)。排架分类号和书次号构成分类索书号。若一本书有几个分类号时，则只能选择一个作为排架用的分类号，其余为目录分类号。

排架分类号如采用"分类号＋种次号"方式构成，如果《肉鹅高效益养殖技术》为某馆家禽类图书的第一种，则其分类排架号为 S835/1。

对由自然语言转换成的规范主题词，依据主题词组配规则进行分组、组配。"鹅、肉用型、饲养管理"组配为：肉用型—鹅—饲养管理。

第五步，分类号、索书号、主题词字段的录入。若为手工目录，要求将索书号和主题词书写于卡片之上，根据书写位置的不同，分别建立分类目录和主题目录。如果是机读目录，则将分类号、索书号和主题词录于各规定字段。例如，CNMARC(中国机读目录)格式中，图书《肉鹅高效益养殖技术》，在 690 字段录入分类号 S835，在 606 字段录入学科主题词"肉用型＄x 鹅＄x 饲养管理"，在 905 字段录入索书号 S835/1 等信息。

第六步，审校。在确定文献分类号和主题词之后，必须进行标引审校。审校的内容包括：主题分析是否充分；主题概念的提炼是否正确；归入类目是否准确；主题词是否规范，是否符合选词标准和组配规则；检索标识是否符合要求；是否有标引不一致的问题等。审校是保证文献标引质量、减少标引误差的重要步骤，不可省略。

第二节　文献资源的主题标引

一、文献资源主题标引的原理与作用

文献资源主题标引，也称主题法，是指直接以表示文献主题的词语作标识，提供字顺检索途径，并主要采用参照系统揭示词间关系的标引方法，是分类法之外从文献内容角度出发进行标引的另一主要方法。[①] 主题法的特点是直接以事物为中心组织文献，不考虑在学科体系中的位置，用直观的语词而不是符号进行标引。例如《茶道》《茶叶生产知识读本》《这样喝茶最健康》三种图书，虽然都是关于茶的相关知识内容，但按学科分类体系，应分别归入"TS971.21 美食学""S571.1 饮料作物　茶"和"R247.1 食养、食疗"之中。如果采用主题标引，就可以将三个不同学科分类体系里的图书归纳于"茶叶"这个主题词之下，按事物索书。

主题法分为标题法、单元词法、叙词法和关键词法。在我国叙词法的代表工具为《汉语主题词表》。

（一）文献资源主题标引原理

主题标引的基本原理是概念组配。概念组配要求以表达基本概念的语词为标识，既可以是单词，也可以是词组，本质上是在概念分析的基础上进行概念综合，是符合概念逻辑关系的组配。

---

① 戴维民. 信息组织[M]. 北京：高等教育出版社，2004：114.

概念组配所表达的概念与参加组配的各方所表达的概念在逻辑上是有关联的，往往表现为上位概念（属概念、整体概念、事物概念）和下位概念（种概念、部分概念、方面概念）的关系。

叙词的概念组配类型主要有两类：交叉组配和方面组配。

1. 交叉组配

交叉组配是指使用两个或多个具有交叉关系的叙词进行组配。交叉组配的概念往往在外延上有重叠。例如，"管理学"与"教育学"组配表达的"教育管理学"，"药用动物"和"哺乳动物"组配表达的"药用哺乳动物"，"青年"和"工人"组配表达的"青年工人"的概念等。由于参加组配的叙词所表达的概念具有交叉关系，参与组配的概念即为属概念，组配成的概念就是种概念。

2. 方面组配

方面组配也称限定组配，是指将表达某一事物的叙词与表示事物方面（部分、属性、状态、过程、条件、关系等）的叙词进行组配，两者不是同性质的词，所表达的概念在外延上并不相交，但所代表的文献在内容上却有交叉部分。① 例如，"计算机"与"构造"组配表达的"计算机构造"，"图书馆"与"建筑设计"组配表达的"图书馆建筑设计"等。方面组配产生的新概念只是参与组配概念其中之一的种概念，与另一概念的关系则是部分和整体的关系、方面与事物的关系、过程与主体的关系中的一种。方面组配使用范围广，使用自由。绝大多数的叙词组配都是方面组配。

（二）主题标引的作用

主题标引的作用主要表现在提供了一种按事物组织文献资源的方法，通过使用规范化处理后的自然语言标识文献资源，具有直观性特点，更符合读者的检索习惯。文献资源分类标引所形成的严格

① 戴维民. 信息组织[M]. 北京：高等教育出版社，2004：119.

的学科体系所提供的族性检索方式，要求读者对所检索的文献所处整个学科分类体系中的位置要有一定的掌握，方能进行精确检索，以事物为中心组织文献的主题法，即使读者不了解学科体系，不知道规范主题词，因主题法提供的强大参照系统，也可以从不同的入口词指引到规范主题词，因而提供了极强的特性检索功能。

二、文献资源主题标引工具的基本结构及功能

文献信息资源的分类组织是依据分类表对文献内容进行系统组织，主题法是依据主题词表的自然语言标识对文献内容进行特性组织。而对文献内容的检索，是需要从族性和特性两方面同时进行的，为此就产生了文献信息资源分类主题一体化的组织工具，以达到取长补短的作用。

早在 20 世纪 60 年代初，我国著名图书馆学家刘国钧、杜定友就认识到分类法与主题法结合的必要性。从 1986 年起，我国开始编制将《中图法》和《汉语主题词表》两者合一的标引工具，直到 1994 年《中国分类主题词表》(《中分表》)正式出版，2005 年修订后出第二版。现在《中分表》有印刷版、单机版和 Web 版等不同版本可供选择使用。《中分表》已成为我国图书馆界开展文献主题标引的首选工具。

《中分表》的宏观结构由三部分组成：编制说明和修订说明、《分类号—主题词对应表》和《主题词—分类号对应表》。下面，以印刷版的体系结构来介绍《中分表》(第二版)的基本结构。

(一)编制说明和修订说明

"编制说明"简述了 1994 年版的编制目的、编制原理、结构及功能、使用方法等，"修订说明"是 2005 年版的修订经过、修订指导思想与原则、修订重点问题的记述。编制说明和修订说明是了解和初步掌握《中分表》的入门。

(二)《分类号—主题词对应表》

《分类号—主题词对应表》共一卷两册，是从分类体系到主题

词对照的完整索引，包含了《中图法》22 个大类、8 个通用复分表、大类中的专用复分表及其对应的主题词、主题词组配形式、对应注释和说明。该表既是一部增加了主题词以及主题词组配形式、对应注释和说明的新版《中图法》，又是一部以《中图法》体系组织而成的《汉语主题词表》的分类索引。

本表的微观结构包括来源于《中图法》的分类号、类名和注释，还包括来源于《汉语主题词表》的对应的主题词，如表 4.1 所示。

表 4.1　《分类号—主题词对应表》片段

B849　应用心理学	应用心理学
总论入此 专论心理学在某一方面的应用的著作入有关各类。例：教育心理学入 G44。 如愿集中于此者，可用组配编号法。例：社会心理学为 B849：C91；管理心理学为 B849：C93；军事心理学为 B849：E0。	定向障碍；｜飞行员训练｜；感觉运动效率；｜工程心理学｜；｜工业心理学｜；｜工作负荷(心理学)｜；｜管理心理学｜；｜环境心理学｜；｜绘画心理学｜；｜经济心理学｜；警觉(心理学)；｜军事心理学｜；可塑度(心理学)；刻度设计；｜空间定向｜；空虚视野效应；模式辨认；人的传递函数；｜人的因素(心理学)｜；｜人工智能｜；｜人事心理学｜；色形编码；设备鉴定；｜社会隔绝｜；生物心理社会；失意识时间；时动研究；｜体育心理学｜；微动动作；现场研究

(三)《主题词—分类号对应表》

《主题词—分类号对应表》共一卷四册，是从主题词到分类号的对照索引。它含有 110 837 个正式主题词和 35 690 个非正式主题词(入口词)。该表既是一部以《中图法》类号为范畴号的《汉语主题词表》，又是一部主题词表式的《中图法》类目索引。①

本表的基本要素和微观结构如下。

(1)主题词。

(2)主题词的含义注释和语义参照(族首词下采取等级关系全显示，族内词语义参照省略属、分参照)。

(3)对应的分类号(正式分类号与交替分类号)。

《主题词—分类号对应表》片段：

> 个性心理学
>
> B848；B848.9
>
> D 个体心理学
>
> Z 心理学
>
> S 心理学
>
> C 奥尔伯特(Allport，Gordon Willard 1897—1967)
>
> C 教育心理学

(四)《中分表》的作用

《中分表》通过对应标引和编辑加工，实现了《中图法》和《汉语主题词表》的先组语言和后组语言的兼容、分类语言和主题语言的兼容，以及结构、语义等方面的兼容。

《中分表》可以实现的功能包括：通过对文献资源主题的分析和转换同时完成分类标引和主题标引，降低标引难度，提高标引质量，节省人力资源；通过分类和主题的混合检索模式，能够提高文献的查全率和查准率；图书馆如果要增加主题目录，则《中分表》为其提供了编制捷径。

---

① 卜书庆，等.《中国分类主题词表》(第二版)及其电子版手册[M]. 北京：北京图书馆出版社，2006：119.

三、文献资源主题标引基本规则

为保证文献资源主题标引的准确进行，有两方面必须遵守的主题标引基本规则：选词规则和组配规则。

(一)选词规则

(1)标引时，首选与主题概念相对应的正式的、最专指的叙词。例如，标引"民办高等学校"时，要选用正式的专指主题词"民办高校"，不能用其属概念"高等学校"和"民办学校"组配。

(2)无专指主题词时，可选取词表中最接近、最直接关联的两个或以上的主题词组配标引。例如要标引《环境生物化学》，没有专指词，可以选用"环境化学"和"生物化学"两词组配表达。

(3)上位词标引。是指既无专指词，又不能组配标引时，可选用该概念最直接的上位词标引。例如《獭兔高效养殖教材》，因词表无"獭兔"一词，又无法组配，就使用其最直接的上位词标引为"兔—饲养管理—教材"，而不能用"家畜"标引。

(4)标引某主题概念时，如果没有专指词可用，又不能组配标引和用直接上位词标引时，可采用靠词标引，即选用与该主题概念关系最密切的词、近义词、反义词标引。例如《软式排球运动》就属于这种类型，故只能用"排球运动"来标引。

(5)如无法用以上四种方式标引时，可采用增词标引或自由词标引。增词标引须经词表编制机构认定。自由词标引则不受词表控制。

(二)组配规则

(1)主题词的组配必须是概念组配，不是字面的组配。例如《肾脏保健专家谈》，正确标引应是"肾疾病—防治—基本知识"，而不能简单字面组配为"肾疾病—保健—基本知识"。

(2)当表达一个复杂主题概念有几种组配形式可选择时，应优先采用交叉组配法，只有不能进行交叉组配时，才可使用限定组配法。例如要表达"企业财务管理"，应使用"企业管理"与"财务管理"进行交叉组配，而不是用"企业—财务管理"来限定组配。

（3）当无专指主题词用以组配时，必须使用与文献主题概念关系最密切、最邻近的主题词进行组配。当有相应的专指主题词可用来组配时，不得使用该词的上位词或下位词组配，以避免越级组配。例如《儿童维生素缺乏防治》一书，因为有"维生素缺乏病"这一主题词，故不能用"营养缺乏病"这个上位词组配。

（4）组配的结果必须概念清楚、确切，只能具有一个含义，不能具有多义性。

第三节　文献资源的编目

一、文献资源编目的原理与作用

文献资源编目是指依据一定的规则和方法，对馆藏文献资源的内容特征和形式特征进行分析、选择、记录，并将其组织成目录的过程。编目包括文献的主题性编目和描述性编目。前者主要通过分析在编文献所论述的主题内容来揭示其内容特征，它以文献分类标引和主题标引及编制相应款目的工作为重点。后者主要是对在编文献的物质形态进行分析、选择和记录的过程，一般也称为著录，是我们在本节要讲的主要内容。

根据《国际标准书目著录》(ISBD)的规则，著录是用以揭示文献形式特征和内容特征的记录事项，包括题名与责任说明项、文献特殊细节项、版本项、出版发行项、载体形态项、丛编项、附注项、标准编号与获得方式项，各个项目又包括对其特定内容的说明。文献信息资源的著录，就是对这八大项及其相互间关系的客观描述。著录的结果，就形成关于在编文献的一条完整的书目记录，在传统形式下书目记录表现为一张目录卡片，计算机编目状态下则是一条书目的 MARC(机读目录)数据。

从传统的手工编目发展到计算机编目，从目录卡片到 MARC记录，虽然编目的过程和最终表现形式发生了变化，但编目的最终目的仍然是——通过编目形成关于个体文献资源的描述款目，并按照一定的次序将多个描述款目组织成文献资源报道和检索的工具，方便人们检索和利用文献信息资源。

IFLA(国际图书馆协会联合会，简称国际图联)的报告《书目记录的职能需求》中，将书目记录的职能总结为发现、识别、选择和获取，这也是文献资源编目的作用。通过编目，对文献资源的个体特征进行客观、细致的描述，将无序的文献资源组织成有序的、可供检索的体系，集中具有相同属性的资源，区别不同属性的资源，便于读者通过检索体系去发现、识别、选择、获取所需的文献信息资源。

二、《中国文献编目规则(第二版)》与《中国机读目录(CNMARC)格式》

图书馆在进行文献资源编目时，除了需要对文献内容进行揭示的工具书——《中图法》和《中分表》外，还需要对外部特征进行描述的规范性文件。这就是《中国文献编目规则(第二版)》(以下简称《规则》)和《新版中国机读目录格式使用手册》(以下简称《使用手册》)。

那么，编目规则和机读格式的关系是什么呢？编目规则是负责文献信息著录项目的选取原则，机读目录格式是负责著录项目的组织与处理顺序。打个比方，就像我们日常生活经常需要填写的各种表格一样，机读格式提供的是表格的框架结构，规定各项

目的先后顺序等，编目规则规定的是表格填写的项目和内容，如
何选取等。目前，还没有规则与格式的一体化编目工具，因而在
编目过程中，编目员需要将《规则》和《使用手册》结合使用。

(一)《中国文献编目规则(第二版)》主要内容

《中国文献编目规则(第二版)》是我国一部依据国家标准并参
考国际标准(ISBD,《国际标准目录著录》)和主要编目条例，包括
各类型中文文献及其编目方法，符合著录国际标准化及标目规范
化要求的大型文献编目规则。整个结构体例分为著录法、标目法
和附录。

1. 著录法

著录法部分规定了著录项目的顺序、著录用标识符号等，对
各类型文献客观著录的原则与方法做出了统一规定。

第一章"总则"是本部分各章的共同原则，是要求各类型文献
资源著录时共同遵守的部分。从第二章至第十四章，依次是普通
图书、标准文献、科技报告、学位论文、古籍、拓片、测绘资料、
乐谱、录音资料、影像资料、静画资料、连续性资源、缩微资料、
电子资料和手稿等各类型文献著录时的具体规定。各章互相联系、
互相补充，构成完整的中国文献著录法。在第十五章"综合著录和
分析著录"中，结合文献编目的实际需求，按照丛编与多卷书、无
总题名文献、汇编文献三种文献类型，对每一种类型的文献进行
基本著录和分析著录，或综合著录和分析著录。

2. 标目法

标目法部分是在文献标准书目著录的基础上，为书目记录确
定检索点，提供各类名称标目、题名标目的规范形式，以产生完
整的书目款目，并通过规范控制，从而实现书目的检索功能和汇
集功能，保证书目记录的查全率和查准率。

第二十一章"总则"，阐述了检索点选取的基本原则、确定标目形式的基本原则、信息来源等。第二十二章至第二十五章，则从个人名称标目、团体名称标目、题名标目和参照分别立章，逐一规范检索点与标目的形式、名词术语规范等。

3. 附录

附录部分包括著录样例、中国历史朝代规范简称、中国各少数民族规范名称表，世界主要国家和地区名称表和主要名词术语。

《规则》是图书馆员进行中文文献著录时的指导性文件，内容强调实用性，编辑体例详简适宜，泾渭分明。

(二)《中国机读目录(CNMARC)格式》介绍

机读目录(Machine Readable Catalogue，MARC)是以代码形式和特定结构记录在计算机存储载体上，由计算机自动控制、识别、处理和编辑输出的目录，是在计算机环境下用于描述、存储、交换、控制和检索机读书目数据的标准规范。从 UNIMARC、USMARC、MARC21 到 CNMARC 等各种格式从创立之日起都在不断发展完善。机读编目继承了传统编目的精华内容，扩大了文献描述的范围，加强了目录记忆与显示的功能。书目描述的内容并没有发生根本性变化，只是款目载体变化为磁性材料，书目的组织管理由计算机来完成。

《中国机读目录格式》于 1996 年作为文化行业标准(WH/T0503－96)开始实施，在我国图书馆书目数据制作工作中起了重要作用。2004 年，参考国际图联和我国当时已有的机读目录格式，吸收国内外图书馆编目实践编写完成《新版中国机读目录格式实用手册》，现已成为我国图书馆界进行机读目录编制的必备工具。

在机读目录里，一条书目记录(Record)相当于手检目录中的一条款目，是一种文献有关信息的完整记录。按一定顺序排列而成的记录的集合称为文件(File)，相当于一个功能齐全的手检目录体系。这一目录体系经过计算机的程序控制，可按需要显示或输出题名、责任者、主题、分类等多种目录。

1. CNMARC 的记录结构

根据 GB2709-92 的规定，CNMARC 对每一个用于交换的书目记录规定了必须遵循的标准记录结构，由以下四部分组成：记录头标区、地址目次区、数字字段区和记录分隔符。

(1)记录头标区，包含处理记录时需要的一般性信息，由 24 个固定长数据元素组成，并通过字符位置标识。记录头标区中的数据元素主要是为满足记录处理的需要，所标示的是记录的特征，而不是直接揭示编目实体的特征。头标区除字符位置 5、6—8、17—18 需要人工录入外，其他各项均由计算机自动生成。

记录头标区出现在每条记录的开头，它是必备和不可重复的。

例如，一条记录的记录头标区为：00672oam2♯2200277♯♯450♯。

(2)地址目次区，位于头标区之后，是记录 MARC 记录中每一个字段的起始位置，作用类似于文献的目次。区内含有一个或多个目次项，每一目次项由三位数字的字段标识符(简称字段号)、四位数字表示的字段长度和五位数字表示的字段起始字符位置(从第一个数据字段算起)三部分构成。

头标区仅供系统分析员排除该记录故障时使用。由于 CNMARC 书目格式的每条记录所录的字段数不等，所以地址目次区所占的字符数长度也不定，因此需要在其终结处加一字段分隔符。地址目次区在各编目系统中的机内格式均不反映，其数值全部由计算机自动计算生成。

例如，一条记录的地址目次区为：

0010013000000005001700013010002800030035002400058100000

4100082101000800123102001500131110500180014610600060016420

0004900170210002700219215001600246225002700262330012900028

9461003400418606003500452606001100487606001100498690000110

0509701003200520801002200552＊

（3）数据字段区，录入编目实体的各种信息。在 CNMARC 格式中，00－字段为数据控制字段，而 010－999 字段为变长字段。00－字段的结构形式为：数据＋字段分隔符；010－999 字段的结构形式为：指示符 1＋指示符 2＋子字段标识符＋子字段数据＋字段分隔符。

例如，一条记录的数据字段区为：

012001076568＊20010927173012.5＊＃＃＄a7－03－009300－3＄dCNY50.00 ＊ ＃ ＃ ＄a（011001）c2001071369 ＊ ＃ ＃ ＄a20010919d2001＃＃＃em＃y0chiy0110＃＃＃ea＊0＃＄a-chi＊＃＃＄aCN＄b110000＊＃＃＄ay＃＃z＃＃＃000yy＊＃＃＄ar＊1＃＄a 动物生物学 ＄9dong wu sheng wu xue＄f 陈品健主编＊＃＃＄a 北京 ＄c 科学出版社 ＄d2001＊＃＃＄a634 页 ＄d23cm＊2＃＄a 厦门大学新世纪教材大系＊＃＃＄a 本书以生物学基本理论和基础知识为主线系统介绍了动物生物学发展的前沿动态，内容包括动物的基本结构、功能及其调控，动物的类群等。＊＃0＄12001＃＄a 厦门大学新世纪教材大系＊0＃＄a 动物学 ＄x 生物学 ＄x 高等学校 ＄j 教材＊0＃＄a 动物学＊0＃＄a 生物学＊＃＃＄aQ95＄v4＊＃0＄a 陈品健 ＄9chen pin jian＄4 主编＊＃0＄aCN＄bNLC＄c20010927＊％

（4）记录分隔符，是表示一条书目记录结束的字符，用％表示。

以上四部分的组合，就构成一条完整的书目数据记录。

2. CNMARC 书目记录的功能块

在《新版中国目录格式使用手册》中，依据各字段的功能，以字段号的第一位数字作为标识，从 0～8 将记录划分为 9 个功能模块，每个功能块中包含有若干字段。

（1）标识块（0－－字段）。本功能块用于标识 MARC 记录中的记录号、记录处理时间、在编文献的标准编号和代码等，《使用手册》共定义了 20 个字段。其中 001 字段为每条数据所必备，其他字段只在编目文献具有相应数据时才使用。例如，010 字段只著录图书的标准编号 ISBN，而期刊的标准编号则在 011 字段标识。常用的 0－－字段有：

001 记录标识号

005 记录处理时间标识

010 国际标准书号（ISBN）

011 国际标准连续出版物号（ISSN）

013 国际标准音乐号（ISMN）

015 国际标准技术报告号（ISRN）

016 国际标准音像编码（ISRC）

035 其他系统控制号

091 统一书刊号

092 订购号

（2）编码信息块（1－－字段）。本信息块主要以编码的形式描述各类文献的形态特征、内容特征和版本特征，字段中的数据以字符位置定义。《使用手册》中本块共定义了 27 个字段。例如，100 通用处理数据是各种文献类型都必备的编码数据字段，用来描述在编文献数据的建立时间、适用对象、字符集等通用信息；105 字段用于专著性印刷文字资料的编码数据；110 字段用于连续出版物的编码数据描述。常用的 1－－字段有：

100 通用处理数据

101 文献语种

102 出版或制作国别

105 编码数据字段：专著性文字资料

106 编码数据字段：文字资料——形态特征

110 编码数据字段：连续出版物

115 编码数据字段：投影制品、录像制品和电影制品

135 编码数据字段：电子资源

193 编码数据字段：中国古籍——一般性数据

194 编码数据字段：中国古籍——藏本形态特征

（3）著录信息块（2－－字段）。著录信息块中包含除"附注项"和"标准号与获得方式项"以外的其他 6 个 ISBD 规定的著录项目。例如，200 字段是各类型文献资源都必备的题名与责任说明项，207 字段是连续性资源的卷、期、年、月或其他标识项。常用的 2－－字段有：

200 题名与责任说明（每条数据的必备字段）

205 版本说明

207 资料特定细节项：连续出版物卷期编号

210 出版发行项

215 从编项

230 资料特定细节项：电子资源特征

（4）附注块（3－－字段）。本著录块录入 ISBD 规则中的附注项，《使用手册》共定义了 35 个字段。这些字段都是对 ISBD 中规定的其他 7 个著录项的说明文字，每字段均只有一个子字段，以自由行文方式录入。常用的 3－－字段有：

300 一般性附注

304 题名与责任说明附注

305 版本与书目沿革附注

306 出版发行附注

307 载体形态附注

308 从编附注

310 装订及获得方式附注

312 相关题名附注

314 知识责任附注

326 出版周期附注(连续出版物)

330 提要和文摘附注

(5)款目连接块(4－－字段)。本块用来实现相关记录的连接,《使用手册》共定义了 36 个字段,可归纳为用于描述层级关系(整体与部分)的 461~464 字段,并列关系(合订、补编与正编)的 410、411、421、422、423 字段,版本关系(同一作品的不同语种、版次、载体间的关系)的 451~456 字段,先前与后续款目关系(连续出版物间的替代、继承关系)430~437、440~448 等。从文献类型来说,图书较常用 410、411、423、461、462 字段,其他多用于连续出版物。

(6)相关题名块(5－－字段)。本块包含除正题名以外的出现在文献资源不同位置,与正题名相关的题名以及规范题名、编目员补充题名等,是正题名的补充检索点,并可自动生成附注。《使用手册》共定义了 18 个字段。常用的 5－－字段有:

500 统一题名

510 并列正题名

512 封面题名

516 书脊题名

517 其他题名

540 编目员补充的附加题名

（7）主题分析块（6－－字段）。本块是通过一些经过规范处理的词语或符号等来揭示文献的内容主题，对文献内容进行分析、提炼、转化的分类号和主题词著录在本块。《使用手册》共定义了21个字段，均为检索字段。通过不同字段记录不同类型和体系的主题标目和分类号，如690字段著录《中图法》号。常用的6－－字段有：

600 个人名称主题

601 团体名称主题

605 题名主题

606 论题名称主题

607 地理名称主题

610 非控主题词

以上用于主题词标目。

690 中国图书馆分类法（CLC）

692 中国科学院图书馆图书分类法（LCCAS）

696 国内其他分类法分类号

以上用于标识分类号检索点。

（8）知识责任块（7－－字段）。本块包含对在编文献内容负有责任的个人或团体的名称，是责任者的检索字段。《使用手册》共定义了11个字段。其中常用的有：

701 个人名称——等同知识责任

702 个人名称——次要知识责任

711 团体名称——等同知识责任

712 团体名称——次要知识责任

（9）国际使用块（8－－字段）。本块含有国际上一致约定的不适合在0－－到7－－功能块处理的字段，共定义了6个字段，如801（记录来源）、856（电子资源地址与检索）。

三、计算机联机联合编目

在图书馆计算机管理化的进程中，文献资源编目工作是计算机进入图书馆业务管理的首选。随着网络通信技术的进一步发展和在图书馆界的普遍应用，图书馆之间的合作编目和资源共享变得越来越迫切。图书馆之间希望通过合作来分担编目业务，共享编目成果，以达到节约成本、提高效率的目的。

联机联合编目，是指多家图书馆利用现代网络通讯技术，开展基于计算机技术支持的编目工作，共同建立具有统一标准的文献资源联合书目数据库，并在此基础上共享编目成果，减少重复劳动。联机联合编目系统中获得上传书目数据资格的图书馆，上传自己的书目记录后，其他成员馆可通过网络下载到本地系统使用，从而大大减少了编目工作的重复劳动，提高了加工效率和质量。

我国图书馆联机联合编目开始于 1997 年，由国家图书馆牵头成立了"全国图书馆联合编目中心"（OLCC）。其宗旨是在全国范围内组织和管理图书馆联机联合编目工作，运用现代图书馆的理念和技术手段将各级各类图书馆丰富的书目数据资源和人力资源整合起来，以国家图书馆为中心，实现书目数据资源共建共享，降低成员馆及用户的编目成本，提高编目工作质量，避免书目数据资源的重复建设，实现书目数据资源的共建共享。

1999 年，北京大学图书馆牵头成立了"中国高等教育文献保障系统"（CALIS），目的是实现我国高校系统的书目资源共建共享。目前，这两大编目中心已经服务上千家图书馆用户，为我国文献资源建设共建共享做出巨大贡献。

（一）联机联合编目的优势

1. 有利于降低编目成本

不同图书馆编目员对同一种文献资源分别进行编目加工是一种极大的资源浪费。通过联机编目，一种文献资源编目只需要一个图书馆完成，其他图书馆只需下载就可利用，极大地节约了人力成本，避免重复劳动。

2. 有利于提高编目效率。

一个资源广泛、成员馆众多的联机编目系统，一般可达到90％的下载率，这样各成员馆就只需要就剩下的10％的文献进行分编，极大地提高了各馆的编目速度，能使文献资源更早地为读者所利用。

3. 有利于提高书目数据质量

由于联机编目系统一般都有严格的质量控制制度和规范要求，各上传图书馆都必须按联编系统的要求上传合乎规范的书目数据。而下载图书馆由于不需要对数据进行完全著录，只需对下载数据进行审校，发现其问题，这在一定程度上也提高了书目数据的质量。

4. 有利于共享其他图书馆的专业人力资源

编目工作要求编目员不仅要熟悉各种编目规则、分类、主题标引方法，了解编目系统操作技巧，还需具备其他学科的知识，才能做好工作。但一个人的精力是有限的，不可能穷尽所有的学科知识门类，工作中遇到对文献内容认识不清、了解有限的时候很多，而联机编目则为分享其他图书馆的专业人员知识提供了条件和可能。

现行的联机联合编目系统，一般为客户端/服务器（B/S）结构，网络通信协议普遍采用 TCP/IP，数据访问协议通常采用 Z39.50。

(二)联机编目中成员馆数据上传程序

联机编目工作中，各成员馆数据上传工作流程如下。

(1)各成员馆下载联编中心编目客户端软件到本地电脑。

(2)按联编中心分配的上传账号和密码，远程登录至联编中心服务器。

(3)在联编中心数据库中检索数据，对书目中心没有的文献资源进行编目操作。

(4)审校数据，保存数据，系统自动更新远程书目数据库。至此，数据上传完成。

(三)联机编目中成员馆数据下载程序

联机编目工作中，各成员馆数据下载工作流程如下。

(1)在本地系统后台，按照联机中心分配的下载账号和密码，设置下载权限。

(2)在本地系统中，通过 Z39.50 连接到联机编目中心数据库。

(3)在联机数据中检索到在编文献的书目数据，通过题名、责任者、出版社、出版年、价格等一一核对后，下载到本地系统。

(4)本地系统中，对照在编文献对下载数据进行审校，检查是否有著录硬伤，分类主题标引是否准确；根据本馆编目细则，对不符合本馆规定的内容进行修改。

(5)数据完善后，添加本馆索书号和复本，保存。至此，完成一条下载数据的套录工作。

第四节　文献资源的加工与管理

一、馆藏文献资源的验收与加工

馆藏文献资源验收，作为图书馆采编工作中一项承上启下的工作，是采访工作的监督环节，这一环节起着确保文献资源建设的方向和质量，监督采访失误及微调馆藏体系的作用，同时对购书经费的使用起着控制作用。文献验收既是图书馆的一项基础性工作，同时也是馆藏质量控制的一项不可或缺的工作。①

馆藏文献资源验收是指图书馆对每批到馆文献资源，对照供货商提供的配货分包清单和总发票，逐一核对书名、ISBN 号、著者、出版社、册数、单价及总价等，判断是否为订购资源，并对接收的文献资源进行财产登记的过程。

馆藏文献资源加工，则是为了实现图书馆资源管理和服务的需要，对图书馆收藏的文献资源进行盖馆藏章，粘贴条形码、磁条、电子标签、书标等，以标识、整理馆藏。

为保证资源验收和加工工作有章可循，有据可依，图书馆应该制定相关的规章制度和工作流程，以保证图书验收、加工质量。

(一)图书馆馆藏资源验收流程

1. 新书接收

新书到馆后，验收人员核对图书包数，检查外包装有无破损，确认没有问题后方可与供货商签字接收。

2. 拆包验收

验收人员根据供货商提供的分包清单逐包清点文献，核对题名、价格、复本量是否与清单相符，发现问题应在清单上注明并及时告知采选人员处理。检查图书质量，有下列问题的图书均可要求供货商无条件退换：图书装订、印刷质量有问题，光盘破损的；资源内容反动、封建迷信、黄色淫秽的；资源不符合本馆文献资源建设原则的；盗版图书等。

---

① 陈静. 谈我馆图书验收工作的经验[J]. 管理学家，2010(7).

3. 订购查重

在图书馆管理系统中对每种文献进行查重，核对到货文献是否与订购信息相符，按本馆文献采选有关文献复本量的标准核定复本数量，如无订购记录或复本超标应退回供货商。验收后确认没有问题的资源登记为馆藏，并在图书馆管理系统中登记。

4. 单据存档

为健全业务档案，随包清单、退书单等单据应保留备查。

至此，馆藏文献资源验收工作完成，采选人员根据验收单据完成财务报账等工作。

(二)馆藏文献资源加工流程

1. 盖馆藏章

馆藏印章是图书馆财产的象征，加盖馆藏印章是馆藏资源加工的必备工作。根据印章形式的不同各有不同的盖法，常用的有以下三处：题名页、书口、书内某固定页码。图书馆选一处，或选其中两处盖章。因书口位置明显，建议在此盖馆藏印章。

2. 粘贴防盗磁条

图书防盗磁条是将非晶体基丝用双面不干胶粘贴，与磁性防盗门配套使用的图书防盗产品。其监测原理是在一个特定的闭环电磁场的作用下，利用粘入图书文献书脊中的磁条的高导磁特性探测出信号以驱动报警，达到保护图书文献的目的。

图书防盗磁条可分为铁基磁条和钴基磁条，铁基磁条和钴基磁条又分别分为永久磁条和复合磁条(可充、消磁)。磁条的优点是体积较小，不易被发现、破坏；缺点是不易更换。图书馆可根据本馆需求，选择磁条进行粘贴。

3. 粘贴条形码

文献条形码是每册(件)馆藏文献资源的"身份证"号码，即是文献资源在管理系统中的个别登录号，也是进行借阅服务时的验证码。图书馆可自行决定在每册（件）馆藏文献资源上粘贴1～2张条形码，注意粘贴两张条形码时，一定要保证是同一号码的一式两份。一般在题名页应粘贴一张。条码应贴端正，不能跳号、漏贴，不要遮盖书名、责任者、出版社等重要信息。

4. 粘贴书标和保护膜

图书馆书标，也称图书标签，是一种不干胶印刷品，长宽各约3～4厘米，用于记录图书的排架索书号，并以此作为图书排架、读者查找图书的依据。

图书馆一般在图书书脊下部，或者封面、封底的左上角粘贴书标。为了使书标更加持久耐用，还可使用比书标更宽一些的透明胶带覆盖在书标之上，以延长书标的使用寿命。

5. 粘贴电子标签（RFID）

RFID，英文全称为 Radio Frequency Identification，译为无线射频识别，俗称电子标签。它是通过非接触和非线性可见的方式传送标识资料，以达到物体身份识别的目的。① 与传统的条形码识别技术相比，RFID 具有储存数据可更新、容量大、可重复使用、可同时读取多个数据等优越性。通过 RFID 系统，图书馆可以建立全新的文献定位导航服务，实现读者自助借还服务，实现高效率文献整架、清点功能等。

无线射频识别技术根据频段的不同分为低频、高频和超高频。图书馆界多选用高频技术管理文献资源。电子标签体积较大，一般粘贴于封三，书中线以下靠近书脊处。因电子标签的相互干扰，故标签不能固定粘贴在文献的同一高度，而是应该有所差别。

图书馆常用的加工步骤中，粘贴磁条、条形码和盖馆藏印章，

---

① 王冰. RFID 技术与图书馆服务创新[J]. 图书馆论坛，2007(4).

可以在编目前完成加工，而粘贴书标、保护膜和电子标签，则需要在文献著录并生成相关内容之后，方可加工。

二、馆藏文献资源的布局

(一)文献资源布局的概念和要求

馆藏文献资源布局，是指将图书馆入藏的文献资源，按照一定的标准，划分为相对独立的若干部分，建立各种功能的书库，为每一部分资源确定合理的存放位置，以便保存和利用。馆藏文献布局的实质就是对馆藏文献资源进行空间位置上的划分，力求馆藏文献与读者需求的最佳结合点。①

馆藏文献资源布局时，需从以下几个客观因素进行综合考虑。

1. 图书馆类型及任务

基层图书馆是我国公共文化服务体系的末端，承担着为本地社会政治、经济、文化发展服务的任务。资源布局方面应注重资源的有效利用，而不是储存功能。

2. 服务对象

服务对象的不同决定了图书馆资源布局的差异性。公共图书馆应着力于普通大众的阅读需求，在调查本地读者需求的基础上按需设置，针对不同服务对象设置不同的服务区域。

3. 馆藏规模

图书馆规划布局时一定不能脱离图书馆现有馆藏规模和分布现状，不要盲目追求大而全的模式。图书馆原有资源的分布状况是进行规划布局的现实基础，要研究原有布局的形成、发展和特点，尽量避免过多的变动。

---

① 肖希明. 信息资源建设[M]. 武汉：武汉大学出版社，2008：245.

4. 人力资源与建筑格局

图书馆规划布局时要充分考虑图书馆人力资源及建筑格局。馆藏文献资源的布局势必受到图书馆人员、馆舍、设备、经费等条件的制约。如果馆舍狭小，则无法实现大空间的藏、借、阅一体化的布局模式，人员、经费较少，也无法设置多个借阅空间。

因此，馆藏信息布局时需要综合考虑以上各因素，通过科学的组织和规划，从而使馆藏文献资源在有限的客观条件下发挥最大效用。

建设基层公共图书馆理想的馆藏文献资源布局体系，应该满足以下几方面的要求。

(1)基层公共图书馆受经费制约，资源有限。如何提高有限的文献资源利用率，充分发挥馆藏文献的效益，这是图书馆考虑的重点。例如，对读者利用率高的文献，可布置在阅览座位附近，方便取用。

(2)有利于满足不同读者的需要，提高图书馆服务工作的效率。图书馆是以读者为中心开展各项服务工作的，布局时要从读者的心理需求和行为习惯出发，构建围绕读者需要的文献资源利用环境和服务环境。例如，东莞图书馆设置的特色专题"大众生活馆"，集中收藏贴近市民日常生活的文献资料，满足市民日益提高的生活质量的需要，为市民提供专题文献的查阅、咨询服务。所藏文献主要是"衣"（服装）、"食"（饮食）、"住"（装饰装修）、"行"（旅游汽车）四个主题方面的图书与报刊，在向人们传授生活知识的同时也使读者得到了放松，很适合人们业余时间阅读。

(3)充分利用图书馆的有效面积，节约书库和阅览室的空间。如果布局合理，可方便资源在馆内的灵活运转。馆藏资源进馆后，经过分编、加工送至一线服务部门，中间要灵活迅速地运转，互不干扰，尽量缩短书刊运送的距离。

(4)有利于图书馆工作人员熟悉和研究藏书,开展灵活、迅速、周到的服务。

(5)有利于文献的保管,避免丢失和损坏,延长书刊的使用寿命。

(二)馆藏文献资源布局的方式

馆藏文献资源布局在客观上是一种三维空间结构,一般有以下几种形式:展开式水平布局、塔式垂直布局、立体交叉式混合布局、藏借阅一体化布局和三线典藏制布局。塔式垂直布局和立体交叉式混合布局一般适用于大中型图书馆。根据我国基层公共图书馆建设现状,我们重点介绍展开式水平布局、藏借阅一体化布局和三线典藏制布局。

1. 展开式水平布局

展开式水平布局适用于馆藏规模在 10 万册以内的小型图书馆。一般图书馆建筑面积也不大,三个主要功能部分,即书库、阅览室、工作人员办公区共处于一个水平面上,使资源的验收、编目、典藏、流通形成一个直接的平面的工作流程。展开式水平布局适用于直接面向读者的开架流通书库,便于读者接近馆藏文献资源,迅速查找和利用资源,提高文献资源的利用率。

2. 藏借阅一体化布局

藏借阅一体化布局是一种全开架布局模式,采用大开间、少间隔的阅览室建筑格局。馆内各处设置桌椅,方便读者就近阅览,除特藏文献外,尽量不设单独的阅览室,文献资源尽量按学科、专题进行组织并集中管理,读者可在全馆随意浏览,自由取阅。

藏借阅一体化布局的优点主要体现在以下方面:(1)由于读者可以直接接触到文献资源,自由选用,提高了馆藏文献资源的利用率,降低了拒借率。(2)大开间、少间隔的建筑格局避免了同一种文献的多处收藏，图书馆减少了复本量，节约购书经费。（3）大开间、少间隔的资源布局，减少了因分散布局而需要的人力资源，节约出人力资源，可开展咨询服务，提高服务质量。

图书馆实现藏借阅一体化布局，有以下要求：（1）藏借阅一体化布局要求图书馆在建筑设计阶段，就要符合大书库、大开间、大阅览的"三大"要求，采用同层高、同柱网、同载荷的"三同"设计方案，增加功能设置的灵活性。（2）图书馆要改变管理模式，在排架方面突出借阅量大的书刊。架标设计清晰简明，便于查找。引导读者使用计算机检索文献资源，提高查准率，减少找书的盲目性。（3）藏借阅一体化布局对读者的参与意识和自我服务能力的要求都有所提高，因而图书馆要培训读者信息检索意识和查找文献的能力。（4）藏借阅一体化布局，检索和查找更多依靠读者自身，图书馆员则要提供阅读辅导、参考咨询等工作，因此对馆员的能力有更高的要求。（5）大开间的格局，更要统筹安排好藏借阅各项功能，形成动静结合的不同功能区，营造服务的人性化环境。

3. 三线典藏制布局

三线典藏制就是按照文献资源的新旧程度及利用率的高低，结合服务方式方法，将全部馆藏文献资源划分为利用率最高的、比较高的和利用率低的三部分，并依次组成一、二、三线书库的布局方法。

一线书库包括开架外借、阅览区。此处提供利用率最高、最新出版的文献资源，供读者开架借阅。一线书库要求能满足读者 $50\%\sim60\%$ 的借阅需求。

二线书库，提供利用率较高，参考性较强，近期出版的文献资源，可开架或半开架借阅。二线书库应能满足读者总借阅量的 $20\%\sim30\%$ 。

三线书库，集中收藏利用率低的书刊、过期失效书刊、资料性书刊以及内部备查参考的馆藏资源。三线书库的借阅量不能高于总借阅量的 10%。

三线典藏制布局将能满足读者大部分需求的相对少量的高利用率的文献集中在一、二线书库，把只能满足读者少量需求的相对大量的低利用率文献集中保存于三线书库，从而使读者能在最短的时间内以最少的精力获取最大的信息量，同时又能使文献资源得到充分的利用，因而是一种科学合理的馆藏文献资源布局方式。

三、馆藏文献资源的排架

馆藏文献排架，就是为了方便图书馆员和读者能准确找到所需文献，将馆藏文献按一定的序列摆放在书架上，从而使每种文献都有一个固定的位置。

(一)馆藏文献排架的目的与要求

馆藏文献排架的目的，一是为了资源的有序管理，二是为了资源的检索利用。为了达到两者统一的最佳效果，对文献排架有以下要求。[①]

(1)便于提高检索效率，取书归架迅速简便，节省时间和劳动消耗。

(2)建立实用的排列系统，便于馆员直接在书架上熟悉和研究馆藏，也便于读者系统选择使用藏书。

(3)建立准确清晰的排架标示，减少误差。

(4)充分利用书库空间，节约书库面积，减少倒架的麻烦。

(5)有利于对藏书进行管理，便于清点和剔除藏书。

实践中，同时兼顾按内容系统排列和节省空间减少倒架还是

①　肖希明. 信息资源建设[M]. 武汉：武汉大学出版社，2008：258.

相对矛盾的，因此，选择排架方法时，要结合不同的方式，灵活运用。

(二)馆藏排架方法

馆藏文献资源大体可从文献内容和文献形式两方面进行组织整理。内容组织法是根据馆藏文献的内容特征，使用表示学科内容级别和关系的一套符号系统来组织馆藏文献。形式组织法则是根据文献的外部形式特征和物质形态特征来组织文献。用于排架方法上即是内容排架法和形式排架法。

1. 内容排架法

内容排架法是以文献内容特征为标志而进行藏书排架的方法，又分为分类排架法和专题排架法。

(1)分类排架法。是按照文献本身内容所属的学科体系来排列藏书的方法。

它的排列方法是由分类号和书次号两组号码组成了分类排架号。通过分类号将同一类图书排列在一起，其下，再使用著者号、种次号、个别登录号等加以区分。

分类排架法的优点是：①按文献所属学科的逻辑体系排列，使内容相同的书集中在一起，内容相近的书联系紧密，内容不同的书区别开来。②便于馆员按类研究和熟悉馆藏，开展阅读推广工作。③便于读者按类检索图书，扩大检索范围，提高查全率。

分类排架法的缺点也很明显：①书架上要为以后出版的同类图书预留空位，书架浪费较多，不能充分利用书库空间。②原有空架留位不足时，需要进行倒架工作，增加了劳动强度。③分类排架号码较长，归架时容易出错，一旦排架错误，容易造成"死书"。

尽管如此，分类排架法因其从人类学科体系的角度出发组织文献，符合大多数人的检索习惯，因而仍然是主要的馆藏文献排列方法。

(2)专题排架法。是将出版物按一定专题范围划分并组织集中展示，向读者宣传推荐，带有专架陈列、专架展览性质。专题排架法是横向范围的集中，它打破了学科隶属的纵向界线，将分散在各个类别下的同一专题的出版物集中在一起，提供给对某一专题内容有兴趣的读者。专题排架法机动灵活，适应性强，适用于宣传某一主题、某一体裁的文献。它是一种辅助性的内容排架法，不能用来排列所有文献。

2. 形式排架法

形式排架法是按文献的外部特征进行藏书排列的方法。

(1)登记号排架法。按图书馆为每一种书刊编制的个别登记号顺序排列藏书。这些登记号只反映出版顺序或入藏顺序，不管内容归属。优点是一书一号，简单清晰，方便归架，节约空间；缺点是不按内容归类，不能用于书架的直接检索。

(2)固定排架法。按照出版物的固定编号排架。文献在入藏时，图书馆给一个固定的排架号，不再更改，固定编号一般包括四组号码：库室号、书架号、层格号和书位号。优点是号码单一，位置固定，易记易排，节省空间，不产生倒架现象；缺点是同类同复本书不能集中在一起。此法不适宜流通书库的藏书排列，但储备图书馆多采用此法排架。

(3)字顺排架法。依据一定的检字方法，按照出版物的书名或著者名称的字顺排列藏书的方式。中文图书常用笔画笔形法、汉语拼音字母法来确定排架顺序。字顺排架法可与年代排架法结合，用于排列闭架的中文期刊。图书馆界常用著者字顺排架法结合分类排架法，组合成分类著者排架法，使同类同著者同复本的书集中在一起，便于读者检索利用。

(4)年代排架法。按出版物本身的出版年代顺序排列藏书的方法。这是一种辅助性组配排架法，适用于排列过期的报刊合订本。

（5）语文排架法。按出版物的语言文别，排列各种外文书刊，也是与分类法组配在一起使用的。

（6）书型排架法。按出版物的外形特征，分别排列特殊规格或特殊装帧的书刊资料，是一种辅助性组配排架法。用不同字母标示特殊类型、特殊规格的出版物。

3. 各类型文献的排架

在排架实践中，图书馆对不同类型的文献采用不同的排架方法，并用两种以上的排架法组配使用，以达到最佳排列效果。

中外文普通图书的排列，一般采用分类与字顺（著者字顺、书名字顺）或分类与序号（种次号）组配，以分类著者号、分类书名号、分类种次号为排架号。其中分类种次号排列法简单，易掌握，效率高，但不能集中同一类中同一作者的著作。分类著者号不仅能集中同一门类的图书，也能在同一门类下集中同一作者的著作，但需查阅著者号码表才能完成，效率较低。

期刊排列的方法繁多，一般说来，现刊宜采用分类排架，方法有两种：分类刊名字顺排架法和分类种次号排架法。过刊的排列，广泛使用的是刊名字顺排架法，同一种期刊再按年代顺序排列。

资料一般装入资料盒或资料袋，用登记号顺序排架法。

一些版型特殊的图书，如大开本书、图表、卷筒等，采用书型排架法并与其他排架法配合。一般是先分成各种类型，以不同字母标示书型号，然后在同一类型中再按登记号排架，由书型号和登记号共同构成该文献的索书号。

图书馆无论采用哪种排架法，都要编制相应的排架规则和目录，在书库和书架上设立醒目的标识，以便于文献检索。

四、馆藏文献资源的管理

(一)馆藏文献资源登记

凡是图书馆入藏或剔除的文献，都应该进行登记，文献资源登记是馆藏管理的第一步。登记能全面而具体地反映各馆馆藏文献的情况和动态，提供准确的统计资料，为图书馆制订工作计划、文献资源建设发展提供依据。

馆藏文献资源登记，要求完整、准确、及时和一致。

馆藏文献资源登记有两种方式：总括登记和个别登记。

1. 总括登记

总括登记是将图书馆每批采购或注销的文献按批次进行整体登记。一般分为三部分：收入部分、注销部分和总结部分。

(1)收入部分。必须登记每批文献的采购验收凭证，每批文献的种数、总册数、码洋、折扣、实洋，供应商来源等。不同载体类型的文献应分别登记。

(2)注销部分。必须登记每批剔除文献的批准文件和原因，每批注销文献的种数、总册数、总码洋，同样要求按各种类型文献分别登记。

(3)总结部分。是按年度统计的各类型、各文种文献的实存累积数量，以及全部的总量年度统计。

通过总括登记，可以掌握全馆馆藏文献发展的总动态，为文献资源建设决策提供依据。

2. 个别登记

个别登记是以文献的册(件)为单元进行的登记工作。个别登记在总括登记后进行，依据是文献的题名页和版权页。主要项目有：所属总批次号、登记日期、个别登录号(也是文献的财产号)、书名、著者、出版社、版次、装订形式、页数、价格、来源等。个别登录号一般是按文献进馆入藏次序所给的流水号，也是每册（件）文献资源在馆藏系统中的"身份证号"，具有唯一性。

　　每册（件）文献的登记方式在小型图书馆还可实现，但在大型馆，如果是手工管理状态，也可以按文献的"种"来登记，记录每种的复本量。利用图书馆计算机进行管理的图书馆，则可以改变这种人工登记的方式，改用程序运行，以表格方式进行个别登记。

（二）馆藏文献资源复选与剔除

　　馆藏文献复选与剔除是指依据图书馆制定的原则和标准，将失效、利用率极低的文献，从馆藏文献体系中分离并进行处理的工作。

1. 馆藏文献复选与剔除的原因

　　（1）经费增长，馆藏文献数量急剧扩增造成的书库饱和。

　　（2）因人类知识更新速度加快而造成的文献的使用寿命越来越短，致使很大一部分文献的利用率很低乃至完全失去使用价值。

　　（3）图书馆服务对象发生变化，造成原有部分馆藏文献不再符合本馆任务和读者需求。

2. 馆藏文献复选与剔除的意义

　　（1）图书馆把利用率极低和失去使用价值的文献剔除，使留下的文献更符合本馆任务和读者需求，而剔除藏书经过交换、调拨，使其在其他收藏机构发挥更大的效用。

　　（2）通过剔除，缩小了馆藏规模，缩短读者找书的时间，从而提高效率。

　　（3）有效缓和书库紧张状况，使有限的书库得到有效利用。

　　（4）通过图书剔除时的鉴别、审查工作，可以发现文献资源采选、加工、典藏中的失误，及时调整采访政策，使本馆文献资源建设工作更加科学化。

3. 馆藏文献复选与剔除的标准

文献复选与剔除的标准，是决定文献去留的准绳，一般图书馆采用以下标准来衡量文献资源。

（1）内容标准。文献内容陈旧过时或经实践证明为错误的。

（2）外形标准。内容污损、缺页的图书；外观陈旧、妨碍使用的图书；纸张质地低劣，印刷、装订差的图书；

（3）使用标准。如果图书一直在架未被使用过，那么就可推测未来也不会被利用，可以考虑剔除。

（4）主观标准。图书馆员根据对所在地区或单位、读者群及社会需要、文献内容及馆藏情况等的了解，从而做出剔除判断。这是最常用的标准，但因依赖于馆员的个人判断，容易出现失误。

以上标准各有长短，图书馆应该在研究馆藏的基础之上加以综合利用，制定符合本馆实际需要的文献剔除标准。

(三)馆藏文献资源保护

图书馆文献资源的利用是建立在有效保管的基础之上的。图书馆文献资源的损失原因主要分为社会原因和自然原因。其中社会原因是指个别读者不爱护文献，乱涂乱画，甚至偷窃图书造成的破坏。自然原因则是指火、水、尘、鼠、虫害等对文献资源造成的损失。

针对文献资源损失的原因，图书馆应制定一系列的相关规章制度，最大限度改善文献保存条件，消除各方面的隐患。

损坏、盗窃图书的问题，是需要整个社会的共同努力，而不能仅仅依靠图书馆。应该加强公民道德教育，使广大读者认识保护文献资源是每个公民的应尽义务。图书馆可以开展各种形式的读者教育活动，以举办破损图书展示、设置温馨提示板等方式宣传爱护文献。在管理方面，可安装监控摄像和防盗报警系统，以加强文献管理。

水与火，都是图书馆文献资源的大敌，一旦发生，将会对图书馆造成惨重损失。图书馆要加强防火防水教育，馆区内严禁明火，严禁易燃易爆物品进入。注意地势低洼处的排水是否畅通。现代社会，电器、电路原因造成的火灾是主要形式。图书馆要定期检查电路及电器设备是否完好，定期检查消防器材是否有效，培训馆员学会使用消防用品。如果条件允许，最好安装自动火灾探测报警系统。一旦发生火灾，要及时扑救和报警。

防尘防菌也是图书馆日常文献保护工作内容之一。书库内要保持通风，使室内外空气得到交流，要经常进行卫生清扫。灰尘为各种微生物和害虫提供滋生条件，最重要的是要控制书库温湿度，如果发现文献被污染时，可用甲醛溶液熏蒸除菌。

对文献资源破坏较大的，还有蛀虫和老鼠等。蛀虫和老鼠隐藏在书库里，蛀咬书页，破坏藏书的物质结构。防止其破坏的根本方法是注意书库通风、除尘、防潮，及时堵塞书库的各种漏洞、墙缝等，禁止食物被带入馆区，投放杀虫剂、灭鼠药等。

【本章小结】

文献资源组织和管理，作为图书馆文献资源建设和读者服务工作之间必不可少的关键环节，是每个图书馆都要加以重视的。通过对文献资源的著录和标引，揭示了个体资源的内容和形式特征，帮助用户了解和选择所需文献资源；通过对文献的加工、布局和排架，海量的资源按方便用户使用的方式组织起来；通过剔除和保护，优化了馆藏，便于资源的长期保存和利用。

【思考题】

1. 图书馆对文献资源进行分类标引的意义是什么？

2. 什么是计算机编目？

3. 图书馆图书加工的基本内容有哪些？

4. 文献排架方式有哪些？

【推荐阅读】

1. 肖希明. 信息资源建设[M]. 武汉：武汉大学出版社，2008.

2. 常书智. 文献资源建设工作[M]. 北京：北京图书馆出版社，2000.

3. 俞君立，陈树年. 文献分类学[M]. 武汉：武汉大学出版社，2001.

4. 国家图书馆. 新版中国机读目录格式使用手册[M]. 北京：北京图书馆出版社，2004.

5. 全国文献工作标准化技术委员会，全国文献工作标准化技术委员会第五分委员会. GB/T 3860—2009 文献主题标引规则[S]. 北京：中国标准出版社，2010.

6. 富平，黄俊贵. 中国文献编目规则[M]. 2版. 北京：北京图书馆出版社，2005.

7. 卜书庆，等.《中国分类主题词表》(第二版)及其电子版手册[M]. 北京：北京图书馆出版社，2006.

8. 卜书庆，等. 中国图书馆分类法(第五版)使用手册[M]. 北京：国家图书馆出版社，2012.

第五章 公共图书馆的基本服务

【内容提要】

本章的主要目的是帮助学习者了解公共图书馆基本服务的内容与方法，并了解在信息环境下公共图书馆在服务方式和内容方面的创新尝试，希望他们能够运用所学知识进行公共图书馆服务活动的策划和组织，并能够结合工作内容对公共图书馆的服务方式进行创新。

本章为此涵盖的主要内容包括：公共图书馆的基本服务、公共图书馆的服务创新。

"公共图书馆服务是指公共图书馆通过各类资源和自身专业能力满足公众日益增长的对知识、信息及相关文化活动需求的工作，其基本服务应当免费。公共图书馆服务应体现以人为本的原则，通过就近、便捷、可选择、温馨的服务，不断改进服务质量，统筹兼顾服务资源、服务效能、服务宣传、服务监督与反馈，促进服务的全面协调可持续发展。"[①]

《公共图书馆服务规范》规定："公共图书馆的基本服务是保障和满足公众的基本文化需求的服务，包括为读者免费提供多语种、多种载体的文献的借阅服务和一般性的咨询服务，组织各类读者活动以及其他公益性服务。"[②]在文化部、财政部联合下发的《关于

---

① 国家质量监督检验检疫总局，国家标准化管理委员会. GB/T28220—2011 公共图书馆服务规范[S]. 北京：中国标准出版社，2012.

② 同上书。

推进全国美术馆、公共图书馆、文化馆(站)免费开放工作的意见》中，提到有关公共图书馆、文化馆(站)免费开放的基本内容时明确指出"文献资源借阅、检索与咨询、公益性讲座和展览、基层辅导、流动服务等基本文化服务项目健全并免费提供"①，这对公共图书馆的基本服务的类型做出了清楚的分类。同时，文化部、财政部文件还对公共图书馆除基本公共服务外，为满足广大基层群众多层次、多样化的需求，开展的其他多种多样的公益性服务，如公共图书馆深度参考咨询服务(为读者收集专题信息，编写参考资料，或者进行代查、代译、复印书刊资料等服务)等，提出了政策要求。

综上所述，公共图书馆的基本服务按服务内容，可分为文献资源借阅服务、检索与咨询服务、阅读指导和推广服务、公益讲座、公益展览、基层辅导、流动服务、政府信息公开服务等。在服务对象方面，除了面向普通成人的服务外，公共图书馆还应特别重视面向少年儿童、残障人士、老年人、进城务工者、农村和偏远地区公众等的特殊群体的服务。考虑到公共图书馆基本服务内容的多样性和教材结构的要求，本章用两个小节的篇幅，重点阐述公共图书馆基于服务内容的基本服务及服务创新的理念和做法。

第一节　公共图书馆的基本服务(一)

一、文献资源借阅服务

文献资源借阅服务是指图书馆将馆藏各类文献资源通过各种

---

① 文化部、财政部关于推进全国美术馆、公共图书馆、文化馆(站)免费开放工作的意见[EB/OL].[2012-04-01]. http://www.ccnt.gov.cn/sjzz/shwhs/whgsy/201102/t20110210_86869.html.

文献流通方式提供给读者利用的服务方式，分为文献外借服务、文献阅览服务等。文献资源借阅服务是图书馆读者服务工作的中最基本、最主要的服务方式，其工作质量的好坏是评估图书馆工作效益高低的重要内容。

（一）文献外借服务

文献外借服务是指读者与图书馆建立一定的契约关系后，图书馆将馆藏文献资源在一定期限内出借给读者，使读者可在馆外使用的一种服务方式。

1. 文献外借服务的形式

根据外借服务对象、文献来源、外借方式等的差别，图书馆外借服务的形式主要有个人外借、集体外借、馆际互借、预约借书、邮寄外借、流动外借等。

（1）个人外借。是指读者持借书证以个人身份办理借书手续的一种外借形式。个人外借能满足读者个人的不同需求，是文献外借的基本形式。

（2）集体外借。是指读者以集体为单位，批量从图书馆外借图书的一种外借形式。集体读者按照图书馆的规定办理集体借证，由专人代表向图书馆集体办理文献批量外借，以满足集体读者共同的阅读需求。

（3）馆际互借。是指图书馆之间根据协定相互利用对方馆藏以满足本馆读者需求的外借形式。其主要作用是各馆之间可互通有无，弥补本馆藏书的不足，多途径地满足读者需要。

（4）预约借书。是指读者向图书馆预约登记某种暂时被借出的图书，待图书归还后由图书馆按预约顺序通知读者借书的外借形式。

（5）邮寄外借。是指图书馆借助邮政传递手段，为远离图书馆而又需要文献的单位和个人读者，寄送外借书刊。《中华人民共和国残疾人保障法》中规定，盲人读物邮件免费寄递，因此可以通过邮局为视障读者邮寄图书，让他们能轻松、便捷地使用盲人图书资料，图书馆也可以有效地节省人力、物力。

案例 5.1   上海图书馆为视障读者提供免费邮寄外借服务

2002 年 5 月，在上海图书馆、上海市残联、上海市邮政局的共同努力下，推出了"视障读者免费邮寄外借"服务。视障读者无须出门，只要一个电话，盲文图书和有声读物就能通过邮政服务网络，送到读者手中。这项服务开展近 10 年来，由最初的黄浦、卢湾、徐汇三个区的 26 名视障读者，发展到覆盖全市各个区 1 000 多名视障读者。到 2011 年年底累计接待视障读者 8 725 人次，借阅盲文图书 6 084 册，借阅有声读物 24 134 盒(盘)。①

(6)流动外借。是指图书馆通过馆外流动站、流动服务车等途径，定期将馆藏文献送到读者身边开展借阅活动的服务方法。

2. 文献外借服务的内容

(1)办理借书证。公共图书馆发放借书证的对象是全体市民。凡持有个人身份证或其他有效证件(户口本、驾驶证、护照、军人证等)的人，都可以办理个人借书证。

借书卡的材质有普通纸质卡、PVC(聚氯乙烯)卡、智能卡等。普通纸质卡造价便宜，但易磨损。PVC 条码卡造价中等，可通过条码识别读者信息。智能卡识别方便、功能扩展性强，但造价较高。随着身份证、市民卡、社保卡的智能化和统一化，不少图书馆也开始尝试使用现成的居民身份识别证件作为借阅图书的凭证。例如，佛山市联合图书馆、杭州图书馆、青岛图书馆、济

---

① "看"见更广阔的世界——上海图书馆十年如一日关爱残疾人读者[EB/OL].[2012-03-05]. http://newspaper.jfdaily.com/jfrb/html/2011-04/23/content_556483.htm.

南图书馆等都可以使用二代身份证作为借书证，苏州地区各公共图书馆普遍使用当地市民卡作为借书证。

读者办理借书证可收取一定数量的押金，押金的金额可根据读者申请的借阅权限调整。近年来，图书馆界也在进行免押金借阅的讨论和尝试。

案例 5.2　佛山市联合图书馆二代身份证免押金借阅服务

2011 年 10 月 25 日，佛山市图书馆联合 28 家成员馆在全国率先推出"二代身份证"免押金书刊借阅服务。无论是本地市民还是进城务工人员，无须交押金，仅凭"二代身份证"即可在各成员馆享受免押金借阅服务。据统计，自活动启动至 2011 年年底，佛山市联合图书馆各成员馆新增办证近 2 万个，与 2010 年同期相比增长 400% 以上。

(2)文献外借。外借文献要有一定的规定和制度：规定每次可借的册数，限制外借时间(一般为一个月)，明确续借制度、损书、超期的处罚制度等。传统的文献外借需手工进行，通过借书证、索书单、书袋卡、借书记录卡等进行管理。随着计算机在图书馆的使用，外借服务大多都使用计算机进行管理，大大提高了工作效率。

(3)文献续借。文献续借是指读者根据需要，在文献未过期的前提下延长借阅期限的方式。文献续借的方法有到馆续借、电话续借、网上续借、短信续借等。不同类型的文献，可按需求制定不同的续借规则。通常规定在某些情况下不容许进行续借，如读者证已过期、读者有过期未还文献、读者欠费到一定额度、已经超过可续借的次数等情况。为了保障每个读者公平享用资源的权利，一般同一读者当前借阅的图书最多续借一次。

(4)文献催还。文献催还服务分为三种：预期催还、超期催还和预约催还。预期催还就是读者所借阅的文献即将到期而进行的催还；超期催还是读者所借阅的文献已经超过规定期限没有归还而进行的催还；预约催还指读者对正在借出状态的文献提预约要求，提示持有者按期归还（即催还），并不再续借。文献催还的方式主要有电话通知、手机短信提醒、邮寄催还单、网上发布等。

（二）文献阅览服务

文献阅览服务是指图书馆利用一定的空间设施，供读者在图书馆内阅读、利用馆藏文献的一种服务方式。通过馆内阅览，可以使读者更全面、更有效地使用馆藏书刊。

文献阅览服务主要通过各类阅览室展开工作。阅览室的种类很多，为了正确地设置阅览室，科学地管理阅览室，可按以下标准划分阅览室的类型。按知识门类划分，可以设置社会科学阅览室、自然科学阅览室、地方文献阅览室等。按读者对象划分，可以设置少儿阅览室、视障阅览室等。按出版物类型划分，可设置期刊阅览室、图书阅览室、参考工具书阅览室、视听资料阅览室等。按文献文种划分，可设置中文阅览室、外文阅览室和少数民族阅览室等。

文献阅览服务的内容包括：合理规划和合理布局各类文献资料，认真布置阅览环境和营造阅读氛围，积极推进阅读指导和阅读推广服务，努力加强参考咨询服务等。

公共图书馆作为公共文化设施，应提供免费阅览服务，让所有市民自由出入图书馆，真正体现公共图书馆的公益性和开放性。同时应建立开架阅览和藏、阅、借结合的服务模式，为读者提供多元化阅读服务。

对于开放时间，《公共图书馆服务规范》中规定："公共图书馆应有固定的开放时间，双休日应对外开放。其中省级馆每周开放时间不少于 64 小时；地级馆每周开放时间不少于 60 小时；县级馆每周开放时间不少于 56 小时。各级独立建制的少年儿童图书馆每周开放时间不少于 40 小时。"①

二、检索与咨询服务

(一)文献检索服务

文献检索服务是指将已有的各类纸质文献或电子文献,通过手工的方式或者利用计算机终端进行有效整合,把相关的文献线索或知识信息查找出来,满足读者需求的服务方式。开展文献检索工作的目的是为了广、快、精、准地向读者提供他们所需要的文献信息资料,以节省用户查找文献信息的时间和精力。

1. 文献检索的类型

(1)数据检索。以文献中的数据为对象的一种检索。例如,查找某种材料的电阻,某种金属的熔点,市场行情、电话号码等,这些数据是一些能够直接使用的信息。(2)事实检索。以文献中的事实为对象,检索某一事件发生的时间、地点或过程,如查找鲁迅生平。(3)文献检索。以文献原文为检索对象的一种检索。

2. 文献检索工具

检索工具是进行文献检索工作的必要条件,包括传统的检索工具和数字化的检索工具。传统的检索工具主要是印刷型的检索性刊物与参考工具书,如书目、索引、文摘等;数字化的检索工具包括利用计算机进行存储和检索的光盘数据库、网络数据库、全文数据库等。检索工具必须具有存储功能和检索功能。②

---

① 国家质量监督检验检疫总局,国家标准化管理委员会. GB/T28220—2011 公共图书馆服务规范[S]. 北京:中国标准出版社,2012.

② 吴慰慈,董炎. 图书馆学概论[M]. 北京:国家图书馆出版社,2008:187.

3. 文献检索的手段

信息检索的手段包括手工检索(简称"手检")、计算机检索(简称"机检")、光电检索、机械检索等。后两种手段目前已不常用,机检则是当今最广泛使用的检索手段。

4. 文献检索服务的流程

(1)分析读者需求,明确检索要求。要明确检索目的,确定检索范围,掌握检索线索。(2)选择检索工具,确定检索方法。根据检索课题的主题及学科范围来选择相对应的检索系统或工具。要以专业性检索工具为主,再通过综合型检索工具相配合。(3)确定检索途径和检索标识。检索途径可以分为分类途径、主题途径、著者途径和其他途径四种。一般的检索工具都根据文献的内容特征(分类号、标题词、关键词、叙词)和外部特征(著者、题名、序号、时间、出版机构等)提供多种检索途径。(4)查找文献线索,索取原文。应用检索工具实施检索后,获得文献线索,对文献线索进行整理,分析其相关程度,根据需要,可利用文献线索中提供的文献出处去获取全文。

(二)咨询服务

图书馆咨询服务的实质是以文献为根据,通过个别解答的方式,有针对性地向读者提供具体的文献、文献知识或文献途径的一项服务工作。[①] 该定义明确指出咨询的基础是文献,咨询服务以文献为主要依据,针对读者在获取信息资源过程中提出的各种疑难问题,利用各种参考工具、检索工具、互联网以及有关文献资源,为读者检索、揭示、提供文献及文献知识或文献线索,或在读者使用他们不熟悉的检索工具方面给予辅导和帮助,以解答

---

① 北京大学图书馆学系,武汉大学图书馆学系. 图书馆学基础[M]. 北京:商务印书馆,1981.

读者问题。由于解答问题的主要依据是图书馆现有的文献或其他参考源等，且提供的答案又是参考性的，所以，对于这类服务多称为"参考咨询服务""参考服务""咨询服务"等。[①]

1. 图书馆咨询服务的类型

公共图书馆的咨询服务既包括被动接受读者询问，也包括主动宣传报道、信息推送；既包括馆内咨询，也包括馆外咨询；既包括通过个别辅导方式帮助读者查找信息，也包括开展各类读者教育活动普及推广信息；既包括开展简单的普通咨询服务，也包括专题文献研究和服务等较深入的咨询服务；既包括面向普通读者的咨询服务，也包括面向政府机构、企业等特定人群的咨询服务等。

(1)普通咨询服务。由工作人员接受读者咨询提问，并提供解答，一般问题难度不大，可较快解决。按照读者提问的内容特征可分为向导性咨询和辅导性咨询。向导性咨询的问题都是一些常识性问题，如某某阅览室在哪里，图书馆开放时间等。工作人员需将问题进行归类、整理成参考咨询手册或"常见问题"，以便快速回答或统一口径回答。辅导性咨询是指针对读者在查找资料过程中出现的各种问题而进行的咨询活动。针对读者提出的一般性知识咨询，通过查阅各种相关的参考工具书查找线索或答案，直接回答读者，或指引读者利用某一工具书、刊，直接阅读有关咨询问题的资料。对于读者在查找文献过程中，因不熟悉检索方法而遇到的困难，图书馆工作人员可以充分发挥自己熟悉馆藏、熟悉检索工具的优势，给读者以检索方法的辅导和帮助。[②]

(2)为地方政府提供决策服务。党的"十六大"报告明确指出：

---

① 罗彩冬. 图书馆参考咨询服务[M]. 北京：海洋出版社，2009：1.

② 同上书，39-42 页。

"正确决策是各项工作成功的重要前提。要完善深入了解民意、充分反映民意、广泛集中民智、切实珍惜民力的决策机制，推进决策科学化和民主化。"党政领导的决策牵涉面广，任何疏忽都可能对社会、老百姓造成不良后果，因此领导在做出一项决策之前，需充分了解各种信息。图书馆作为社会公益性机构，理应为广大党政领导提供决策参考服务，以提高领导决策的科学性。决策服务的内容包括立法决策服务、政治决策服务、经济决策服务等。图书馆提供决策服务的方式包括：以地方政府及政府决策执行部门作为服务的对象，为它们提供专项信息咨询服务；与政府有关部门合作编制具有影响力、有品牌效益的信息产品；根据地方政府关心的大事、突发事件编制专题信息剪报；参与地方政府支持的课题研究；为政府决策部门开通网络信息服务绿色通道；编制本地舆情信息刊物；为党代会和"两会"提供咨询服务等。

案例 5.3　辽宁省图书馆开展决策服务

为适应区域经济发展的新形势，辽宁省图书馆近年来紧紧围绕老工业基地振兴和构建和谐辽宁的需要，立足辽宁、研究辽宁，服务大局、服务决策，以当好省委、省政府等决策机构的"思想库"和"智囊团"为己任，在为领导决策服务工作中积极主动地开拓新思路，探索新方式，从抓社会调研入手，把握为高层领导的服务方向，对领导的信息需求进行分析，做了许多具有开创性、卓有成效的工作。比如，开展课题服务，编印《领导干部书架》《领导决策参考》《金融视窗》《金融信息要览》等刊物，随时根据决策需要开展参考咨询和课题服务等，为领导决策提供了许多具有很大参考价值的信息，得到了各级领导的赞扬。

资料来源：辽宁省图书馆决策服务概述[EB/OL].[2012-07-04]. http://www.ln-lib.com/tsfw/juecfw/。

2. 图书馆咨询服务的形式

咨询的服务方式有传统咨询形式和网络咨询形式两大类。传统咨询形式常见的有到馆咨询和电话咨询。图书馆各阅览室都设有咨询岗，图书馆工作人员可以为读者提供文献查阅、检索服务等全方位服务。图书馆总服务台可以提供电话咨询服务，各个阅览室也可以提供电话咨询服务，如询问开馆时间，办理续借书刊，借书证的办理等。网络技术的迅速发展和应用，使传统咨询的提问和解答方式都发生了重大变化，出现了信息推送和虚拟咨询等通过网络完成的咨询服务。

3. 图书馆咨询服务的工作流程

(1)受理咨询。包括工作人员通过口头、书面、电话、信函或网络等方式了解到读者需求，也包括工作人员深入实际主动了解的读者需求。

(2)分析研究。对读者提出的问题进行深入的分析，对特定文献、特定主题、特定课题等需求类型，制订不同的检索方案。

(3)文献检索。按照制订的检索方案，并按照一定的步骤、方法和途径来查找文献。

(4)答复咨询。获得读者需要的文献和文献线索后，可直接向读者提供答案，介绍参考工具书；或提供专题书目、二次文献及其文献线索；或直接提供原始文献(或文献复制品)；或提供网址等。

(5)建立咨询档案。对咨询问题进行解答后，应记录读者信息，记录咨询问题提出的内容、手段、解答方式，以及读者的反馈意见等。咨询档案一方面可用于以后查阅、统计和总结，另一方面可做衡量咨询服务质量的依据。

三、阅读指导与推广

（一）阅读指导

阅读指导是指在读者阅读过程中，根据其需求，协助其选择适合的阅读素材，指导其如何阅读，以提升其的阅读能力。苏联 O. C. 丘巴梁在《普通图书馆学》一书中这样写道："阅读指导这个概念反映的是图书馆教育的过程，这个过程的内容为：在了解读者的爱好和要求的基础上，通过积极的宣传和推荐图书的方法，有目的、有计划地影响读者阅读的内容和性质，影响他们对书籍的选择和领会。"简而言之，阅读指导就是指导阅读者读什么、怎么读。

阅读指导的内容包括对读者使用图书馆的指导，"主动阅读""无功利性阅读"动机的培养，阅读习惯的建设，阅读内容的建议和选择，阅读资源获取途径的指导，阅读技能和阅读方法的指导等。

（二）阅读推广

阅读推广是指图书馆通过开展各种阅读活动，向广大市民传播阅读知识，培养市民的阅读兴趣，促进全民阅读。阅读指导的目的是满足读者的阅读需求，而阅读推广则是为了激发这种需求。阅读推广活动既是对阅读本身进行推广，也是对阅读指导服务的推广，同时也是图书馆一种很好的自我推广方式。[①]

1. 阅读推广的契机

除了日常的阅读推广外，公共图书馆可把各种节日、纪念日及某些特殊的时间段作为阅读推广的主要契机，进行年度大型阅

---

① 郑章飞. 图书馆阅读推广理论与实践研究述略[J]. 图书馆论坛，2010(12).

读推广活动和专题推广活动。例如：(1)"4·2"国际儿童读书日。可有针对性地举办儿童阅读推广活动，架起儿童与图书的桥梁，促进儿童阅读，引领儿童成长。(2)"4·23"世界读书日。可联络社区、学校、出版社等开展丰富多彩的阅读日庆典活动，把读书的宣传活动变成一场热热闹闹的欢乐节日。(3)图书馆服务宣传周。可向公众宣传图书馆，开展各种便民利民活动，增强全社会的图书馆意识，提高图书馆利用率，以树立图书馆的良好形象。(4)寒假暑假。可通过这个学生相对轻松的时间段，根据不同年龄段学生的特点组织夏令营、征文比赛之类的读书活动。(5)其他节日。如儿童节、国际盲人日、重阳节等可开展针对少年儿童、视障人士、老年人的阅读推广活动。

2. 阅读推广的形式

(1)图书展览。可针对不同人群和需求，开展专题或精品图书展览，直观地将图书展现在读者面前，吸引他们阅读和外借。例如针对小朋友的绘本书展，针对本地文化研究者的地方文献专题展等。

(2)推荐书目。可针对某一特定人群或特定的目的，围绕某一专门问题，对文献进行选择性的分类和筛选，并进行推荐。推荐书目不仅能引导读者阅读，同时更能激发读者爱书、读书的热情，是阅读选择过程中的重要辅助工具。

(3)演绎名著。可通过诗文朗诵、音乐会、影视欣赏的方式，演绎名著、名篇，激发读者对经典的兴趣，培养良好的阅读习惯，享受阅读的乐趣。对于少年儿童，则可通过故事会、COSPLAY(角色扮演)的形式，演绎经典童话、绘本书，让他们从小养成对阅读的兴趣，养成阅读的习惯。

(4)公益讲座。讲座是一种有效的知识传播手段，从一定意义上来讲也是一种推广阅读的活动形式。读者通过讲座，获取书本知识，养成阅读和求知的习惯。公益讲座近几年在公共图书馆里兴起，通过专家、名人讲座，让读者更亲近阅读，体味读书的人生乐趣。

（5）其他。除了以上阅读推广形式外，编制阅读推广手册，开展图书漂流活动、书友会活动、读书征文比赛、读书箴言征集、读书有奖知识竞赛、图书捐赠等也同样受到广大读者的欢迎。全媒体时代，图书馆更应充分利用各种媒体、信息技术，开展各种读书活动，使阅读推广行之有效。

案例 5.4   贵阳市首届社区儿童图书音乐节

2011 年 4 月 23 日为"世界读书日"，贵州省图书馆、贵阳广播电视台、贵阳市图书馆等多家单位合作，在众多爱心志愿者的帮助下，在贵阳市大型居民社区中天花园组织开展了首届社区儿童图书音乐节活动，有效地整合了图书馆界内外的各种社会资源，将经典阅读以表演、音乐等多种形式立体呈现，使得这次阅读推广活动取得了圆满成功。活动分一个主会场、一条图书街、一条音乐街三个部分，其中街区的 10 个主题店铺从 13 点开始开展各类趣味性活动并贯穿始终，主会场从 14 点开始进行整点主题活动，以时空立体的形式将整个图书音乐节活动推向高潮。

资料来源：周琦，周媛 . 谈公共图书馆阅读的多元合作推广模式[J]. 贵图学刊，2012(1) 。

案例 5.5   中国图书馆学会阅读推广活动

自 2003 年起，中国图书馆学会将全民阅读工作提上议事日程并列入年度计划。2005 年，将"倡导全民阅读"作为重要任务写入《中国图书馆学会章程》，并在中国第一个《图书馆服务宣言》中郑重承诺：图书馆以促进全民阅读，为公民终身学习提供保障为职业目标和社会责任。2005 年，中国图书馆学会首次成立阅读推广专门工作委员会，所属 15 个专业委员会的 200 余位专家、学者，遍布全国各级学会组织和图书馆，形成一支具备理论与实践能力的骨干队伍，从事阅读活动的策划、组织、实施和研究工作，为"全民阅读"的推广提供了重要的、强有力的组织保障和队伍保障。多年来，中国图书馆学会群策群力，策划了诸多活动项目，也形成了若干品牌，如"4·23"广场活动、全国少年儿童阅读年、湿地中国行、绿色阅读、建筑图书奖、阅读与健康科普博览会等项目，深受各地公众的好评。

資料来源：中国图书馆学会. 做好阅读推广人[N]. 中国新闻出版报，2009-11-10(6)。

第二节　公共图书馆的基本服务(二)

一、公益讲座

图书馆的公益讲座是图书馆工作者通过策划、组织、演讲对话来进行知识传播以进行读者教育的图书馆业务。公益讲座作为一种免费的教育资源，成为公共图书馆开展读者服务的重要载体。它是公共图书馆传播知识、进行读者教育的重要形式，是开展公共文化服务的一项基本内容，也是图书馆构建公共文化服务体系的一项重要措施。

(一)公共图书馆公益讲座的类型

根据讲座的主题不同，公益讲座的类型可以分为：文学艺术类型，如名著解读、戏曲研究、美术欣赏、文物鉴定等；科学普及类型，如食疗养生、汽车保养、天文知识等；政治历史类型，如"两会"精神解读、中国古代政治制度等；经济法律类型，如经济学大讲堂、知识产权法等；地方文化类型，如乡土课堂、当地家族世系源流等；读者教育类型，如入馆知识、文献检索等。

根据讲座的演讲方式不同可以分为：单人演讲，双人对话，多人对话，演讲与朗诵、演唱、演奏相结合，演讲与展览相结合等。

根据讲座的举办形式不同可以分为：图书馆独立举办、图书馆与政府联合举办、图书馆与企业合作举办等。

根据讲座的听众群体不同可以分为：为青少年举办的讲座、为残障人士举办的讲座、为再就业职工举办的讲座等。

(二)公共图书馆举办公益讲座的流程

1. 讲座的策划

首先，由讲座策划小组对本馆讲座开展的实际情况、读者的需求做出详尽的调查和严谨的分析，这是开展讲座策划的首要环节。调查内容包括时事动态、社会热点、经济趋势等总体社会环境，也包括本地读者的主要构成、大部分读者所关心的热点话题、讲座宣传的覆盖面等。其次，对未来一定时期内的讲座工作进行系统、全面的构思和规划。规划的内容包括讲座举办的周期和时间、讲座举办的形式、讲座主题的选取、主讲人的选择、人员的分工、场地的安排等。最后，根据工作开展的实际情况对策划方案进行及时修改、调整。

主题、主讲人、听众是讲座的三大要素，讲座主题的选取是讲座策划的一项重要内容，应以贴近读者、贴近生活、贴近社会为主要原则，要做到普及性与专业性结合、趣味性与科学性结合、系统性与专题性结合。

案例 5.6　大连甘井子区图书馆举办"2012 年高考志愿填报实战公益讲座"

为帮助考生科学填报志愿，考取理想大学，2012 年 6 月 10

日下午，大连市甘井子区图书馆在三楼报告厅特邀辽宁省知名高考志愿填报专家潘黎博士为广大家长和考生做"2012年高考志愿填报实战公益讲座"，受到社会各界以及家长学生的高度关注并引起强烈反响。潘黎博士用多年的经验，向广大家长和考生分析了高考志愿的全新走势，参照高校往年录取分的思路，分别介绍填报本一、本二、本三、专科高校的方法，并提醒考试填报（选择）专业时尽量避免误区。潘黎博士还结合辽宁省最新高考志愿表"手把手"模拟填报志愿，从未来考生就业和进一步深造的角度对大学和专业选择予以深入阐述。本次讲座共有400余名家长和考生参加，场面异常火爆，家长和考生们都表示受益匪浅。

2. 讲座主讲人的邀请

首先，在选定了讲座的主题和主讲人以后，组织者应尽快与主讲人进行沟通与交流。组织者在交流的过程中判断主讲人是否符合讲座的要求，主讲人通过组织者的介绍确定是否应邀。其次，确定了主讲人的受邀意向以后，组织者对其发出正式的邀请，然后明确讲座的时间、地点、讲座酬劳、主讲人的行程安排、讲座内容的权属问题等相关细节，并签署授权书，自觉地为双方权利的保护提供法律保障。

3. 讲座的前期宣传

讲座宣传应包括的基本信息有：讲座的内容介绍、主讲人的个人介绍、讲座的举办时间和地点等。图书馆宣传讲座的途径多种多样，一方面组织者可依靠固有平台对讲座进行宣传，平面宣传的途径包括图书馆的宣传栏、馆刊、宣传单、电子显示屏等，网络宣传的途径包括图书馆网站公告、博客、微博、QQ群、网络论坛等；另一方面，组织者也可依靠与媒体合作进行讲座的宣传推广，如广播电台、新闻报纸、数字电视、电视台等。

4. 讲座的实施

首先，组织者应做好细致、周到的接待工作。准备好主讲人的交通工具和住宿处，及时跟进主讲人搭乘的飞机、列车等的出发及到达情况，准时迎接主讲人的莅临。其次，要做好讲座的现场布置，人员的安排要明确分工、协调合作，落实工作责任，各司其职。现场布置的内容包括现场背景布置、讲台布置、场地卫生状况检查、讲座设备检查、安全设施检查等。最后，在讲座的开展过程中，讲座的主持人应对全场的时间、节奏和效果进行掌控，提高主讲人的演讲热情，并留意听众的反应，活跃现场气氛。组织者同时还可通过签名售书、读者沙龙、巡回展览、媒体采访等多种配套活动的开展，提高听众的参与积极性，扩大讲座的影响力，推动讲座的品牌效应。

5. 讲座的后续工作

组织者在讲座后应当尽快对讲座形成的文字资料、视频资料、音频资料、照片等进行整理和归档，优秀的讲座资源还可以编辑成书籍、制作成光盘再次传播，在版权许可的情况下实现资源的多次利用和资源共享。组织者在讲座举办后应及时收集主讲人和听众的反馈信息，包括收集主讲人对讲座的开展形式、组织方式、主持风格等各方面的意见和建议，也包括倾听听众对讲座主题、讲座形式、主讲人演讲情况、讲座配套活动开展以及听众对讲座的特殊要求等方面的反馈，并在以后的工作中及时改进。

（三）公共图书馆开展公益讲座的要点

1. 注重公益讲座活动的团队建构

图书馆公益讲座是一个系统工程，从策划、选题、确定主讲人、宣传推广、开展讲座及后期资料整理，每一个环节工作的开展都是讲座团队成员共同协作的结果，因此，建立一支高效率、

高素质的团队是做好公益讲座的根本。公益讲座的团队成员包括
讲座负责人、策划人员、主持人、接待人员、现场控制人员、宣
传退广人员、后期资料整理和制作人员等，团队中的每个人员应
该分工清晰、目标明确，具有统一的团队理想、协作精神和创新
精神。

2. 做好公益讲座的宣传推广

讲座的宣传推广包括前期推广和后期推广，前期推广决定着
本次讲座听众覆盖面的广度，后期推广决定着讲座品牌影响力的
大小。讲座在宣传推广的过程中，应秉着效用最大化的原则，充
分利用阵地宣传、媒体宣传、网络推广、现代通讯设备宣传的多
层次、立体化的传播优势，使有限的平台资源发挥最大的宣传
效用。

3. 开展公益讲座的延伸服务

公益讲座的延伸服务是指由图书馆讲座衍生出来的其他讲座
形式，包括流动讲座，以及电子讲座、网络讲座，以及在遵守著
作权法的前提下编辑出版公益讲座系列图书等内容。

流动讲座是相对在图书馆内开设的阵地讲座而言的，流动讲
座开展的地点可以是学校、社区、企业或其他图书流通点，可以
采用巡回讲座的形式进行，其听众是特定的人群。流动讲座针对
不同群体听众的特定需求，选择特定的讲座主题，充分展现了流
动讲座的灵活性与便利性。

案例 5.7　淮安市图书馆"文化讲坛"流动讲座进农村

2012 年 3 月 16 日，由淮安市文广新局、淮安市科协共同主
办，淮安市图书馆、淮阴区文广新局、淮安市老科协共同承办的
"图书馆流动服务"活动拉开了帷幕。此次流动服务的主要内容既
有保持了几十年传统的图书馆送书、送报、送刊、送科技等项目，

又有群众喜闻乐见的流动讲座，解决远离图书馆的乡镇居民读书难、看书难、听讲座难的问题，满足他们生产、生活和文化娱乐的要求。

淮安图书馆"文化讲坛"，先后与政府部门及社会各行各业进行了形式多样的联合协作，不仅解决了讲座选题，也解决了讲座师资、听众、宣传等问题，甚至部分解决了资金难题。实现了讲座内容及选题共担共享，讲座主讲人共选共享的运作格局，取得了较好的社会效益。2008年，在"第四届江苏公共图书馆优秀服务成果"评比中，淮安市图书馆"文化讲坛"服务成果荣获三等奖，已成为颇具特色的城市文化品牌。

电子讲座就是利用数字化技术，把公益讲座刻录成光盘，在保护主讲人著作权益的前提下利用光盘开展讲座服务，同时图书馆还可以购买电子讲座资源，在版权的允许范围内开展公益讲座作为本馆讲座资源的补充。电子讲座成本低、传播广，在图书馆经费、人员不足的情况下是开展讲座延伸服务的很好方式。

网络讲座就是把公益讲座的内容放在图书馆的网站上，读者足不出户即可在线欣赏图书馆的讲座资源，这是网络技术为图书馆资源共享提供的巨大便利。

编辑出版公益讲座系列图书是公益讲座积累、传播知识的重要途径，也是公益讲座成果的一种展示。在遵守著作权法和尊重主讲人的著作权益的前提下，图书馆可以把积累多年的公益讲座文字资料、图片、经验介绍集结成册，正式出版，实现知识的多次传递。

4. 搭建公益讲座的共享平台

公益讲座的资源共享不仅包括讲座视频、音频、文字资料的共享，还包括讲座团队的协作经验、专家学者信息库、选题库等资源的共享。共享的模式包括图书馆之间共建共享、图书馆与政府部门合作共享、图书馆与媒体及企业合作共赢等。共享的方法有远程直播、讲座资料馆际互借、数据库共享等。公益讲座要得到最大限度的传播，需要一个开放获取的共享平台。在资源共享的过程中，要把知识产权的管理放在首要位置，按照《中华人民共和国著作权法》充分尊重讲师的知识产权，与讲师签订录制视频、制作光盘、视频点播的许可协议，同时要保护图书馆讲座自身的知识产权。

5. 推动公益讲座的品牌塑造

公益讲座品牌是图书馆的无形资产，对树立图书馆的形象、深化读者服务具有巨大的促进作用，塑造图书馆公益讲座的品牌是打造图书馆服务品牌的重要内容和途径。要打造公益讲座的品牌，需要做到：（1）要有一个易识别、有内涵的讲座名称和讲座标志。（2）要引导市民培养获取知识的习惯，让讲座成为市民文化休闲生活的一部分。（3）讲座要注重内容的创新、形式的多样化，大众讲座与精英讲座相结合，同时注重讲座的延续性和系统性。（4）除了做好讲座的服务外，应该注重讲座的宣传推广，让讲座在时间、空间上产生广泛、持续的影响，扩大讲座的影响力和知名度。

二、展览

图书馆的展览服务是指图书馆在一定的地域范围或网络空间内，用固定或巡回的方式，将某一个主题通过艺术作品、图版图片、图书资料或实物、模型、标本的形式进行展示，对读者进行信息传播、直观教育的服务。公共图书馆的展览服务由于宣传范围广泛、报道内容具体、利用方式简便、发挥作用迅速及时而受到读者的普遍接受和喜爱，已成为图书馆文化展示、文化交流的重要组成部分。

(一)公共图书馆展览的类型

根据展览的主题不同，公共图书馆展览的类型可以分为：馆藏资源与服务成果类展览，如馆藏家谱展、特色地方文献展等；艺术类展览，如书法展、油画展、摄影展、陶瓷展等；科技类展览，如功能性新材料成果展等；社会热点类展览，如抗震救灾新闻图片展、"两会"宣传图片展等；当地特色民俗、支柱产业类展览，如果民间剪纸展、纺织材料展等；生活百科类展览，如家庭装潢图片展、花卉园艺展等。

根据展览的载体不同可以分为实物展览和网上虚拟展览。

根据展览的活动方式不同可以分为阵地展览和巡展。

根据展览的举办周期不同可以分为常设展和临展（短期展），常设展的展期一般为一年以上甚至更长，临展（短期展）一般为三五天至一个星期，或者十天半个月，但一般不会超过两三个月。

(二)公共图书馆举办展览的流程

1. 展览策划

展览策划人需要根据本馆、本地、本区域的文化特色以及用户需求、展览设施等条件，就展览名称、办展机构、展览经费预算、布展设计、展览宣传、展览服务、办展时间、办展形式、展览风格定位等进行短期和长期的策划。在展览主题的选择方面，馆藏特色、当时的社会背景和观众需求、重大的纪念日或是重大事件、是否具有可操作性等都是影响展览主题的因素。在展位的设计方面，应充分考虑展位利用率的最大化、人流心理及流向、参观对象的审美导向、施工难度及成本因素、安全性等因素。在展台的设计方面，应尽量突出本馆特色，充分考虑布局、照明、色彩、展品、展架等因素，做到突出焦点产品、明确表达主题、充分考虑空间和人流、易建易拆。在展会的安全设计方面，要充分考虑展示场地安全、人员安全、展品安全、交通物流安全、治安管理等因素。

2. 展区场地布置

图书馆的场地有限，利用有限的空间营造舒适的办展环境是进行场地布置的首要考虑因素。首先，要根据展览的内容和目的、活动规模、经费预算、所需提供的服务来确定展览场地的选择，室内场馆一般用于展示常规展品，室外场馆多用于展示超大超重展品。其次，图书馆的展区场地通常包含的功能区域有：接待处、展览区、开幕式或闭幕式场地、现场服务中心等，要遵循分类明确、指示清晰、安全合理、美观和谐、节约高效的原则进行展览场馆布置。

3. 展前宣传

展览的宣传工作首先要确定目标人群，进行分阶段、有计划、连续性地宣传。其次，要准备足够的宣传资料，有条件的图书馆还可以编写展刊，展刊的内容应包括展品介绍、举办单位信息、嘉宾介绍、联系人员信息、图书馆其他服务活动推介等。图书馆的办展宣传可以采用多种方式，如召开新闻发布会，联系各类新闻媒体进行报道，配合展览举办讲座和会议；在图书馆网站上进行宣传，包括观众在线登记、展览在线报道、展览项目信息公告、展览服务信息说明、展览动态信息发布等；在图书馆展览场所外悬挂大幅宣传广告，派送展览宣传材料和参观券等。

4. 展览实施

首先由开幕式宣布展览的正式开始，然后由讲解人员对展品进行介绍，展览实施的过程中，工作人员要负责展场秩序维护，协调处理展会现场各种矛盾和问题，协调各相关职能部门进场办公，负责开展期间物品进出馆手续的办理，做好观众问卷调查，最后按照展览计划的时间进行展品清点，统一撤展。

5. 展后总结与评价

在展览结束后，图书馆首先应对展品提供方、媒体合作方、提供过帮助的相关单位表示感谢，为再次合作打下良好的关系基础；其次要对本次展览形成的文字、图片、视频资料进行归档整理，便于后续宣传工作和资源共享；最后要对展览过程中的参观人数、宣传资料发放数量、展会现场气氛、媒体评论、观众反馈的问卷调查表进行统计和分析，对宣传效果、展览效果、效益分析等进行评估，并进行经费核算，为下次展览提供宝贵的经验。

(三)公共图书馆开展展览工作的要点

1. 培养一支专业化的办展团队

展览是一项专业性较强的工作，要做好图书馆的展览服务，必须要有专门的业务部门和具有专业素质的人员来进行管理和运作。首先，它要求展览策划人员不仅有敏锐的审美鉴赏能力，还要具有展示设计师的艺术创造力，对整个展厅的布局、灯光、美感做出全局规划。图书馆有必要招聘专业人才或者对现有工作人员进行这方面的专业培训。其次，它要求办展人员具有较强的公关能力，联系办展方、新闻媒体，协调团队内各个工作人员的关系以及馆内各个部门的关系，还要负责读者意见的收集与反馈。因此，一支素质过硬的办展团队是开展展览服务的必要条件。

2. 多渠道解决办展经费

图书馆的展览服务是公益性活动，办展过程中产生的展位费用、展位搭建费用、展览物料费用、宣传物品制作费用、交通费用等都需要人力、物力和财力的支持，只有多渠道解决办展经费才能创造较高的社会效益。办展经费的解决一方面是努力寻求政府支持，争取专项经费；另一方面是联合办展，分担办展经费，还可以发动社会各界力量予以赞助。

3. 展览资源共享

展览资源共享的方式包括网上展览、巡展等，巡展是应用广泛、效果明显的一种资源共享方式，可以将某一家公共图书馆举办的优秀展览项目输送到全国各家兄弟图书馆，让各地的观众有机会欣赏到异地的艺术和文化，节省了其他兄弟图书馆的办展成本，促进了多地的文化交流，提升了办展馆在图书馆界和社会上的知名度，真正实现了资源共享。

案例 5.8　千年运河·一脉相承——大运河申遗图片展

2013 年，国家将正式向世界遗产中心提交大运河申报世界文化遗产的文本，扬州作为申遗牵头城市，专门成立了大运河联合申遗办公室负责申遗工作。为了让更多的人走近、了解京杭运河，2011 年 11 月，扬州市图书馆、上海图书馆以及长三角区域公共图书馆联合举办了"千年运河·一脉相承——大运河申遗图片展"，在全国运河沿线的 33 家城市图书馆进行巡展。展览所到之处，一时间"扬州申遗""运博会"成为该地区新闻媒体和市民百姓关注的热点，从中央到地方的多家新闻媒体均对展览进行不同程度的报道，知名门户网站也都对展览进行了相关宣传。据统计，各地共有近万市民前往参观图片展，收到了非常好的社会效益，在各地掀起了一阵运河申遗的热潮。

4. 带动展览与讲座、会议、读者活动组合开展

展览是作品与观众的交流，图书馆还应该创造机会让艺术家与观众进行交流，展览与讲座的有机结合为这种交流提供了可能。在图书馆展览服务工作的开展过程中，可以将图书馆的展览与讲座、会议资源进行整合，发挥图书馆服务资源的整体效益。展览

工作也可以与图书馆的读书活动结合起来，形成展览、讲座、会议、读书活动为一体的系列活动，使图书馆的业务发展呈现规模化效应。

案例 5.9　沪、浙、赣三地图书馆联合开展集展览、讲座、会议于一体的红色阅读活动

　　为纪念建党 90 周年，2011 年 6 月 24 日上午，由中共嘉兴市委宣传部主办，嘉兴市文化广电新闻出版局、上海图书馆、江西省图书馆承办，嘉兴市图书馆执行承办的"纪念中国共产党成立 90 周年嘉兴市党群学习周活动暨沪、浙、赣三地图书馆红色阅读活动启动仪式"在嘉兴市图书馆一楼大厅举行。本次活动以"阅读红色经典，激扬爱国情怀"为主题，内容包括英雄模范及感动中国的"双百人物"事迹展、以"走进数字阅读时代"为主题的数字阅读研讨会。此外，沪、浙、赣三地图书馆展开的系列联动活动有："读红色经典，扬爱国激情"网络答题知识竞赛、主题为"我崇敬的英模人物"的征文活动、"双百人物"事迹展和"红色印迹"展等。

5. 推动图书馆展览的品牌塑造

　　影响图书馆展览品牌塑造的因素有三个方面：(1)从展览本身来看，要有精准的科学定位、较高的专业化水平、鲜明的展览主题、相对固定的展览时间和地点。(2)从展览的管理方面来看，要有优良的网上展览资源共享平台、不断创新的品牌发展理念、科学的管理模式、丰富的媒体资源。(3)从展览的环境方面来看，要有一定数量的欣赏群体、相对充足的经费预算、良好的图书馆形象。

三、基层辅导

　　基层辅导是指公共图书馆对本地区或本系统所属的中小型图

书馆在贯彻办馆方针、改进业务技术方法、培训专业干部等方面进行指导与帮助，组织基层图书馆相互学习，交流经验，研讨业务问题。

基层辅导的内容包括以下几个方面。

(一)为基层图书馆提供业务辅导

由于各地区公共图书馆在性质、任务、人员结构和工作条件等方面情况不同，因此对基层图书馆的辅导方法不可能完全一样。必须依据各馆的实际情况，提供个性化的辅导方案。

根据辅导方法的不同，业务辅导可以分为重点辅导和巡回辅导。

重点辅导是指公共图书馆业务辅导人员在本地区或本系统所属的中小型图书馆选择几家图书馆作为重点辅导对象的一种辅导方法。这种辅导方法的特点是：重点明确、易于培养业务骨干、易于作为试点馆推广经验。被辅导对象的选择有两方面的标准：一方面是在本地区、本系统内选择基础较好、可以培养成为本地区或系统内先进典型的试点馆进行重点辅导；另一方面是选择在业务上存在问题较多、亟待重点帮助的图书馆进行重点辅导。在重点辅导中，业务辅导人员应注意辅导的系统性，实现由解决单一问题到解决思路问题的转变，并注意培养业务骨干，由单向业务辅导向双向经验交流转变。

巡回辅导是指业务辅导人员在本地区或本系统所属的中小型图书馆逐个进行面对面业务辅导的一种辅导方法。这种辅导方法的优点是针对性强，解决具体问题效果明显。在进行巡回辅导的过程中，辅导人员遇到的业务问题带有共性和特殊性，因此辅导人员一方面要注意积累经验，另一方面要仔细分析每个基层图书馆产生问题的背景，具体问题具体分析，同时要注重培养基层图书馆独立解决问题的能力。

开展业务辅导的手段包括业务研讨、业务培训和调查研究。

业务研讨是指辅导人员与被辅导人员围绕图书馆当前的重点工作以及业务工作中遇到的共性问题开展深入的研究和讨论，最终达成共识，形成在一个地区或一个系统范围内各图书馆共同遵守的业务规范。

业务培训是辅导工作的主要方法，也是继续教育和终身教育的一种有效形式。进行培训的方式是多种多样的，例如培训班、专题业务知识讲座、现场观摩会议、参观学习等方式。

调查研究是开展辅导工作的基础。有效地开展调查研究，有利于发现典型案例、总结先进经验、了解辅导对象业务工作中的问题、积累丰富的原始资料，从而分析出一个地区或一个系统内图书馆事业建设的变化发展规律，制订出符合客观实际需要、切实可行的业务辅导工作计划。

（二）推动本地区公共图书馆服务网络体系的建立

公共图书馆服务网络体系是公共文化服务体系的重要组成部分，推动区域内公共图书馆网络体系的建立是当前工作的重点内容。基层图书馆服务网点少，服务能力和水平不高，因此，公共图书馆应该加强对基层图书馆的业务辅导，增强基层图书馆之间的横向联系，督促和指导基层图书馆完善和巩固基层服务网络。

案例 5.10　姚庄镇打造"城乡公共图书网络体系"

姚庄镇位于浙江省嘉兴市嘉善县，近年来，姚庄镇积极推动当地社区、村级图书馆打造覆盖城乡的公共图书网络体系，通过业务辅导、加大投入、规范管理、强化服务，指导当地建立起了一个比较健全的"以镇图书馆为龙头、集镇社区图书分馆为中心、村级图书阅览室和企业职工书屋为流通点、农村文化示范户为一体"的四级图书网络。

　　2008 年 12 月，该镇投入 46 万余元建成全县首个镇级图书馆——姚庄分馆。2010 年，又投入 80 余万元，先后建成全县首家镇图书馆分馆——丁栅分馆、俞汇分馆、桃源新邨图书分馆。镇图书馆、集镇社区图书分馆、村图书室以及企业职工书屋(流通点)都配备专职管理人员。

　　目前，姚庄镇共有镇级图书馆 1 个、集镇社区图书分馆 3 个、村级图书阅览室 18 个、企业职工书屋(含图书流通点)35 个。截至 2010 年 11 月，该镇公共图书馆有藏书 37 322 册，累计人流量 467 369 人次，累计办理借书卡 1 673 张，外借图书 72 012 册，取得了良好的社会效益。

　　资料来源：姚庄镇全力打造城乡公共图书网络体系[EB/OL]. [2012-06-30]. http://jsxww. zjol. com. cn/jsnews/system/2011/01/05/013108328. shtml.

(三)为基层图书馆提供资源援助

　　公共图书馆对基层图书馆的资源援助主要包括馆藏资源援助、人力资源援助和设备资源援助三方面。基层图书馆拥有的资源不平衡，不仅体现在省市级图书馆与乡镇、村级图书馆之间不平衡，也体现在东部基层图书馆与中西部基层图书馆之间不平衡。为了缓解这种状况，2006 年，"国家图书馆西部援助计划"正式启动，国家图书馆每年将 10 万册复本书和下架书刊捐赠给西部地区一个省的县级图书馆。除捐赠 10 万册图书以外，国家图书馆还联合受赠图书馆所在省的省图书馆举办文化活动；组织由国家图书馆专家学者组成的讲师团对该省基层图书馆员进行公益性业务培训，帮助基层图书馆提高基础业务水平和服务能力；同时，接受西部地区图书馆到国家图书馆参观、考察和业务实习。此外，文化部于 2010 年启动了"县级数字图书馆推广计划"，该计划将在全国每一个县级图书馆建立电子阅览室，向每个县级图书馆提供 1TB 数字资源，这批资源主要包括视频、图片、电子图书、电子期刊、网络信息资源等多种类型，使县级图书馆成为面向基层群众提供数字文化服务的重要阵地。同时，通过县级数字图书馆进一步向基层辐射，使全国城乡基层图书馆、文化馆（站）、文化室都能够方便快捷地利用国家数字图书馆的建设成果提供优秀文化服务。

案例 5.11　石家庄市图书馆开展"万人学雷锋，送书到基层"活动

2012 年 3 月 7 日，石家庄市图书馆开展了"万人学雷锋，送书到基层"活动，将 1 600 余册杂志送到了裕华区裕强街道办事处东方绿洲社区居委会。裕强街道东方绿洲社区居委会管辖 2 个居民小区，现有居民楼 27 栋，3 252 户，社区总人口 9 500 人。居委会设有党员活动室、老年活动室、文体活动大厅，并有一间 40 平方米的社区书屋，全天对社区居民开放。但由于居委会成立不久，经费有限，仅有几百册图书，无法满足社区居民的精神文化需求。石家庄市图书馆精选了 1 600 余册杂志提供给社区居委会，社区近万居民，都可免费到居委会社区书屋借阅书刊。该活动丰富了城市居民群众的精神文化生活，倡导文明健康的生活方式，真正将"文化惠民"政策落到了实处。

资料来源：石家庄市图书馆开展"万人学雷锋　送书到基层"活动[EB/OL].[2012-06-30]. http://www.chinadaily.com.cn/hqgj/jryw/2012-03-07/content_5349243.html。

综上所述，图书馆进行基层辅导工作应注意积累经验，并灵活地将新技术应用到实际工作中，推动基层图书馆之间的交流与互助，建立一个高效、系统的业务辅导网络，为本地区公共图书馆服务网络体系的建立和完善打下基础。

四、流动图书馆服务

"流动图书馆是为远离固定图书馆的读者服务的方式，是利用汽车等运输工具装备起来的图书馆，可以任意移动，定期将图书送至各个工矿企业、机关、农场、学校、居民点，开展图书借阅工作，举办群众性的图书宣传活动。"①流动图书馆具有经济适用、方便灵活、快捷高效等优点，目前，汽车图书馆和图书流动站是我国流动图书馆的两种主要服务形式。

我国流动图书馆的服务项目分为两种：（1）图书流通服务，包括图书借还、查询、预约、续借等。（2）外延型服务，包括阅读辅导、举办文化教育活动、放映文化信息资源共享工程的资源等。

（一）汽车图书馆

汽车图书馆一般用装有书架和借书桌等设备的汽车，将图书馆的部分图书、期刊、音像资料定时、定点地送到企业、医院、学校、乡镇、农村或其他偏远地方，供读者阅览，并办理外借手续。它在一定程度上弥补了边远地区图书馆覆盖率不足的问题，是推进社区、乡镇文化建设的一种创新方式。有的汽车图书馆还开展宣传图书、普及知识的群众性活动，如举办朗诵会、图书展览、读者会议、座谈会等。有的汽车图书馆除提供印刷型文献的流动服务外，还携带录音录像磁带、科技电影和放映设备到流通点播放。

汽车图书馆作为流动图书馆的主要服务方式，它相对于固定图书馆来说具有投入成本小、灵活性强、服务面广、效果明显等优势。汽车图书馆扩大了图书馆服务工作的覆盖面，将公共图书馆的服务迅速蔓延至离图书较远的地区，最大限度地缩短了图书馆与读者之间的距离，有效提高了公共图书馆的藏书利用率，是实现公共图书资源共享的重要手段。我国汽车图书馆的建设有了很大的成就，2000 年，广州图书馆在汽车图书馆率先采用计算机借还书，成为我国流动图书馆发展的里程碑，带来了巨大的社会

----

① 　周文骏. 图书馆学情报学词典［M］. 北京：书目文献出版社，1991：298.

效益，这种服务模式在经济暂时不够发达的基层图书馆值得推广。

汽车图书馆的建设流程如下。

1. 选择合适的流通车

汽车图书馆大多采用中、大型客车改装而成。首先，汽车的质量要过硬，发动机和运行体系质量要可靠。其次，汽车的空间设置要合理，车内主要设图书存放区、办公服务区、读者阅览区三大功能区块，车内应该容纳800～2 000本图书，并注意采光、空气流通，考虑读者的阅读感受。

2. 配置流通车的设施

为防止汽车行驶过程中图书散落，在汽车图书馆中要安装适合于汽车图书馆的特制书架和活动式挡板或横拉杆，配备无线上网笔记本电脑、条码扫描仪、阅览桌椅等必要设施，并安装网上流通系统，通过与总馆局域网联网，实现与总馆系统服务器实时数据交换，在任何流通服务点都能直接进行借还书、书目查询、预约等功能，实现一卡通借通还。

3. 配置合适的图书资源

根据汽车图书馆服务的流通点的服务对象不同，应该选择分配不同类别的图书资源，如企业流通点则选择经济管理、职场、人生规划等方面的书籍，学校流通点则选择学习方法、益智、青少年心理辅导等方面的书籍。

4. 配置流通车的服务人员

汽车图书馆要求工作人员成年累月在外奔波，体力、耐力、性格都要经受长期的考验，因此在人员的配置上要选择工作热情高、服务态度好、身体条件好、能吃苦耐劳、协作能力强的服务人员。

5. 制定严格的管理制度

汽车图书馆的服务工作要求严格遵守定时、定点的承诺，在巡回服务中图书容易损坏、丢失，因此，要根据各个服务点的情况制定一套规范的管理制度，便于服务的开展和固定资产的管理。

6. 开展流通服务和读者活动

汽车图书馆普遍应用于读者咨询、办证、图书借还等流通服务，其中预约借书服务是弥补汽车图书馆藏书量不足的重要服务内容。当读者的图书需求在该次流通无法得到满足的时候，由工作人员记下读者证号和文献信息，本次流通结束后回馆帮助查询，并在下一次流通时随车带去，从而最大限度地满足读者的要求。汽车图书馆的出现，突破了图书馆传统的服务模式，除了传统的流通服务，汽车图书馆还承担起推广阅读、传播典型经验、传递市场信息等责任。例如，图书馆以汽车图书馆送书下乡为主要途径，举办科技培训、为农民传授实用生产技术、利用共享工程设备为农民放映科教影片、开展数字文化信息服务等。

案例 5.12　湖北省当阳市图书馆的"汽车图书馆"

流动图书馆办得出色的图书馆还有湖北省当阳市图书馆的"汽车图书馆"。当阳市图书馆在 1987 年购置了流动图书车，于 1988 年 2 月正式启动"汽车图书馆"送书服务，从此每月坚持定时、定点为全市的服务点送书、举办农业技术讲座，如今搭建了以当阳市图书馆为龙头，以 10 个镇文化服务中心和社区为依托，以村文化活动室为基础，以文化中心户、科技示范户为节点的四级流动图书馆网络。汽车图书馆每月定时送书到服务点，并将各个服务点的图书循环流动，最大限度地发挥了图书文献资源优势。

汽车图书馆在保障广大读者阅读权益、拉近城乡知识水平差距方面发挥着十分积极的作用，既提高了图书馆的文献利用率，又丰富了社区、乡镇的文化生活，促进了城乡之间的平衡协调发展，在构建公共图书馆文化服务网络体系中，汽车图书馆将发挥更大的作用。

(二)图书流动站

图书流动站实际上是固定的流动图书馆，是由条件较好、馆藏丰富的公共图书馆在离本馆较远的基层图书馆设置图书流动站，开展图书循环借阅的一种服务方式。对市、县图书馆来说，它们是流动服务点，但是对当地居民来说，它们就是固定的基层图书馆。基层图书流动站一般建在人口相对集中的居民区，属于一种小范围内的文化设施，多为地区公共馆援助建设，规模不大，且藏书多以科普、生活、娱乐类为主，包括一些主要的报纸杂志，总藏量一般在千册左右，由当地公共图书馆统一调拨配送。目前我国流动图书馆发展迅速、形式多样，除了在学校、企业、社区、乡镇建立了图书流动站，有的图书馆还将服务延伸到了医院、监狱、渔村甚至牧场，总之，有知识需求的地方就有图书馆。

图书流动站必须具备特定的读者群、固定的馆舍、文献资料、服务馆员等基本要素，建站的流程如下。

1. 合理布局，选择合适的建站地点

流动站建站要求综合考虑区域面积、人口及经济流向等因素，尽量建在地理条件优越、人口密集、条件成熟的社区或乡镇，力求扩大服务点的覆盖面。在城市可选择社区居委会等公共场所，在农村可将图书流动站与农村文化大院、党员活动室等几室合一，以便整合农村文化资源，避免进行重复建设。除了在镇(街)、村(居)、学校、企业、小区等建立流动服务点外，还可以在军营、看守所、戒毒所、消防大队等特殊单位设立流动服务点，发挥图书馆的社会教育功能，树立起良好的公益文化形象。此外，图书

馆可根据当地的具体情况，对流动站的面积、藏书量、管理人员人数、开放时间、投入经费、规章制度等做出具体要求，保证流动图书能得到充分利用。

2. 统一管理，建立流动书库

图书流动站应实行统一管理的服务方式，对图书流动站的服务规则及相关责任等都做出明确的规定，在制度上进一步保障图书流动站的有序建设和规范运营。流动书库中的图书应具有普及性和针对性，既要选购农业技术、家电维修、保健知识、科学普及、文学艺术等贴近生产生活的图书，以适应大众读者的阅读需求，又要选择符合当地产业发展特色的专题书籍，对工业地区侧重配置一些工业技术、创业方面的书籍，对农村地区则侧重配置一些介绍种植、养殖技术的书籍，对学校附近的流通点则多配置丰富课外阅读的书，并根据读者的反馈，及时更新调整书库，不定期地调换图书。

3. 明确责任，制定考核标准

对建立的每个流动站，图书馆与其签订协议，明确责任，制定具体的考核标准，及时检查评估，通过看账目、查记录等方法督促各点按要求做好工作。

图书流动站除了开展基本的流通服务外，还可以结合本地读者的兴趣爱好、文化氛围开展其他创新的服务项目。例如，组织读者定期交流读书心得、定期举办科技讲座、举办地方特色专题的展览，还可以通过共享工程的数字资源，组织电影放映活动，丰富老百姓的文化生活。

案例 5.13 沈阳市图书馆的"图书流动站"服务

沈阳市图书馆通过建立图书流动站，参与乡镇图书馆的建设，取得了不错的成绩。沈阳市图书馆已与社区、农村、街道、部队、厂矿、党政机关等单位建起一百多家图书流动站，形成了多层次、多渠道、多领域的图书流动站服务网络体系。通过设立专用书库，并派专职人员开展图书流动站的管理工作，建立了部队图书流动站、农村图书流动站，并在于洪区北陵乡成立了市图书馆农业分馆。此外，结合市民的实际需要，图书流动站还配套举办讲座、报告会等活动，丰富了市民的文化生活，受到广大市民的好评。在 2007 年 5 月举办的全国公共图书馆"延伸服务"经验交流会上，沈阳市的做法受到文化部的高度赞扬。

全国公共图书馆事业正在转向"总分馆制"的形式发展，流动图书馆服务既可以作为流动分馆成为总分馆制的一部分，也可以成为分馆下面更为基层的服务形式，流动图书馆是区域公共图书馆服务网络体系的重要组成部分，在目前分馆（网点）不多的情况下，流动图书馆可以充分发挥基层优势，成为基层图书馆服务网络的重要组成部分。

五、政府信息服务

2008 年 5 月 1 日开始实施的《中华人民共和国政府信息公开条例》（以下简称《条例》）第十六条规定："各级人民政府应当在国家档案馆、公共图书馆设置政府信息查阅场所，并配备相应的设施、设备，为公民、法人或者其他组织获取政府信息提供便利。""行政机关应当及时向国家档案馆、公共图书馆提供主动的政府信息。"这表明了公共图书馆作为开展政府信息服务的主要场所已成为政府信息公开工作中的一部分，公共图书馆的社会功能得以扩大，服务领域和发展空间得以拓展，这对公共图书馆发展将产生深远的影响。2009 年 4 月，国家图书馆推出了"中国政府公开信息整合服务平台"，各级公共图书馆也开始积极开展政府信息服务。

公共图书馆的政府信息服务，包括了两个方面的内容：政府信息组织和政府信息服务。政府信息组织工作，是指公共图书馆进行当地政府信息的收集，公开目录、指南、索引、摘要的编制工作。政府信息服务，是指提供政府信息的查询、获取和咨询。

(一)政府信息资源的含义

政府信息资源就是指一切产生于政府内部或虽然产生于政府外部但对政府活动有影响的信息。从这个定义可以看出，政府信息资源包含两方面的内容：(1)政府行政机构在行使公共权力、管理国家事务及社会公共事务的过程中产生的信息资源。(2)虽然产生于政府外部，但却处于政府部门最关心的目标范围内，具有某种广泛性意义和参考价值、对全局有一定影响的倾向性信息资源，例如经济活动信息、科技成果信息等信息资源。[①]

(二)政府信息服务的内容

1. 设立政府信息查阅中心

公共图书馆应认真贯彻落实《条例》精神，在图书馆设立"政府信息查阅中心"。图书馆可根据自身条件，或设置专室，或在阅览室里开辟一个专区，配备相应的设备，主动接受政府信息，提供政府信息公开目录、指南以及行政审批和服务事项等文献的查询、借阅、复印，帮助读者查询，解答一般咨询和收集意见等。与此同时，加强沟通和协调，建立政府信息及时、完整进入公共图书馆的保障制度，不断完善政府信息公开的方式，使公众能方便快捷地获取各方面的信息。为公众获取和利用政府信息提供咨询。咨询的内容既包括政府信息检索、获取咨询，又包括政府服务引导咨询(帮助用户确定解决其问题的政府部门)、电子政务使用咨询、政府政策顾问等。

---

① 杨玉麟，赵冰. 公共信息资源与政府信息资源的概念及特征研究[J]. 图书馆论坛，2007(6).

案例 5.14 我国公共图书馆公共信息服务经验

1. 2008 年 5 月 1 日起，首都图书馆北京市政府信息查阅中心正式向公众开放。首都图书馆开辟了 400 平方米的阅览室，设置了"北京市政府信息查阅中心"。查阅中心设有阅览坐席 30 个，电脑 20 台，还配备了盲人阅读软件、大字阅读器、放大镜等人性化设备，帮助弱势人群无障碍获取信息。

2. 2009 年 10 月，广州图书馆开通查阅广州市政府文件服务。读者可通过广州图书馆地方文献室、电子阅览室和中文报刊阅览室内的读者检索机，点击"政府信息公开"快捷方式，可直接进入查阅。该系统已收录 8 000 多份现行文件，涵盖城市规划、税收调整、社会保险金、工资福利待遇、住房公积金等多个与市民息息相关的内容。

3. 黑龙江图书馆利用文献检索咨询、电子屏幕滚动播放、全省公共图书馆数字化存储及网络传输等手段，为省政府及其各个部门提供政府信息公开服务。协助政府部门编制《政府信息公开指南》《政府信息公开目录》和《政府信息公开工作年度报告》等，并为公众提供政府信息的查询、阅读、复印、咨询、专题检索等具有图书馆特色的服务。

4. 苏州图书馆在地方文献阅览室开设了政府信息查询点，设置政府公报、目录、相关法律文本等纸本政府信息专架，并配备了专用电脑，与政府网站上的政府信息公开专栏进行链接，而且，对本馆所属的 10 所分馆的电脑界面都进行了重新制作，使读者方便进入政府信息公开栏目进行查询。①

资料来源：冉东贤. 国内外公共图书馆政府信息公开服务比较研究[D]. 天津：天津工业大学，2010.

---

① 邱冠华. 苏州图书馆政府信息服务现状及建议[J]. 情报资料工作，2008(4).

2. 开展政府信息网络服务

除了纸质文献的提供外，在网络信息环境下，图书馆应该在政府数字化出版物的收集、整理，提供查询等方面更有积极表现。政府信息网络服务是公共图书馆通过自己的门户网站或专门的公共图书馆政府信息门户提供政府信息服务。网络服务主要通过与政府门户网站进行链接，或与政府信息公开网站进行链接，或将大量而分散的政府信息进行分类整合，加工处理、制作专题数据资源，在统一的检索界面提供查询。

3. 深化政府信息服务内容

深化政府信息服务内容是对政府信息的深度加工。公共图书馆应发挥自身专业优势对大量的政府信息资源进行科学组织、加工整合和深度揭示，对政府信息做出深度标引，设计多途径、多角度的查询方式，方便政府信息的公共获取。探索编制政府信息专题文献，根据政府关注的重点话题，公众关注的热点问题，不定期地整理、汇编成专题目录或信息汇编，为公众提供更主动、贴切的服务。

为公众获取、利用政府信息提供咨询。除了提供政府信息检索、获取的咨询外，有条件的图书馆还可提供政府服务引导咨询（帮助读者选择、确定解决其问题的政府部门）、电子政务使用咨询、政府政策顾问等，使图书馆不仅仅是政府信息的收藏者，更是信息的咨询者和服务者。

4. 提供个性化政府信息服务

公共图书馆可以通过政府信息定制服务、参考咨询服务，在海量的政府信息中根据读者的需求，为读者推送政府信息，提供个性化的政府信息。这种个性化的服务不仅是提供读者所需要的相关政府信息资料，更重要的是从资料中归纳出读者所需要的知识和解决问题的方案。

此外，公共图书馆还应针对弱势群体获取和利用政府信息困难的情况，为此人群策划个性化的政府信息服务。服务包括为老年人、残疾人，以及文化水平较低的群体，提供检索、获取、阅读、利用方面的帮助，为信息技能或信息条件困难者提供设备、条件和获取、利用方面的帮助等。例如，帮助进城务工者了解政府相关政策，寻找工作机会；帮助残疾人了解残疾人有关政策，帮其创业等。有效利用电子政务项目，通过流动书车将政府信息带到农村，为偏远地区的群众服务。

5. 拓展政府信息服务途径

除了阵地外，公共图书馆还应充分利用现有服务网络的优势，利用公共图书馆服务体系和全国文化共享工程基层点，整合现有政府信息，通过卫星、互联网、数字电视、光盘等方式，为公众，特别是偏远地区的公众及时提供政府信息服务，扩大政府信息服务的覆盖面，满足公众多层面的需求。

此外，还可利用公共图书馆普遍开展的讲座、展览等活动形式，组织多种形式的"宣讲报告""专题讲座""讨论沙龙""主题展览"等，向社会公众发布、解读、宣讲重要政策、热点话题和焦点问题，拓展政府信息服务的途径。

6. 开展政府信息服务的共建共享

公共图书馆开展政府信息服务同样要加强与各方的合作和共享。公共图书馆一方面要与政府网站、行政部门、档案馆协调合作；另一方面，更应加强图书馆界的合作和共享，通过统一数据标准、统一数据库、统一门户，将不同层级的图书馆政府信息服务连成分布式网络，搭建公共的政府信息资源共享服务网络。

案例 5.15　中国政府公开信息整合服务平台

中国政府公开信息整合服务平台是国家图书馆联合公共图书馆共同建设的中国政府公开信息整合服务平台，为社会提供政府信息服务，通过全面采集并整合我国各级政府公开信息，构建一个方便、快捷的政府公开信息整合服务门户，使用户能够一站式地发现并获取政府公开信息资源及相关服务。平台的建成将促进全国公共图书馆政府信息服务工作的交流合作与资源共享，提高公共图书馆政府信息服务的效益，建立政府信息资源组织整理的相关业务规范和指南，推广公共图书馆政府信息服务的示范项目，加强政府信息整合服务技术平台与网络建设，充分发挥公共图书馆在政府信息服务中的作用。

资料来源：中国政府公开信息整合服务项目［EB/OL］.［2012-07-12］. http://govinfo.nlc.gov.cn/cgpio/.

第三节　公共图书馆的服务创新

近些年来，我国公共图书馆坚持人本理念，在图书馆服务方式、服务内容和服务手段等方面做了许多有益的尝试与探索，不少成功的经验颇具创新意识。

一、借阅方式的创新——通用借阅

通用借阅是指一个地区的图书馆在一定的协调组织和计算机管理系统支持下，组成由多级图书馆(市、区/县、街道/乡镇、社区/村图书馆)共同参与的网状行业管理结构，读者用一张读者证可以到网内任何一个图书馆借阅图书甚至归还图书。目前常见的通用借阅类型有：一卡通借、一卡通借通还、分层通借通还。

(一)一卡通借

一卡通借是指一个地区的图书馆在一定的协调组织和计算机管理系统支持下，组成由三级或四级图书馆(市、区/县、街道/乡镇、社区/村图书馆)共同参与的网状行业管理结构，读者用一张读者证可以到网内任何一个图书馆(节点)借阅图书，但需将所借图书归还原馆。① 这种借阅方式操作简便、成本不高，是一种经济有效的方法，一般适用于各成员馆的行政体制、财务状况相对独立，在网络建设前就具有比较好的基础(包括资源和技术平台)，不适合由中心图书馆资源统一配置的情况。在这种情况下，比较可行的办法是将中心图书馆与成员馆原来的业务指导关系变成以数据共享为基础、文献通借为形式的资源共享关系。此外，在区域内公共图书馆资源共享网络的建设初期，网络建设还不够完善，成员馆之间欠缺磨合，实行一卡通借也是有效的方法。随着公共图书馆事业的发展，一卡通借的方式最终会走向服务无障碍的大流通——通借通还。

(二)一卡通借通还

一卡通借通还是指一个地区的图书馆在一定的协调组织、计算机管理系统和物流系统支持下，由三级或四级图书馆(市、区/县、街道/乡镇、社区/村图书馆)共同参与的网状行业管理结构，读者用一张读者证可以到网内任何一个图书馆(节点)借阅图书，且可以将所借图书归还网内任何一个图书馆。② 这种模式与上一种模式的区别在于已经在管理上、技术上解决了通还的问题，采取在服务网络内使用同一种或同一套管理系统的方式实现书目数

---

① 邱冠华，于良之，许晓霞. 覆盖全社会的公共图书馆服务体系：模式、技术支撑与方案[M]. 北京：北京图书馆出版社，2008：62.

② 同上书，65页。

据和馆藏资源的共享。要实现完全的通借通还必须解决文献资源的产权问题，如"上海中心图书馆一卡通"就运用了"浮动馆藏"的概念进行管理(参见案例 5.16)。

案例 5.16 上海市中心图书馆"一卡通"服务

上海市中心图书馆是在不改变各参与图书馆行政隶属、人事和财政关系的情况下，以上海图书馆为总馆，区县图书馆、高校图书馆和科研专业图书馆等为分馆，以资源共建共享为目标，以提高服务水平为目的的一种新颖的图书馆联合体。读者只要在本市任何一家加入中心图书馆的区县、街道(乡镇)图书馆办读者证，就可异地借还书。在产权方面，对于进入一卡通领域文献的产权，成员馆之间采用"浮动馆藏"的概念进行管理；在物流方面，上海市中心图书馆通过设立分拣中心和物流中心，确立了图书调配原则。由于上海图书馆的部分文献并不适宜进行大流通，而且少儿图书馆没有进入"上海中心图书馆一卡通"，因而不能通借通还。就其文献资源流通范围而言，实质上是一种资源限制型的完全通借通还。

(三)分层通借通还

分层通借通还是指一个地区的图书馆在一定的协调组织、计算机管理系统和物流系统支持下，组成由三级或四级图书馆(市、区/县、街道/乡镇、社区/村图书馆)共同参与的网状行业管理结构，读者用一张读者证可以到网内任何一个图书馆(节点)借阅图书，同时可以在一定范围内(如一个区)通借通还任何图书馆的图书，在一定范围之外则只能使用通借服务。这种借阅方式适合区域内实力较强的区级图书馆的情况，当区域内的区级图书馆有较好的硬件设备、管理方法、技术条件、资金来源时，可充当该区的中心馆负责在本区协调构建基层网络。该区基层网络的成员馆之间形成通借通还的关系，但不与外区的基层网络的图书馆通借通还。在这种借阅方式的发展过程中，有的图书馆会逐步打破限制通借通还的壁垒，最终走向完全的通借通还，如深圳"图书馆之城"（参见案例 5.17）。

案例 5.17 深圳"图书馆之城"

深圳图书馆之城的总分馆关系主要存在于各区馆及区内的部分街道馆和社区馆之间，但在不同的区，总分馆的建设模式不尽相同。在深圳"图书馆之城"成立初期，深圳图书馆与六个区图书馆构成有限"通借通还"网络；福田区图书馆共有 8 个街道分馆和 80 个社区分馆，其中 8 个街道馆、15 个社区馆与区图书馆一起构成了"有限通借通还"网；南山区图书馆有两家分馆，均与总馆实行通借通还；宝安区图书馆有 68 个分馆，但各馆之间只能通借不能通还。

如今，"图书馆之城"统一服务平台于 2012 年"4·23"世界读书日前完成全市合库工作，全市公共图书馆的文献资源实现了共享和大流通，全市不同层级的公共图书馆实现了互通互联、资源共享、一证通行、通借通还，基层图书馆的"孤岛"现象逐步改善。

基层图书馆可以根据本馆的需求和体制状况选取适合的借阅模式，设计一整套方案，解决如何调配书库、是否建立联合采编中心、图书资源的产权归属等一系列问题，才能实现真正的通借通还。

二、咨询平台的创新——虚拟的知识社群

虚拟的知识社群是透过网络社群互动平台及个人化的使用接口，让成员彼此能在讨论区、专栏区、留言板、文件区等交流文件与想法，并和志同道合的同伴对共同的兴趣或主题进行远程交

流。新兴的知识社群平台包括：社区论坛、读者 QQ 群、博客、微博等。图书馆借助知识社群平台可以实现实时咨询、成立主题群、文件传送、远程控制等服务功能。

（一）BBS

BBS 是英文 Bulletin Board System 的缩写，翻译成中文为"电子布告栏系统"或"电子公告牌系统"，是一种电子信息服务系统，它向用户提供了一块公共电子白板，每个用户都可以在上面发布信息或提出看法。早期的 BBS 由教育机构或研究机构管理，现在多数网站上都建立了自己的 BBS 系统，供网民通过网络来结交更多的朋友，表达更多的想法。BBS 具有高度流动性、实时流通性、自由开放性的特点。BBS 大致可以分为五类：校园 BBS 站、商业 BBS 站、专业 BBS 站、情感 BBS 和个人 BBS。

图书馆利用 BBS 的功能包括以下几点。

（1）公告作用。介绍图书馆的开放、关闭时间，发布各种通知，出版物介绍以及特殊馆藏推介等。

（2）在线咨询。包括问题解答、网络资源发布、馆际互借申请、检索服务内容、书目指导等在线咨询服务。

（3）读者培训。关于数据库的使用方法介绍、读者利用图书馆教育等。

（4）反映读者意见。采用问卷调查等手段，收集读者对图书馆工作的意见和建议，方便读者对图书馆的服务质量进行投诉与监督。

案例 5.18　暨阳社区的图书馆"书香暨阳"版块

暨阳社区论坛始建于 1998 年，是江阴最早的论坛服务提供者，也是当时国内为数不多的地方论坛之一，在国内县级站点中名列前茅。"书香暨阳"是暨阳社区论坛受江阴市图书馆特约开设的一个公益性合作版块，用于发布图书馆官方消息，如把江阴图书馆原创杂志《读读书》电子版、定期举办的公益讲座信息、新书推荐信息放至网站，以方便江阴市民及时了解图书馆活动动态，并即时解答读者对图书馆使用问题的咨询，提供读者一个互动交流的平台。

（二）博客

博客，又称为网络日志、部落格等，由英文 Blog、Weblog 翻译而来，指个人或群体在网络上定期或不定期更新内容的网站形式，一个典型的博客结合了文字、图像、其他博客或网站的链接，以及其他与主题相关的媒体，并且能够让读者以互动的方式留下意见。撰写博客或开博客的人叫做"博主"（Blogger），国内常用的博客有博客大巴、网易博客、新浪博客、搜狐博客等。博客具有操作简单、持续更新、开放互动、展示个性等特点。

按发布的内容来分，图书馆对博客的运用主要分为业务型博客与交流型博客。博客在图书馆的具体应用包括新闻公告、导读服务、咨询服务、知识导航、用户教育与培训、业务交流等。图书馆的博客运用得有声有色，如佛山市图书馆借阅部的"图林草根"博客（参见案例 5.19）、上海市闵行区图书馆的"闵图书芯"（参见案例 5.20）等。

案例 5.19 "图林草根"博客

"图林草根"博客（http://blog. sina. com. cn/ftjyb）是佛山市图书馆借阅部全体同仁的集体博客，里面每一位馆员都以"草"为名与读者交流，图书馆员可以在上面记录自己的工作，发表自己的建议，读者可以在上面提问，也可以留下读书心得，除此之外还有很多有趣的图片、美食等。"图林草根"博客分"本草纲目——规章细则、草长莺飞——图书漂流、草间物语——感悟随笔、雨露滋润——学习交流、根深叶茂——读者服务、草色斑斓——员工生活"等八大板块。2009 年，"图林草根"被网友评为业内十大草根博客之一。

案例 5.20 "闵图书芯"博客

"闵图书芯"博客(http://www.mhlib.sh.cn/blog/)是上海市闵行区图书馆创建的博客。目前，该博客处于比较活跃的状态，是图书馆界更新比较快、比较多的一个博客。"闵图书芯"目前有四大栏目：芯心相印(包括"藏书之爱：采购，编目，有爱也有恨""活动地图，艺术人文社会教育，讲座展览公益活动""微笑百科，服务读者，微笑是最美的风景"等四个分主题)、少儿博客、书角们(图书馆员们各自写的一些不属于上面几大类的博文)、书友语丝(读者参与写的博文)。

(三)微博

微博，即微博客(MicroBlog)，粉丝可以对微博主人发的微博消息进行评论、收藏和转发，微博主人也可以再对粉丝评论进行回复，形成互动。此外还有微群(微博群的简称)，能够聚合有相同爱好或者相同标签的人群，将所有与之相应的话题全部聚拢在微群里面，让志趣相投的群体以微博的形式更加方便地参与和交流。最早也是最著名的微博是美国的 Twitter，根据相关公开数据，截至 2010 年 1 月份，该产品在全球已经拥有 7 500 万注册用户。2009 年 8 月，中国最大的门户网站之一新浪网推出"新浪微博"内测版，成为门户网站中第一家提供微博服务的网站，微博正式进入中文上网主流人群视野。

目前国内外图书馆微博应用主要集中在提供个性化服务平台，分享新闻、事件，加强用户和图书馆员的交流与沟通上，此外，微博还可以应用到参考咨询、新书发布、书目推送、培训宣传、到期提醒、资源导航、图书评论等服务，使微博成为读者与图书馆及不同图书馆间相互沟通、学习、共享的有效平台。

案例 5.21　陕西神木图书馆开办官方微博

神木县图书馆新馆自 2010 年 12 月开放以来，坚持免费公益服务，为引导和创建书香社会，发挥了图书馆应有的积极作用。不但通过入馆读者分析对各个年龄层段读者的阅读现状进行了基础了解，并在此基础上，积极通过新兴网络平台介入和引导中青年这一社会主流群体进行阅读。图书馆 2011 年开通官方微博，按照不同读者需求设计信息发送栏目，包括"营养供给站——每日阅读""图书浏览车——阅读推荐""活动资讯站——活动快讯""互动游乐场——互动活动""传统文化站——民俗学习""同行微广场——业务交流"等，在不断摸索中实现对广大读者的阅读引导和片段时间的阅读应用，体现出图书馆创新阅读推广服务的亲和力。神木图书馆官方微博开通一年多时间，共发放阅读推荐、微故事、微语录等 460 余条微博，得到了全国 6 790 余名读者的关注。

资料来源：中国图书馆学会. 中国图书馆学会第四届百县馆长论坛获奖前十名案例［EB/OL］.［2012-07-16］. http://d. 1tpan. com/tp0170141519。

（四）即时通讯

即时通讯，又称为即时讯息，英文称为 IM（Instant Messaging），它是以软件为执行手段，依靠互联网平台或移动通讯平台，以多种信息格式（文字、图片、声音、视频等）沟通为目的，通过多平台、多终端的通讯技术来实现同平台、跨平台的低成本高效率的综合性通讯工具。[①] 即时通讯工具在图书馆的应用包括虚拟参考咨询、电子文献传递、导读服务、用户培训、图书馆工

---

① 俞传正. 图书馆实用信息技术［M］. 北京：海洋出版社，2010：182.

作交流等。

1. QQ

QQ 是深圳市腾讯计算机系统有限公司开发的一款基于 Internet（国际互联网）的即时通信软件。腾讯 QQ 支持在线聊天、视频电话、点对点断点续传文件、共享文件、网络硬盘、自定义面板、QQ 邮箱等多种功能，并可与移动通讯终端等多种通讯方式相连，是目前国内使用最广泛的聊天软件之一。

2. MSN

MSN 是微软公司推出的即时消息软件，使用 MSN 可以与他人进行文字聊天、语音对话、视频会议等即时交流，还可以通过此软件来查看联系人是否联机，某些技术特色是针对商业人士的。MSN 界面简洁，易于使用，使用一个已有的 E-mail 地址，即可注册获得免费的 MSN 登录账号。

3. 飞信

飞信是中国移动的综合通信服务，不但可以免费从 PC（个人计算机）给手机发短信，还可以通过 PC、手机、WAP 等多种终端登录，随时随地与好友开始语聊，同时，飞信还提供好友手机短信免费发、语音群聊、手机电脑文件互传等强大功能。

4. Google Talk

Google Talk 是 Google 的即时通讯工具，简称 Gtalk，它可以进行文字聊天以及电脑对电脑的语音连接通话。Gtalk 和它的电子邮件服务 Gmail 进行了结合，Gtalk 的聊天记录还可以自动保存到自己的 Gmail 信箱，随时随地地翻阅。

图书馆在选择使用即时通讯工具时，要对本馆用户群使用即时通讯工具的偏好做好调研分析，根据用户需要提供一种或几种即时通讯咨询方式。在使用通讯工具的过程中，要注意网络安全，防止信息泄露，一方面要妥善保存密码，并运用密码保护功能提高密码安全性，防止别人通过木马非法盗号；另一方面不要点击不明链接，并经常升级杀毒软件和防火墙，定期进行检查，降低病毒入侵的可能。

案例 5.22 湖南桃源县图书馆读者俱乐部 QQ 群

只要打开桃源县图书馆的主页，在读者已经登录 QQ 的条件下，点击在线读者咨询中心图标立即就能享受桃源县图书馆的咨询服务。桃源县图书馆还成立了自己的读者 QQ 群，用于向读者发布新书上架、开放时间变更、举办读者联谊活动、开办讲座等相关内容。读者可以利用这个平台咨询图书馆资源及其利用方法、文献查找过程中遇到的问题等，还可以向图书馆提出意见和建议。

读者 QQ 群的建立，充分满足了该县部分喜欢网络社交平台的读者，更好地吸引年轻读者加入阅读队伍，提高自身素质，充分发挥图书馆精神文明建设阵地的作用。

三、服务理念的创新——"一站式服务"

我国地方政府在公共服务领域开始尝试"一站式服务"，即以最少的环节、最短的时间满足公众服务需要。公共图书馆"一站式服务"是通过对公共图书馆资源的优化整合和相关部门的合理组织，为读者提供综合统一的服务平台，使读者的各种需求能够"一站式"得到满足，读者在图书馆内能够享受到方便、快捷、个性化、多元化的优质服务。[①] "一站式服务"的实质就是服务的集成、整合。省时省力的"一站式服务"将成为今后服务行业的发展趋势。

图书馆"一站式服务"的内容包括一站式电话服务和一站式网

---

① 王惠君. 导入"一站式"服务，提升图书馆服务水平[J]. 图书馆论坛，2004(4).

站服务。

（一）一站式电话服务

一站式电话服务是指图书馆向用户只提供一个电话号码，该号码提供图书馆系统多个服务的利用，包括续借、预约、馆藏书目查询、远程利用图书馆数据库的信息、一般信息指引或指向、引向其他的图书馆或学校的服务等，读者通过一次电话即可满足大部分的服务需求。

案例 5.23　广州图书馆电话呼叫系统

2009 年 6 月，广州图书馆开通了电话呼叫系统（83333885，83880033），服务包括自助办理书刊续借，读者证挂失，密码修改，借阅修改，查询馆舍地址、开放时间、分机号码、借书证办理办法，了解汽车图书馆服务，办理人工续借与人工咨询。

（二）一站式网站服务

一站式网站服务是指图书馆在 OPAC 中集中了馆藏书目信息数据库、期刊全文数据库、电子图书、互联网资源等多种媒体类型，只需查询一次即可得到各种载体的文献信息，从而节省了读者的时间和精力。

案例 5.24　南澳大利亚大学图书馆的"一站式服务"

南澳大利亚大学图书馆在一个网络界面上可以获取目录、信息资源、引文数据库（链接到馆藏）、学科导航、联机培训教程、电子教学指定参考源，还可以提交表单式的文献传递请求，与信息专业人员通过电子邮件联系，图书馆也可以利用公告牌宣传检索策略等。

四、服务时间的创新——24 小时图书馆

24 小时图书馆是指图书馆利用各类资源突破原有服务模式中对服务时间的限制，24 小时为读者提供服务。图书馆 24 小时开放展现了图书馆人的智慧，用最小的时间和空间成本，使服务绩效达到最大化。图书馆 24 小时开放的途径主要有以下几种。

(一)图书馆网页(数字图书馆)

数字图书馆是一种拥有多种媒体内容的数字化信息资源，它不但包含了传统图书馆的功能，向社会公众提供相应的服务，还提供综合的公共信息访问服务。数字图书馆的出现把图书馆从时间、空间的限制中解放了出来，在网络环境下，读者可以随时随地获取需要的知识，而不再受图书馆开馆时间的限制。

(二)自修室 24 小时开放

部分图书馆设有专门的自修室，24 小时开放，这种服务方式在大学图书馆应用比较普遍。例如，广东外语外贸大学图书馆拥有 300 个座位的自修区已实现了全天 24 小时开放，这是广州大学城高校里唯一一所设有开放 24 小时自修室的图书馆。

(三)电子阅览室 24 小时开放

随着个人电脑的日益普及，私人网吧逐渐减少，图书馆 24 小时开放的电子阅览室为未带网络设备的外地游客，或在深夜紧急需要网络服务的读者提供了便利。

(四)24 小时自助图书馆

被称为"永不关闭的图书馆"的东莞图书馆，推出了全国首个无人值守的自助图书馆。自助图书馆设于东莞图书馆南门外侧，服务时间不受主馆开放时间限制，凭总分馆有效读者证就可开启自助图书馆的大门。自助图书馆藏书万余册，配有阅览桌椅、报

纸、空调、自助借还书机等设施设备，在主馆闭馆期间提供自助借还和阅览服务，这种自助服务方式是东莞市图书馆公共服务体系的重要补充。

(五)馆外 24 小时自助借还服务

深圳图书馆首推"城市街区 24 小时自助图书馆系统（自助机）"，摆放在城市、地铁站、居民社区、商业楼宇等各个角落，具有 24 小时自助办理借书证、自助借书、自助还书、预约取书等服务功能，读者不必亲临图书馆，也不受图书馆开、闭馆时间的限制，在家门口就可以享受图书馆的服务，具有科技含量高、占地面积小、总体投入少、无需管理人员、设置灵活、使用便利等特点。

(六)24 小时还书箱

有些图书馆设置了 24 小时还书箱，读者可以在任何时段归还图书，读者将书投入还书箱后，图书馆工作人员将在 24 小时内办理还书手续。为更好地配合公共图书馆全面免费开放，日前，江西省图书馆首次设置 24 小时还书箱，方便广大读者在任何时段归还图书，该还书箱目前只适用于流通借阅图书，对于非书资料、磁带、光盘等及无法投入的大型图书，读者还需到江西省图书馆阅览室内办理相关事宜。①

(七)24 小时电话自助服务

东莞市莞城图书馆电话自助服务系统在 2011 年 10 月正式投入试运行，在闭馆的情况下，读者拨打 24 小时热线电话 0769-22115151 即可通过莞城图书馆电话自助服务系统的语音提示进行图书续借、借阅信息查询、挂失读者证、修改读者证密码，还可

---

① 江西图书馆首次启用 24 小时还书箱[EB/OL]. [2012-04-29]. http://jiangxi. jxnews. cn/system/2011/06/18/011691581. shtml.

以收听近期的活动预告、最新到馆的图书等信息。该电话自助服务系统只支持莞城图书馆及莞城各社区服务点读者证使用，目前暂不支持外馆图书续借，外馆读者及外馆图书续借可转入电话自助服务系统中的人工服务，人工服务的时间同开馆时间。电话自助服务为读者提供了新的服务途径，读者随时随地都可以享受图书馆的服务，真正成为了"百姓身边的图书馆"。

五、服务平台的创新——手机图书馆、电视图书馆

(一)手机图书馆

手机图书馆被称为"无线图书馆"或"移动图书馆"，是指图书馆运用移动互联网技术将数字图书馆系统与智能手机进行无线对接，进而为读者提供诸如信息查询、信息咨询等集成化信息服务的服务系统。它的实现需要具备三个基本组成部分，即手机终端、无线互联网和数字图书馆系统。[1] 手机图书馆是当代图书馆数字资源建设的重要组成部分，各地图书馆都在积极打造自己的手机图书馆。

1. 手机图书馆的常见的服务模式

手机图书馆的常见的服务模式为 SMS(短信服务)和 WAP(无线应用协议)两种。通过 SMS 提供手机图书馆服务是指图书馆和读者的交流以手机短信息的形式进行，只要读者在图书馆登记了号码，图书馆就可以进行信息推送，把新书通报、培训讲座安排、续借预约催还推送等相关信息发给读者；如果图书馆开通短信息服务平台，读者就可以发送特定格式的短信息，用手机查询馆藏、查询借阅情况、预约图书和续借图书。例如，中国移动手机用户

---

① 广州市图书馆学会，佛山市图书馆学会. 图书馆合作创新与发展[M]. 2011年卷. 广州：暨南大学出版社，2011：167.

挂失国家图书馆读者证的方法为：首先开通国家图书馆的"掌上国图"的短信服务功能，绑定手机号码，然后发送"GS"至106988106988即可。

手机图书馆的WAP服务就是读者利用有上网功能的手机接入图书馆的Web主页，实现图书馆短信服务功能之外的在线咨询、视频点播、在线阅读、电子资源下载等服务。例如，手机登录上海图书馆手机图书馆主页（http://m.library.sh.cn/），点击"动态新闻"，即可阅读上海图书馆发布的实时更新的新闻。

2. 手机图书馆的服务内容

（1）通知服务。手机图书馆的通知服务包括图书馆通知、预约到书通知、超期提醒、图书催还、用户卡过期提醒、用户荐购通知等服务。

（2）查询服务。读者可通过短信实现对书目的查询和预约。读者编辑具有个人信息的短信，发送到图书馆的信息机，信息机判断读者输入信息正确与否之后，发送给读者相应的查询结果。

（3）咨询服务。读者可通过短信发送咨询的请求，图书馆的短信管理系统自动将答案回复给用户，或由参考馆员用短信形式发送给读者。2005年，上海图书馆开通了手机图书馆服务，服务项目包括讲座预订、问答咨询、文献请求、活动互动等，当时在国内的公共图书馆中尚属首家（参见案例5.25）。

案例5.25　上海图书馆手机图书馆服务

上海图书馆是国内较早进行手机图书馆试验的单位之一，早期采用SMS服务，目前除了提供WAP访问入口（http://m.library.sh.cn）之外，还提供支持多种主流手机（包括HTC、Google、多普达、摩托罗拉、三星等）客户端的电子书阅览功能。

在上海图书馆的手机图书馆上可以实现检索书目信息、查看开馆时间、办理续借、预约等功能，此外，上海图书馆与豆瓣网合作，对于读者检索到的书籍，还可以查看有关网友的评论。上海图书馆还推出了"网上委托借书"服务，读者可以先在网上预约图书，随后图书馆把图书送到离读者较近的图书馆，再用短信通知取书，目前已开通长宁、徐汇、黄浦、陆家嘴和生命科学图书馆五家分馆服务点。

上海图书馆配有手机网上地图服务，用于引导读者前往最近的图书馆借阅书刊，最近开发了支持 iPhone 的专门应用，读者可在苹果商店（AppStore）中下载试用，实现书目检索、读者服务、微博分享、上图信息、你问我答和分馆导航等七大功能。

当前的手机图书馆功能是传统数字图书馆功能的延伸，利用手机图书馆可以随时随地进行信息传输与服务，提高图书馆的服务效率，节省读者的时间。图书馆也可以充分利用手机服务的特性，为读者提供个性化服务，使图书馆的服务由被动服务向主动服务转变。

（二）电视图书馆

电视图书馆是指图书馆把文本、图像、声音、视频、图形等信息进行数字化后，通过数字电视网络，为读者（电视用户）提供图书馆信息浏览、图书查询、图书浏览、图书预约与续借、看展览、听讲座、数字资源查询，并进行参考咨询与互动等服务。电视图书馆使读者足不出户通过看电视即能享受到图书馆的各项服务，是图书馆功能拓展和延伸的新模式。

1. 电视图书馆的实现平台

电视图书馆的实现平台是数字电视网络，数字电视网络主要有广电数字电视和电信 IPTV（网络协定电视）。电信部门具有体制和技术优势，广播电影电视部门具有内容优势。公共图书馆可按本地的情况，选择广播电影电视部门、电信部门进行合作，图书馆资源通过电视媒体能为更多的公众提供服务，电视媒体结合图书馆可以使电视节目更加丰富、精彩。

2. 电视图书馆服务内容

电视图书馆服务内容按文件类型，可分为视频类和图文类。视频类包括共享工程的视频节目、公益讲座的视频录像、图书馆各项活动和服务的介绍视频等。图文类栏目包括图书馆介绍、新闻、活动动态、书刊推介、数字展览等。节目内容按服务方式，可分为推介型、检索型和功能型。推介型包括各类图文视频信息的展示和推介，检索型包括数字图书馆内数字资源、电子书的检索和浏览，功能型包括图书馆服务功能的扩展，如实现预约、续借，浏览个人借阅历史等。

具体而言，利用数字电视网络可实现以下服务：（1）导航服务。以图文或视频的形式为读者介绍馆内的一些基本情况，介绍图书馆公告、新闻，以及开、闭馆信息等，从而指导用户利用图书馆资源。（2）预约、续借服务。读者可以查询图书馆的书目信息，以进行图书的预约和续借。（3）数字资源查询服务。读者可查阅图书馆的数字资源、电子图书等。（4）互动服务。读者可在电视机上与图书馆员进行实时互动，提出咨询问题，得到即时解答；用户之间也可以进行互动，互相推介新书及经典书目的信息。（5）支付服务。随着技术的发展，读者可通过电视图书馆交付图书逾期滞纳金，进行遗失图书赔款等。

3. 电视图书馆工作流程

（1）栏目确定。首先按图书馆资料类型和可提供的服务，确定电视图书馆的栏目和内容。

（2）搜集、制作和维护。一方面，按相关主题收集图书馆的各类信息资料进行分类整理；另一方面，按相关技术要求，主动拍摄、录制视频、音频，或将部分资源进行数字化或编码工作。

（3）内容分发。制作完成的内容，制订出适合的分发方案，进行分发和传输，以便用户使用。

（4）内容收视的统计分析。为了利于"电视图书馆"服务的不断深入，应加强对服务内容的收视统计分析，包括一定时段内和一定的地域内对收听某一节目的人数（或用户数）的综合和计量等。

案例 5.26　常州图书馆电视图书馆

2011 年 7 月 1 日，常州电视图书馆 701 频道开播。常州市区 40 多万数字电视用户可以在荧幕上免费享用市图书馆的文献信息服务。常州电视图书馆依托于广电网络平台，将市图书馆的数字图书、报刊、讲座、多媒体课堂等丰富的馆藏资源，推送给每一个家庭，实现图书馆服务在市区家庭的全覆盖。电视图书馆开设 5 个图文类栏目（文化动态、少儿天地、书刊推介、百年常图、借阅排行）和 3 个视频类栏目（常图市民课堂、常图报告厅、文化共享工程）。

资料来源：《省首家电视图书馆——常州电视图书馆 7 月开播》[EB/OL]．［2012-07-12］．http://www.changzhou.gov.cn/art/2011/6/27/art_23_165252.html。

【本章小结】

读者服务工作是公共图书馆的立馆之本。文献资源借阅、检索与咨询、阅读辅导与推广、公益性讲座和展览、基层辅导、流动服务、政府信息服务是公共图书馆的基本服务，其他创新服务都是以基本服务为中心扩展而来。进入信息社会以后，公共图书馆的各个方面都得到了长足发展，服务理念、服务模式和服务手段从过去的以图书馆为中心演变成以用户需求为主导的形式。技术的进步也为公共图书馆的服务提供了无限可能，新技术在图书馆的应用催生了更专业、便利的文献检索工具，统一的数字资源平台，个性化的服务定制，以及触手可及的 24 小时智能图书馆。服务推动着图书馆的高效运转，创新则决定着图书馆的未来。

【思考题】

1. 公共图书馆基本服务的主要内容有哪些？
2. 结合本馆实践思考如何为当地政府决策提供服务。
3. 如何对读者进行有效的阅读推广？
4. 思考如何搭建和完善本地区图书馆网络建设。
5. 公共图书馆如何为弱势群体服务？
6. 如何利用虚拟的知识社群开展咨询工作？

【推荐阅读】

1. 初景利，等. 复合图书馆理论与方法［M］. 上海：上海交通大学出版社，2009.
2. 赖茂生，徐克敏，等. 科技文献检索［M］. 北京：北京大学出版社，2004.
3. 马谦. 复合图书馆论纲［M］. 银川：宁夏人民出版社，2007.
4. 邱冠华，于良之，许晓霞. 覆盖全社会的公共图书馆服务体系：模式、技术支撑与方案［M］. 北京：北京图书馆出版社，2008.
5. 束曼. 公共图书馆服务研究［M］. 北京：国家图书馆出版社，2009.

6. 图书馆 2.0 工作室. 图书馆 2.0：升级你的服务[M]. 北京：北京图书馆出版社，2008.

7. 阳国华. 图书馆信息共享空间建设[M]. 北京：海洋出版社，2010.

8. 俞传正. 图书馆实用信息技术[M]. 北京：海洋出版社，2010.

9. 袁红军，吴起立. 图书馆数字参考咨询服务理论与实践[M]. 北京：海洋出版社，2011.

10. 张晓林. 图书馆创新服务战略研究[M]. 北京：北京图书馆出版社，2005.

11. 王惠君. 基层图书馆公益讲座[M]. 北京：国家图书馆出版社，2011.

12. 付跃安. 构筑阅读天堂：图书馆服务设计探索[M]. 广州：暨南大学出版社，2010.

第六章 公共图书馆资源建设标准与服务标准

【内容提要】

本章的主要目的是帮助学习者了解公共图书馆信息资源建设与信息服务方面的相关标准和规范，希望他们通过学习本章内容，能够了解公共图书馆信息资源建设与服务的相关标准，明确图书馆资源建设和服务标准与提升图书馆服务质量、保障公民阅读权利、满足读者信息需求之间的关系，自觉遵循和执行图书馆资源建设与服务方面的标准与规范。

本章涵盖的主要内容包括：制定与实施公共图书馆资源建设与服务标准的目标及必要性，梳理图书馆资源建设与服务标准的类型，从公共图书馆信息资源建设、信息资源组织和信息服务三个方面介绍国内现行相关标准和规范的主要内容与指标。

第一节 建立资源建设标准与服务标准的必要性及目标

一、建立标准的必要性

（一）标准的定义

我国国家标准 GB/T20000.1-2002《标准化工作指南第一部分：标准化和相关活动的通用词汇》中有关标准的定义是：标准是指为在一定的范围内获得最佳秩序，经协商一致制定并由公认机构批准，共同使用的和重复使用的一种规范性文件。标准宜以科学、技术的综合成果为基础，以促进最佳的共同效益为目的。

（二）建立标准的必要性

当前公共图书馆的信息资源不仅包括纸质文献资源，而且有多种载体形式的数字信息资源构成图书馆的虚拟馆藏，还有许多图书馆拥有自建的特色数据库，这些不同载体形式、不同类型的信息资源未能形成较为一致的建设标准，不利于图书馆界的互相交流与合作，成为影响图书馆的信息资源共享实现的短板。因此，建立图书馆资源建设与服务标准是十分必要的。分析建设和执行图书馆资源建设和服务标准的必要性，可以从两个层面来考虑。

1. 政府主管部门角度

公共图书馆是由政府兴办的、向所有社会公众开放的公益性组织，它本质上是政府向社会公众提供的文化、教育的公共空间。政府是其主要责任主体，承担了公共图书馆的建设、维护和管理责任，并通过公共图书馆保障社会中每一个公民获得了自由获取知识和信息的权利。从宏观层面看，国家或地方政府通过制定公共图书馆的资源建设与服务标准并监督实施，可以宏观管理与调控全国或当地公共图书馆事业的平衡发展，为公共图书馆信息资源实现共享提供决策依据，基本保证全国或地方公民的基本文化权利。

2. 图书馆自身角度

图书馆的馆藏文献资源、数字信息资源是图书馆提供服务的重要物质基础。面对信息高度发达的现代社会，任何图书馆都不可能全面收集各类信息资源，只有通过各个图书馆的分工协作、合作共建相对完备的信息资源收藏体系，才能实现信息共享，最大限度地满足整个社会的信息需求。所以，从单一图书馆自身层面看，良好的馆藏信息资源是图书馆提供优质服务的必要条件，执行相关公共图书馆资源建设与服务标准，可以有效地保障图书馆馆藏文献体系的合理性，保障基本信息服务和其他服务的质量，满足读者的基本信息需求。

二、建立标准的目标与背景

截至 2009 年年底，我国共有县级以上独立建制的公共图书馆 2 850 家，仍有 12 个地(市)级政府、368 个县(市)级政府尚未设置同级公共图书馆。就文献资源分布情况而言，主要集中于大城市的省(市)级图书馆，2009 年 37 个省级公共图书馆的馆藏文献量就占全国公共图书馆馆藏总量的 28.5%。在中西部地区，仍有相当数量的图书馆馆藏陈旧过时，几年甚至十几年没有买书或者很少买书的县级公共图书馆不在少数，公共图书馆发展不平衡。制定公共图书馆资源建设与服务标准的主要目标就是为了保证各地区公共图书馆事业的平衡发展，实现信息资源共享，为满足公众的信息需求提供基本保障条件。

制定信息资源建设与服务标准的背景主要有两个：(1)考虑到国家的地域辽阔和经济发展水平的不平衡性。(2)考虑到随着信息技术的广泛应用，公共图书馆所处的社会信息环境已经发生了巨大的变化。公共图书馆在社会大环境中运行和发展就必然会受到社会环境的影响和制约，进入信息技术时代以后，图书馆馆藏文献信息资源的质量和读者服务的深度就成为决定图书馆命运的力量。信息变化带给公共图书馆资源建设与服务的直接影响有以下几方面。①

(一)馆藏信息资源的结构发生变化

传统馆藏信息资源是以图书、报刊等纸质文献为主，同时收藏视听资料。随着现代社会网络数字信息资源的不断增多，在对

---

① 程焕文，潘燕桃. 信息资源共享[M]. 北京：高等教育出版社，2004：87-88.

现实馆藏的文献资源建设中，除了继续保持图书、报刊等纸质文献重点收藏，更加形成注重特色化的馆藏体系，对虚拟馆藏的收集也更为重视（如各种视听资料的收藏、数字信息资源的收藏），更加注重数字信息资源的目的性、实用性和协调性。

(二)图书馆信息资源的获取方式发生变化

随着电子商务的发展，网上售书活动日益频繁，电子邮件和论坛成为图书馆采访人员获得文献信息的重要手段和渠道，缩短了文献信息资源采购的时间，也提高了采访的效率。图书馆传统的获取信息资源的方式主要是购买、交换、捐赠等途径，可以拥有文献的永久所有权和使用权。然而，图书馆通过网络获取的信息，拥有的是信息资源的网络使用权。现代社会，馆藏实体信息资源和网络虚拟信息资源同样重要，所以公共图书馆将越来越重视搜集网络免费数字资源，利用文化共享工程所提供的网络资源，通过图书馆联盟建立虚拟馆藏信息资源。通过多种努力获取更多的信息资源使用权，使图书馆的信息资源得到进一步延伸。

(三)读者的信息需求也发生了变化

读者的信息需求是信息资源建设的依据。由于知识和信息成为社会发展的驱动力，社会对知识信息的关注程度将大幅提高，人们的信息需求量也必将增加[①]。读者信息需求的内容更加丰富多彩，读者对于信息资源的时效性、内容的准确性都有了更高的要求，信息资源利用的目的更加多元化、多领域和个性化。读者的信息需求由原来单一的文献信息向多种载体的文献信息资源转变，获取信息的渠道也不局限于图书馆，网络、数据库都成为重要的信息源。

---

① 肖希明. 信息资源建设[M]. 武汉：武汉大学出版社，2008：74-76.

(四)图书馆开展信息服务的手段和方法多样化

随着信息技术和数字化技术的发展，公共图书馆将成为高度发达的信息集散地，信息技术的应用使图书馆工作变得更加便利和高效。Web2.0、地理信息系统、云计算、3G 技术等一系列新技术的发展都将成为图书馆信息化建设中不可缺少的方式和手段。当图书馆被网络化、数字化技术武装起来后，许多图书馆开始采取更为开放和主动的方式来应对信息环境的变化，对传统图书情报服务进行了有力的扩展，如图书馆目录的网络检索、数字资源建设、数字参考咨询等。越来越多的图书馆开始努力在传统图书馆服务之外拓展新的信息服务内容和形式，信息服务逐渐向以用户为中心服务模式演变，如流动图书馆服务、上门服务、移动信息服务等。[1] 人们正在走向全面和泛在的数字信息环境，图书馆将只是用户信息环境中一个有限的部分和用户信息过程中的一个环节，我们需要改变观念，从以图书馆为本转变到以用户为本，把图书馆建在用户桌面。可以预见，随着社会信息技术的不断发展，公共图书馆的服务方式和手段也必将日趋多样化，因为服务始终是图书馆存在的根本。[2]

第二节　资源建设标准与服务标准的类型

涉及公共图书馆资源建设与服务的标准或规范性文件种类比较多，其内容不仅涉及公共图书馆信息资源建设与服务，而且也涉及了公共图书馆其他资源(图书馆经费、人员、设备、建筑及读者等)。本节内容主要介绍的是有关公共图书馆信息资源方面的建

---

① 茆意宏. 面向用户需求的图书馆移动信息服务[J]. 中国图书馆学报，2012(1).

② 张晓林. 数字信息环境下的图书情报服务：挑战、应变与再造[J]. 四川图书馆学报，2002(4).

设标准与服务标准。

一、立法过程中的《公共图书馆法》

公共图书馆法的立法进程

关于公共图书馆法的立法研究可追溯至 1990 年文化部主持的《公共图书馆条例》的起草工作。2001 年年初，文化部正式启动图书馆法的立法工作。2004 年 6 月，国务院法制办召开了"图书馆法专家座谈会"。2008 年 11 月 18 日，文化部在北京召开《公共图书馆法》立法工作会议，会议明确了根据全国人大常委会的立法规划，制定图书馆法从公共图书馆法做起，这标志着从 2001 年启动的图书馆立法工作开始步入公共图书馆法的具体立法进程。

2009 年，由中国图书馆学会和国家图书馆牵头，对《公共图书馆法》将涉及的基本问题和重要制度展开支撑研究。在中国图书馆学会召开的 2009 年新年峰会上形成了 11 个支撑研究课题组：(1)国内外立法资料收集与分析。(2)立法背景与必要性、可行性研究。(3)公共图书馆的性质与功能研究。(4)公共图书馆的设置与体系建设研究。(5)公共图书馆管理体制研究。(6)公共图书馆绩效评估研究。(7)公共图书馆人、财、物保障及呈缴本制度研究。(8)著作权保护法在图书馆的适用性研究。(9)公共图书馆文献资源建设法律保障研究。(10)读者权益与图书馆服务研究。(11)公共图书馆与数字图书馆——数字环境下公共图书馆事业的发展研究等。在这一系列研究支撑的基础上先后形成了 2009 年 11 月《公共图书馆法》的"讨论稿"和 2010 年 3 月的"征求意见稿"。

2011 年 3 月，十一届全国人大四次会议中与会代表提出议案，建议制定图书馆法。十一届全国人大常委会立法规划中，将图书馆法列为"研究起草、条件成熟时安排审议"的项目。国务院自 2007 年起连续四年将公共图书馆法作为"需要抓紧研究、待条件成熟时提出的立法项目"列入年度立法工作计划。2012 年 4 月，文化部《公共图书馆法》调研团访问法国，了解法国在公共图书馆方面的立法、执法情况及相关经验，以对正在修订中的中国《公共图书馆法》有所促进和借鉴。据悉，目前《公共图书馆法》的草案已递交国务院法制办，未来将争取列入全国人大的立法日程表中。据全国政协委员、国家图书馆副馆长陈力透露，《公共图书馆法》有望在 2012 年年底正式公布。

《中华人民共和国公共图书馆法（征求意见稿）》共八章四十八条，结构合理，表述清晰，主要内容包括：总则、国家图书馆的设立与职能、公共图书馆的设立与职能、文献信息资源建设、图书馆服务、工作人员、法律责任、附则。在第四章"文献信息资源建设"中规定了文献信息资源建设的总体要求、资源采购、呈缴本制度、文献捐赠、文献加工、数字化建设、共建共享、文献保管、文献剔除共九方面的内容。在第五章"公共图书馆的基本服务"中规定了读者权益、基本服务、服务能力建设、文献资源的开发与利用、开放要求、环境要求、特殊人群服务、读者监督、读者信息保护、政府公开信息服务共十个重点问题。

我们相信《公共图书馆法》是公共图书馆健康发展的根本性政策保障，而正处在立法过程的《公共图书馆法》肯定会充分考虑到各种社会环境因素对公共图书馆发展的影响，针对公共图书馆信息资源的建设与服务，制定出更具科学性和可操作性的法律规定。

二、国家相关标准化机构颁布的专业标准

《公共图书馆建设用地指标》和《公共图书馆建设标准》的施行标志着我国公共图书馆设施建设开始步入规范化、法制化的轨道，作为政府规范性文件，它们将为我国公共图书馆的建设提供决策

标准、行为依据和监督检查尺度。①

(一)《公共图书馆建设标准》(建标 108【2008】150 号)

《公共图书馆建设标准》由文化部主持编写,住房和城乡建设部、中发展和改革委员会批准发布,自 2008 年 11 月 1 日起实施。内容包括:第一章,总则;第二章,规模分级、项目构成与选址;第三章,总建筑面积与分项面积;第四章,总体布局与建设要求;第五章,建筑设备。同时,包括了两个附录:《附录一:公共图书馆用房项目设置表》《附录二:公共图书馆建设标准用词用语说明》。

《公共图书馆建设标准》确立了以服务人口为主要依据确定公共图书馆的建设规模,根据公共图书馆普遍服务的原则以及我国城乡人口变迁的现实,不是采用以往惯用的"户籍人口",而是采用"常住人口"(户籍人口＋居住半年以上的流动人口)作为服务人口的计算方法。根据公共图书馆建筑的使用周期,规定服务人口是指规划人口,而不是现实人口。还明确提出了未来 5～10 年公共图书馆的一些具体基础指标,如根据国家的文化发展规划,考虑到不同地区公共图书馆藏书总量的现状及未来发展,确定人均拥有公共图书馆藏书指标为 0.6～1.5 册。笔者对其中公共图书馆服务人口与对应藏书标准的数据进行汇总,如表 6.1 所示。

表 6.1　公共图书馆服务人口与对应的藏书指标

类型 指标	大型馆		中型馆		小型馆	
服务人口 (万)	400～1 000	150～400	100～150	50～100	20～50	10～20	3～10

---

① 李国新. 公共图书馆"用地"与"建设"标准的性质、作用和特点[J]. 中国图书馆学报，2009(1).

续表

类型 指标	大型馆		中型馆			小型馆	
人均藏书量 （册、件/人）	0.6～0.8	0.8～0.9	0.9	0.9	0.9～1.2	1.2	1.2～1.5
总藏量（万 册、万件）	320～600	135～320	90～135	45～90	24～45	12～24	4.5～12

注：数据来源于《公共图书馆建设标准》中公共图书馆总建筑面积以及相应的总藏书量、总阅览座位数量控制指标。

　　《公共图书馆建设标准》主要解决的问题有三个：(1)确立了决定公共图书馆建设规模的原则，即以服务人口为基本依据，兼顾服务功能、文献资源的数量和品种，以及当地经济发展水平。(2)形成了比较系统的反映我国公共图书馆事业发展现实水平和略具前瞻性的指标体系，分别是公共图书馆建设规模分级指标，公共图书馆的设置、布局和用地指标，公共图书馆建筑面积和藏书量、阅览座位数量指标。(3)明确了公共图书馆的功能用房类比和面积比例，提出了公共图书馆用房项目设置的指导性意见。①

(二)《公共图书馆建设用地指标》(建标108【2008】74号)

　　《公共图书馆建设用地指标》由文化部主持编写，住房和城乡建设部、国土资源部、文化部批准发布，2008年6月1日起施行。主要内容包括：第一章，总则；第二章，节约和合理用地的基本规定；第三章，基本术语；第四章，建设用地指标。其中第四章包括了设置与选址原则、建筑用地控制指标和其他控制指标三个小节。

　　《公共图书馆建设用地指标》主要解决的问题也有三个：(1)提

---

　　①　冯守仁. 公共图书馆"用地"与"建设"主要指标解析[J]. 中国图书馆学报，2009(1).

出以服务人口为基本依据，着眼于形成服务网络的公共图书馆设置原则。(2)引入"服务半径"的概念，确立了公共图书馆的布局原则，详见表6.2。(3)细化了公共图书馆的选址原则，在交通便利的基础上强调了"公交发达"，在环境较好的基础上强调了"相对安静"。

表6.2 公共图书馆的设置原则和服务半径指标

服务人口(万人)	设置原则	服务半径(千米)
≥150	大型馆：设置1～2处，但不得超过2处；服务人口达到400万时，宜分2处设置	≤9.0
	中型馆：每50万人口设置1处	≤6.5
	小型馆：每20万人口设置1处	≤2.5
20～50	中型馆：设置1处	≤6.5
	小型馆：每20万人口设置1处	≤2.5
5～20	小型馆：设置1处	≤2.5

虽然《公共图书馆建设标准》和《公共图书馆建设用地指标》没有纳入国家标准化范畴，不是强制执行的技术或质量标准，而是属于政府规范性文件，效力级别为政府部门规章。但是，它们毕竟是我国首次制定的关于公共图书馆设施建设的全国统一规范，为各级政府规划当地的公共图书馆建设布局、审批有关工程项目、确定用地和投资规模等提供基本依据，也必将提高各级政府对公共图书馆建设的重视程度，进而推进公共图书馆服务体系的建设、完善和发展。

(三)《公共图书馆服务规范》

《公共图书馆服务规范》(国家标准编号为 GB/T28220-2011)是由国家质量监督检验检疫总局、国家标准化管理委员会批准发布的我国第一个规范公共文化的国家级服务标准，也是我国图书馆规范体系中的首个服务类标准。这一标准的制定是从 2008 年

1月正式启动的，2010年5月经过全国图书馆标准化技术委员会投票通过，报送文化部、国家质量监督检验检疫总局、国家标准化管理委员会批准，于2012年5月1日起正式实施。主要体现了六大服务理念，即免费理念、均等理念、人本理念、便捷理念、率先理念和创新理念。内容主要包括前言以及范围、规范性引用文件、术语和定义、总则、服务资源、服务效能、服务宣传、服务监督与反馈八个部分，对公共图书馆服务的各个方面进行了全面而具体的规定。适用于县(市)级以上公共图书馆，街道、乡镇级公共图书馆以及社区、乡村和社会力量办的各类公共图书馆基层服务点可参照执行。

《公共图书馆服务规范》的编制主要有三个特点：(1)参照了国家社会科学基金重点项目《国际大都市图书馆指标体系研究》的研究成果，创设了"一则四服务"的框架，即总则、服务资源、服务效能、服务宣传、服务监督与反馈。(2)以省地县作为主线，并参以服务规模和服务人口的要素，体现了中国公共图书馆的特色。(3)注重了三大约束维度，即对各级政府提出了履职和统筹规划的要求，对图书馆管理者和服务人员提出了管理和考核要求，对读者和社会提出了监督和共建要求。

《公共图书馆服务规范》的出台有重大意义，主要体现在四个"新"上[①]，具体内容如下。

(1)中国图书馆法制化进程的新成果。此前关于公共图书馆已有数个部颁标准公布，如《公共图书馆建设用地标准》《公共图书馆建设标准》《公共图书馆评估标准》，而《公共图书馆法》也在紧锣密鼓地制定之中。《公共图书馆服务规范》与先前颁布的数部标准相

---

① 王学思. 为公共图书馆提升服务品质树立新标杆——专家解读《公共图书馆服务规范》[N/OL]. 中国文化报, 2012-03-07(7)[2012-04-23]. http://epaper.ccdy.cn/html/2012-03/07/content_67508.htm.

辅相成、呼应衔接，共同将我国公共图书馆的服务体系朝着更加科学、规范的方向推进，在图书馆法制进程中将起到前后相续的重要作用。

（2）中国公共图书馆事业全面协调可持续发展的新保障。《公共图书馆服务规范》在人力资源保障、文献采访经费保障、硬件设施保障等条文中提出了既符合现实又适度超前的规范数据；对近年来中国公共图书馆界的一些好经验和好做法通过国家标准条文的形式进行了固化；对中国东中西部的地区差别和城乡差别予以了统筹关注；明确了公共图书馆的基本服务应当免费以及公益性、基本性、均等性和便利性的服务定位。这些对全国公共图书馆服务体系建设将起到重要的推动作用。

（3）引领中国公共图书馆服务总体品质提升的新标杆。在服务资源方面，《公共图书馆服务规范》对各级公共图书馆计算机数量的配置、网络与带宽指标、图书馆员数与读者数的配备比率等均做了较详尽的规定；在服务效能方面，对服务时间、总分馆服务和个性化服务等分别提出了要求；在服务效率方面，对文献到馆的加工处理时间、闭架文献获取时间、馆藏外借量等做了具体规定；在服务宣传方面，对公共图书馆的方位区域标识、无障碍标识、馆藏提示等分别提出了具体要求；在服务监督与反馈方面，提出公开监督电话、开设网上投诉等监督途径和方法，并将读者满意度调查作为一项年度常规性工作。以上这些，对于公共图书馆的服务水平树起了一个新标杆，将成为全国公共图书馆界全面提升服务品质的良好契机。

（4）中国图书馆融入世界图书馆大家庭的新规范。《公共图书馆服务规范》的编制，以国际图联和联合国教科文组织制定的《公共图书馆服务发展指南》为重要参照，借鉴了英国、美国、澳大利亚等国已制定的图书馆服务标准和相关法规中的适合中国国情的理念与做法，使《公共图书馆服务规范》成为一部具有世界视野、中国特色、公共图书馆特点的图书馆服务新规范，体现出中国图书馆人的文化自信与文化自觉。

三、地方性公共图书馆法规和图书馆服务标准/规范

(一)地方性公共图书馆工作法规

我国的地方性公共图书馆法律规章制度建设始于 20 世纪 80 年代中期。国内部分省、自治区、直辖市和个别城市颁布和实施的地方性公共图书馆工作法规(见表 6.3)，是我国制定全国性公共图书馆法的重要参考。[①]

表 6.3　地方性公共图书馆工作条例、法规目录

名　称	颁布机构	时　间
《贵州省县级图书馆工作条例》	贵州省人民政府	1985 年 6 月 7 日发布
《天津市区、县图书馆工作条例》	天津市文化局	1986 年 5 月 24 日发布
《天津市市、区、县少年儿童图书馆工作条例》	天津市文化局	1986 年 5 月 24 日发布
《上海市公共图书馆管理办法》(2002 年修订)	上海市人民政府	1996 年 11 月 28 日发布 1997 年 1 月 1 日实施
《内蒙古自治区公共图书馆管理条例》	内蒙古自治区人民代表大会常务委员会	2000 年 8 月 6 日实施
《湖北省公共图书馆条例》	湖北省人民代表大会常务委员会	2001 年 10 月 1 日实施
《北京市图书馆条例》	北京市人大常委会	2002 年 7 月 18 日
《河南省公共图书馆管理办法》	河南省人民政府	2002 年 7 月 23 日
《浙江省公共图书馆管理办法》	浙江省人民政府	2003 年 10 月 1 日实施

---

①　杨玉麟.《公共图书馆法》立法基础与必要性研究[J]. 中国图书馆学报，2010(3).

名　　称	颁布机构	时　　间
《深圳经济特区公共图书馆条例（试行）》	深圳市人民代表大会常务委员会	1997 年 10 月 1 日实施
《乌鲁木齐市公共图书馆管理办法》	乌鲁木齐市政府	2008 年 3 月 21 日发布 2008 年 5 月 1 日实施
《山东省公共图书馆管理办法》	山东省人民政府	2009 年 4 月 24 日
《广州市图书馆条例（征求意见稿）》		2007 年 10 月发布征求意见
《江苏省公共图书馆管理办法（征求意见稿）》		2009 年 1 月发布征求意见

（二）地方性公共图书馆服务标准

一些地方政府制定和颁布的地方性公共图书馆服务标准，如《江西省公共图书馆服务标准（试行）》（2009）、《北京市公共图书馆文明服务规范》（2009）、《上海市公共图书馆行业服务标准》（2009）、《新疆维吾尔自治区公共图书馆服务标准》（2010）、《安徽省公共图书馆服务标准（试行）》（2011）等。

（三）我国地方性图书馆法规比较

从总体看，尽管地方性公共图书馆法律规章的内容不尽相同，但大多涉及了公共图书馆事业发展的主要问题和基本制度。地方性法律规章建设已经为公共图书馆法的制定提供了丰富的经验。在实施效果方面，有的地方对事业发展的促进作用非常明显，也有的地方法律规章基本上处于形同虚设的境地。[1]

学者陈福英[2]从体例结构、文献信息资源建设、工作人员等

---

[1]　张蕾. 从地方性法规看我国图书馆立法内容的发展趋势——以《北京市图书馆条例》为例[J]. 四川图书馆学报，2006(6).

[2]　陈福英. 中国地方性图书馆法规比较[J]. 图书馆学研究，2006(9).

方面对《上海市公共图书馆管理办法》《深圳经济特区公共图书馆条例(试行)》《内蒙古自治区公共图书馆管理条例》《湖北省公共图书馆条例》《河南省公共图书馆管理办法》《北京市图书馆条例》《浙江省公共图书馆管理办法》《广西壮族自治区公共图书馆管理办法》进行了比较研究，分别就法律条文、关于图书馆面向特殊人群的服务、图书馆网络建设与资源共享、读者信息的管理和保护、知识产权保护、加强国际间协作等方面对八部地方性图书馆法规提出了完善建议。高波[①]对我国八部地方图书馆法规(北京、上海、深圳、河南、广西、内蒙古、浙江和湖北)从内容和形式上进行比较研究，肯定了八部法规的三个亮点：读者为本、法制进步和资源共享，并提出了在图书馆经费、数字化资源、知识产权和职业资格认证四个方面仍存在不足。

1. 文献信息资源建设方面

《上海市公共图书馆管理办法》《湖北省公共图书馆管理条例》《北京市图书馆条例》和《河南省公共图书馆条例》通过对入藏文献总量和年入藏量来保证文献信息收藏量的逐年增长。而《江西省公共图书馆服务标准(试行)》则独具特色地从人均藏书量上作了规定，如大型公共图书馆，服务人口为 150 万～400 万，人均藏书为 0.8～0.9 册(件)/人；服务人口 400 万人口以上，0.6～0.8 册(件)/人。另外，所有地方性图书馆法规中都提出了形成自己的馆藏特色文献，但是相当多的地方图书馆法对于其馆藏特色的描述是模糊的，只有深圳和广西的图书馆法明确了其馆藏特色。

2. 公共图书馆服务方面

地方图书馆法规中对公共图书馆服务的规定主要包括服务对象、服务时间、服务方式、服务内容。在服务对象上，范围相当

---

① 　高波，孙琼. 我国地方图书馆法规比较研究[J]. 图书馆学刊，2006(4).

广泛。例如《深圳经济特区公共图书馆条例(试行)》规定凡是能够遵守公共图书馆有关管理规定的人均可成为公共图书馆的读者。另外,立法特别照顾到了特殊群体,如《北京市图书馆条例》规定图书馆应当为读者利用文献信息资源创造便利条件,为老年人、残疾人提供方便;《河南省公共图书馆管理办法》第十七条规定公共图书馆优先照顾未成年人、老年人和残疾人;《湖北省公共图书馆条例》第六条规定公共图书馆应当向老、弱、病、残的读者提供方便。立法对老、弱、病、残等特殊读者群体的关注充分体现了图书馆以人为本的服务理念。

在服务时间上,除少数文件约定按照国家规定保证开馆时间,大部分文件是通过详细列举每周或每天的开放时间来具体规范图书馆的开馆时间。

在服务内容上,设定了图书馆封存文献信息资料的标准,排除了图书馆任意封存文献信息资料的可能,保护了图书馆用户自由、全面地获取信息的权利。例如《北京市图书馆条例》规定:除国家规定禁止公开传播的文献信息资料外,图书馆不得另立标准,任意封存馆藏文献信息资料,对于善本、珍本和不宜外借的馆藏文献信息资料,可以本着保护的原则限制使用。

在服务方式上,公共图书馆最基本的服务方式是文献借阅,按不同的标准,文献借阅可分为馆内借阅、外借阅读(包括邮寄、电话预约等)、流动借阅、开架借阅、半开架借阅等多种服务方式。图书馆在提供借阅服务外,还可应读者要求提供深层的信息查询、专题/定题服务等多种服务方式,扩大图书馆的业务范围。例如,《浙江省公共图书馆管理办法》规定公共图书馆要拓展服务领域和服务功能,采取多种方式提高文献信息资源利用率,为当地经济社会发展和科学研究提供服务;《江西省公共图书馆服务标准(试行)》提出了应设立预约借书、电话(或网上)

续借、汽车图书馆、流动图书站点及为有特殊困难的读者送书上门等便民措施。

四、国家文化主管部门公共图书馆评估或文化工程实施标准

(一)全国公共图书馆评估标准

从新中国成立至今，我国全国性公共图书馆评估活动共进行了四次，分别是 1994 年、1998 年、2003 年和 2009 年。前两次直接由文化部组织进行，后两次则由文化部委托中国图书馆学会组织进行。《全国公共图书馆评估标准》是 2003 年颁布实施的，共分为省图书馆评估标准、地图书馆评估标准、县图书馆评估标准，这是我国目前对各级公共图书馆进行评估时的主要参考依据。评估标准的主要内容包括办馆条件、基础业务建设、读者服务工作、业务研究、辅导、协作协调、文化共享工程建设、管理、表彰和奖励等方面的具体指标。

表 6.4　历年来公共图书馆评估标准比较

时　间	办馆条件	基础业务建设	读者服务工作	业务研究、辅导、协作协调	管　理	表彰、奖励	新增项
1994 年	设施、现代化技术装备、经费、人员、总藏量	基础业务	服务工作	理论研究、业务辅导、协作协调	管理	提高指标	

时　间	办馆条件	基础业务建设	读者服务工作	业务研究、辅导、协作协调	管　理	表彰、奖励	新增项
1998 年	计算机设备、缩微设备、视听设备、复印设备，开展馆内业务培训和计算机知识与技能培训	数据库建设，自动化、网络化建设	利用计算机及网络开展服务，书刊宣传，图书馆服务宣传周，知识工程等	业务研究、辅导、协作协调	人事管理	表彰、奖励	
2004 年	电子阅览室计算机数量、OP-AC 专用计算机数量、计算机信息节点、宽带接入	藏书质量，网上资源收集、加工和利用，馆藏书目数字化，图书馆网站，数据库数据总量	读者满意率、信息服务、社会教育与用户培训等	图书馆学会工作	财务管理、消防保卫	表彰、奖励	

续表

时　间	办馆条件	基础业务建设	读者服务工作	业务研究、辅导、协作协调	管　理	表彰、奖励	新增项
2009 年	OPAC 专用计算机数量、计算机信息节点、宽带接入、存储容量	文献入藏，藏书质量，文献标引与著录，联合编目工作，藏书组织管理，古籍保护，自动化、数字化	免费开放程度，读者满意率，普通服务，信息服务，数字资源服务，读者活动，社会教育与用户培训	业务研究辅导，协作协调，图书馆学会工作	人事管理，财务管理，设备物资管理，档案管理，统计工作，环境管理，消防保卫	表彰、奖励	文化共享工程建设省级分中心设备配置，经费投入，资源建设，资源传输渠道，技术培训，指导支中心与基层点建设，服务活动，共建共享，制度建设与管理

从表 6.4 可以看出，公共图书馆的定级评估标准是随着图书馆事业的发展而不断变化的。从评估内容设置变化的信息导向可以看出：(1)要求各级政府主管部门继续加大投入，改善办馆条件，尤其是要加强现代化技术装备的投入，以适应网络环境下图书馆工作的需要。(2)要求各馆不断提高管理水平，提高办馆效益，提高为读者服务工作的水平。(3)图书馆的业务工作重心从基础业务转向以读者服务为主。(4)网络环境下，要大力加强图书馆之间的协作协调。第四次评估标准所体现的图书馆工作水平、重

点领域及要求都发生了很大的变化，尤其对办馆条件与读者服务两方面提出了更高的要求。在第四次评估标准中还增加了一项文化共享工程建设。图书馆功能在拓展，业务在增加，服务在深化，评估指标也就一次比一次内容更多，分解更细，力求全面、深入地体现图书馆的发展现实。

评估标准的每一指标都设有不同档次的分值，用于具体衡量各馆的业务情况。在四次评估标准中，大多数指标的分值都处在不断变化之中。总分值均为1 000，所不同的是各项指标的具体分值，如表6.5所示。

表6.5 历年来公共图书馆评估标准指标分值比较

时　间	办馆条件	基础业务建设	读者服务工作	业务研究、辅导、协作协调	管　理	表彰、奖励	文化共享工程建设	总分值
1994 年	205	255	225	135	100	50	——	1 000
1998 年	230	290	265	110	90	15	——	1 000
2004 年	210	260	280	135	95	20	——	1 000
2009 年	180	250	270	120	80	20	80	1 000

由表6.5可知，四次评估的各指标分值有升有降，唯有读者服务工作的分值呈稳步上升趋势。其分值由1994年的225分到1998年的265分再到2004年的280分，分值不断变大，且总分值在整个大项中的排位从1994年和1998年的第二位上升到了2004年的第一位。特别是2004年还增加了占20分的"读者满意率"一项，这些都意味着读者服务工作已成为评估的重中之重。因2009年第四次评估增加"文化共享工程建设"一项，所以各项分值有所缩减，但读者服务工作的比分仍占第一位。

(二)国家公共文化服务体系示范区(项目)创建标准

文化部、财政部2010年12月31日下发《文化部财政部关于

开展国家公共文化服务体系示范区(项目)创建工作的通知》，制定
《国家公共文化服务体系示范区(项目)创建标准》，内容涵盖公共
文化设施网络建设、公共文化服务供给、公共文化服务组织支撑、
资金人才和技术保障措施落实、公共文化服务评估五个方面提出
具体指标要求。

　　在文献资源建设方面，东部地区市、县两级图书馆达到部颁
二级以上标准；公共图书馆人均占有藏书 1 册以上；市、县两级
图书馆平均每册藏书年流通率 1 次以上；人均年增新书在 0.04 册
次以上；人均到馆次数 0.5 次以上。在数字资源建设方面，基本
形成资源丰富、技术先进、服务便捷、覆盖城乡的数字文化服务
体系，县县有支中心、乡乡有基层服务点，实现"村村通"；100%
的基层群众可以通过多种方式使用文化信息资源及享受数字图书
馆、数字文化馆、数字博物馆、数字美术馆等的资源服务。依托
全国文化信息资源共享工程和国家数字图书馆工程，市一级建设
3 个以上地方特色数字资源库，建立网上图书馆、网上博物馆、
群众活动远程指导网络。

　　中部地区在文献资源建设方面，市、县两级图书馆达到部颁
三级以上标准；公共图书馆人均占有藏书 0.6 册以上；市、县两
级图书馆平均每册藏书年流通率 0.7 次以上；人均年增新书在
0.03 册次以上；人均到馆次数 0.3 次以上。在数字资源建设方
面，基本形成资源丰富、技术先进、服务便捷、覆盖城乡的数字
文化服务体系，县县有支中心、乡乡有基层服务点，实现"村村
通"；100%的基层群众可以通过基层服务点，70%的行政村和城
市社区居民可享受数字图书馆、数字文化馆、数字博物馆、数字
美术馆的资源服务。

　　西部地区在文献资源建设方面，市、县两级图书馆 80%达到
部颁三级以上标准；公共图书馆人均占有藏书 0.4 册以上；市、

县两级图书馆平均每册藏书年流通率 0.5 次以上；人均年增新书在 0.02 册次以上；人均到馆次数 0.2 次以上。在数字资源建设方面，基本形成资源丰富、技术先进、服务便捷、覆盖城乡的数字文化服务体系，县县有支中心、乡乡有基层服务点，实现"村村通"；100％的基层群众可以通过基层服务点使用文化信息资源及享受数字图书馆、数字博物馆、数字美术馆的资源服务。

第三节　公共图书馆的信息资源建设标准

一、公共图书馆信息资源建设标准基本指标

信息资源是公共图书馆开展信息服务的基础，公共图书馆作为人们寻求知识的重要渠道之一，必须达到一定的馆藏标准和提供高质量图书馆服务，这样才能完成其公共服务的使命。公共图书馆信息资源建设不应受任何意识形态、政治或宗教制度的影响，也不应屈服于商业压力。公共图书馆制定和执行信息资源建设标准时，应定期对馆藏资源进行评估、替旧和更新，然后根据纸本图书、纸本期刊、音像资料及其非纸本藏量分别计算。

公共图书馆的信息资源建设标准有必要规定公共图书馆的最低人均藏书标准和每年新增藏书的最低标准，人均藏书量也是基本指标之一，常被用来衡量一个图书馆甚至一个地区或国家文献资源丰富程度的标准。作为可以量化考核的指标，公共图书馆馆藏信息资源建设标准主要有以下几个指标。

(1)公共图书馆总藏书量：纸质文献等物理收藏量，以册为单位。

(2)公共图书馆数字资源总量：以资源字节量为单位。

(3)人均占有藏书总量：以常住人口计算。

（4）人均年增加新书量：以常住人口计算。

（5）年入藏文献资料总量：纸质文献等物理收藏量以册为单位，数字资源以字节量为单位。

二、公共图书馆信息资源建设标准确立原则

（一）符合实际，引导公共图书馆发展方向

公共图书馆信息资源建设标准要符合公共图书馆信息资源建设的实际状况，例如要能科学地反映出新增加的网络数据资源，引导公共图书馆信息资源建设适应信息环境的变化。

（二）分类管理，分不同级别、不同地区制定标准

公共图书馆信息资源建设标准的原则要与当地读者需求和地区经济、文化与社会事业发展相适应，应当形成不同地区、不同级别的公共图书馆的不同特色。《公共图书馆建设标准》中就分别为大型图书馆、中型图书馆和小型图书馆制定不同的公共图书馆信息资源建设标准。文化部组织的公共图书馆评估定级标准区分省级图书馆、地市级图书馆、县级图书馆、少儿图书馆制定不同的图书馆资源建设评估标准。国家公共文化服务示范区（项目）创建标准则是针对西部、中部、东部不同的经济发展水平，提出不同地区公共图书馆信息资源建设指标。

三、公共图书馆信息资源建设的基本标准

（一）图书馆信息资源收藏总量

国际图联对于公共图书馆目标设定的最重要阐述就是"保存人类文化遗产"。信息资源是图书馆业务活动开展的生命线，是一切读者服务活动的基础。信息资源的数量尤其是馆藏纸质藏书的数量已成为决定图书馆空间大小的重要因素之一，没有信息资源，

图书馆就没有存在的价值与基础。馆藏数量是图书馆开展服务工作的物质基础，是衡量图书馆事业发展状况的主要标志之一，是制定图书馆发展战略的重要依据之一。因此，公共图书馆信息资源建设的基本标准不仅要规划目前馆藏，而且还要为 20 年增长的馆藏预留出空间，根据服务人口设计出不同规模地区公共图书馆应该拥有的图书、期刊、视听资料、人均馆藏总量等情况。

目前，公共图书馆信息资源收藏总量的确定方法从世界范围看，基本上各国都采用人均拥有公共图书馆藏书数量指标来衡量。在 IFLA 的相关文件中，普遍使用人均 1.5～2 册图书的指标，新建的图书馆人均 1 册图书，3 年后，力争人均 2 册。人均馆藏的数量随人口增长而呈递增趋势，图书馆的人均馆藏和全部馆藏规模都要根据服务人口不低于"基本"级图书馆的规定而变化。但是，不论服务人口或城市人口多少，图书按单本计算，报纸按月合订本计算，期刊按合订本计算，音像制品（录音带、录像带、光盘）、微缩胶片、电子出版物按单件计算。馆藏总量并不是一个静态的数据，它会随着服务人口的变化而呈现动态变化的规律，当服务人口增加时，馆藏资源总量会增长，反之亦然。

（二）人均占有图书馆资源量

公共图书馆的信息资源总量与服务人口之间的关系尤为密切。随着人数的增长，馆藏总量呈上升趋势，而人均馆藏呈下降趋势。各馆可根据服务人口的数量设置人均馆藏量，但要充分考虑我国地区间、城乡之间的差异，对许多数据设定下限底线，以确保相对落后的地区能够实现公共图书馆服务的基本条件与环境，同时相对发达的地区也能够不受下限底线的限制，而有一个新的发展空间。

《公共图书馆建设标准》中对不同规模图书馆的馆藏总量和人均藏书量制定了控制指标，明确提出了未来 5～10 年我国公共图书馆人均拥有公共图书馆藏书 0.6～1.5 册。而《公共图书馆服务规范》中对公共图书馆信息资源建设标准也有详细规定，如"馆藏印刷型文献以图书、报刊合订本的册数计。省级馆、地级馆、县级馆的入藏总量分别应达到 135 万册、24 万册、4.5 万册以上，省、地、县级馆年人均新增藏量分别应达 0.017、0.01、0.006 册以上。馆藏电子文献包括电子图书、电子报刊、视听资料等，以品种数计。省级馆、地级馆、县级馆的年入藏量分别应达到 9 000 种、500 种、100 种以上""省级馆年人均文献购置费应达到 0.52 元以上；地级馆年人均文献购置费应达到 0.3 元以上；县级馆年人均文献购置费应达到 0.18 元以上。文献购置经费应与财政收入的增长同步增加"。上述数据的要求都是不分地区与城乡的，"不少于""以上"就是下限，也即底线。这些具体量化的指标为我国公共图书馆信息资源建设规范化、标准化发展提供了有力保障。

（三）年度流通数量

年度馆藏流通数量是馆藏建设中的一个重要因素，分为年度每册馆藏流通率及年度人均馆藏流通率。年度每册馆藏流通率等于年度流通总量除以总馆藏数量所得数；年度人均馆藏流通率等于年度总流通率除以所在区域内的人口数量。计算公共图书馆年度流通数量时，应综合考虑到以上两个方面，在年度流通数量方面保持最佳。

（四）替旧与更新率

可以公开借阅的馆藏被称为流通馆藏。一般把年平均增长量作为馆藏文献增长量指标。根据文化部第四次公共图书馆评估《县市级图书馆评估标准》的"文献入藏"项目中，图书年入藏量 3 500 种以上、报刊年入藏量 400 种以上就可得该项目的最高分。馆藏文献增长量太低，造成馆藏文献贫乏，知识断层，读者利用文献受到限制；馆藏文献增长量过高，造成大量无用文献进入图书馆，文献利用率下降。英国的公共图书馆服务标准中规定，图书馆可根据其自身发展状况及资金支持条件下，对已有馆藏进行替旧和更新，保证足够的馆藏满足读者的需求。计数时，将馆藏的多个副本计算在内，并包含影音资料，但是，不包含不外借的副本和参考资料。流通馆藏和影音资料的替换率，可用"被转换成馆藏全被更新的替换年限"来表示。替旧数量大约在馆藏总量的 3％～6％为最佳；另外，更新年限不是一个恒定不变的数据，在财政支持的基础上，会随馆藏数量的变化而变化，当馆藏数量增加时，替旧率将会随之增长，当馆藏数量减少时，替旧率将随之降低。

第四节　公共图书馆的服务标准

一、制定与实施公共图书馆服务标准的意义

服务标准是服务质量标准的简称，指社会上某一服务行业或机构用以指导和管理其成员开展服务行为的质量规范。图书馆服务标准①，是指图书馆行业用以指导和管理本行业为所有社会成员开展信息服务行为的原则和质量规范。它是图书馆通过读者服务调研和宣传推广，了解读者获取文献信息的期望或要求以后，将有价值的信息转变为服务标准。它能保证图书馆达到最佳的服务秩序和服务质量。图书馆工作人员按服务标准为读者服务，使能够获取的文献信息充分发挥作用，从而极大地满足读者的要求，让读者满意。可以说公共图书馆服务标准是衡量图书馆服务水平质量的重要指标，也是促进图书馆服务水平和提高服务质量的手段。

---

① 杨柳. 论图书馆的服务标准[J]. 图书馆研究，2004 (7).

公共图书馆的服务标准将对未来公共图书馆事业的发展有着深远的影响，制定合理的公共图书馆服务标准是保持公共图书馆不断发展和具有蓬勃生命力的重要手段，具有重大的意义。(1)通过对公共图书馆服务标准的研究能调动公共图书馆为读者服务的积极性、主动性，提高公共图书馆的服务能力。(2)研究和制定公共图书馆服务标准，形成科学合理、服务细分的一系列标准，结合公共图书馆事业发展的现实水平，提出略具前瞻性的指标体系，对未来公共图书馆建设和服务具有重要的指导和引导意义。(3)公共图书馆服务标准中必然会涉及图书馆各项目设置的指导性建议，落实公共图书馆以人为本的服务理念，提升和拓展现代图书馆的服务方式和手段，造就一批具有现代化特色和高服务水准的公共图书馆。(4)公共图书馆服务标准是对公共图书馆事业的健康发展的政策性导引，明确公共图书馆事业的未来发展方向。

《公共图书馆服务规范》中指出，制定公共图书馆服务标准的意义在于规范公共图书馆信息服务内容与质量要求，为促进公共图书馆事业的发展，建设覆盖全社会的公共文化服务体系，保障公众的基本文化权益，改善公共图书馆的服务条件，提高公共图书馆的服务效能和管理效益。

二、公共图书馆服务标准的主要内容

目前国内各地区已经出台的公共图书馆服务标准，所涉及的内容大同小异，而 2011 年颁布的《公共图书馆服务规范》则主要对公共图书馆的服务资源、服务效能、服务宣传、服务监督与反馈等方面做出了明确、详细的规定。

(一)公共图书馆服务资源

公共图书馆服务资源是指公共图书馆在开展服务过程中所拥有的物力、财力、人力等各种物质要素，主要包含了硬件资源、人力资源、文献资源和经费资源四种资源。

1. 公共图书馆硬件资源

公共图书馆的硬件资源中已形成的具体标准和指标有馆舍建筑指标、建筑功能总体布局标准和电子信息设备数量指标四方面，在公共图书馆选址设置中应按照公共图书馆建设用地指标执行，总建筑面积和阅览室座位数应按照公共图书馆建设标准执行。公共图书馆计算机设备配置及用途指标如表 6.6 所示，还对在馆内与局域网或互联网连接的计算机网络接口数量做出规定：阅览室的信息点设置应不少于阅览座位的 30%，电子阅览室的信息点设置应多于阅览座位数，有条件的公共图书馆应提供无线网络服务。

表 6.6 公共图书馆计算机设备配置及用途指标①

等　级	计算机总数量（台）	其中：读者使用计算机数量(台)	其中：OPAC 计算机数量(台)
省级馆	100 以上	60 以上	12 以上
地级馆	60 以上	40 以上	8 以上
县级馆	30 以上	20 以上	4 以上

2. 公共图书馆人力资源

公共图书馆工作人员应受过专业训练、具备良好的职业道德，在读者服务工作中应平等对待所有公众。尊重和维护读者隐私，热忱并努力为读者提供准确全面的信息服务。人员配置数量也有相应规定，应以所在区域服务人口数为依据，服务人口每 10 000～25 000 人应配备 1 名工作人员；具有相关学科背景的专业技术人员应占在编人员的 75% 以上，少数民族自治地区公共图书馆要配

---

① 国家质量监督检验检疫总局，国家标准化管理委员会. GB/T28220—2011 公共图书馆服务规范[S]. 北京：中国标准出版社，2012.

备熟悉少数民族语言文字的专业技术人员。此外，公共图书馆还应坚持实施针对全体工作人员的教育培训计划。每年用于人员教育培训的经费预算应占职工年工资总额的 1.5%～2.5%，年人均受教育培训时间应不少于 72 学时。公共图书馆的志愿者队伍也是公共图书馆人力资源的重要部分，公共图书馆应导入志愿者服务机制，吸引更多图书馆工作人员和社会公众加入志愿者队伍。

3. 公共图书馆文献资源

对公共图书馆馆藏文献的采集原则、馆藏文献总量均作了详细规定，本章第三节中已有介绍，故不再展开。在公共图书馆文献资源中还规定少数民族集聚地区的各级公共图书馆应承担该地区少数民族文字文献资料的收藏和服务的职能，其他地区各级公共图书馆也应收藏与本地少数民族状况相适应的少数民族语言文献。关于呈缴本制度也有具体的标准，呈缴本的入藏应符合本馆的文献入藏原则和范围，征集的品种、数量应达到地方正式出版物的 70% 以上。公共图书馆还应承担当地政府出版物的征集、保存与服务职能，设置政府公开信息查阅点，并做好服务工作。

4. 公共图书馆经费资源

公共图书馆的经费资源主要指文献购置经费，由各级政府承担，确保专款专用。省级馆年人均文献购置费应达到 0.52 元以上；地级馆年人均文献购置费应达到 0.3 元以上；县级馆年人均文献购置费应达到 0.18 元以上。文献购置经费应与财政收入的增长同步增加。在文献购置经费中安排电子文献购置经费，并根据馆藏结构和文献利用情况逐年提高或不断调整其与印刷型文献的比例。

(二)公共图书馆服务效能

服务效能是指公共图书馆投入的各项资源在满足读者和用户

需求中体现的能力和效率，主要规定了基本服务、拓展服务和服务效率等指标。

1. 公共图书馆的基本服务

在《中华人民共和国公共图书馆法(征求意见稿)》中对公共图书馆的基本服务做出了界定，包括文献信息资源的检索、阅览、外借，咨询服务，举办读书会、报告会、讲座、展览等读者活动三方面。公共图书馆的服务时间也有相应规定，省级馆每周开放时间不少于 64 小时，地级馆每周开放时间不少于 60 小时，县级馆每周开放时间不少于 56 小时。各级独立建制的少年儿童图书馆每周开放时间不少于 40 小时。

为了更好地向公众提供公共图书馆服务，公共图书馆还应因地制宜地开展形式多样的总分馆服务，通过流动站、流动车等形式，将文献外借服务和其他图书馆服务向社区、村镇等延伸，定期开展流动服务。

2. 公共图书馆的拓展服务

公共图书馆拓展服务有两个方面：(1)远程服务，公共图书馆应利用互联网、手机等信息技术手段和载体，开展不受时空限制的网上书目检索、参考咨询、文献提供等远程网络信息服务。(2)个性化服务，公共图书馆可为个人、企事业机构及政府部门提供多样化的、灵活的、有针对性的服务。

3. 公共图书馆的服务效率

公共图书馆的服务效率是通过文献加工处理时间、闭架文献获取时间、开架图书排架正确率、馆藏外借量、人均借阅量、电子文献使用量、文献提供响应时间、参考咨询响应时间等指标体现出来的。

文献加工处理时间以文献到馆至文献上架(或上线)服务的时

间间隔计算，报纸到馆当天上架服务，期刊到馆 2 个工作日内上架服务，省级馆、地级馆及县级馆分别在图书到馆 20、15、7 个工作日内上架服务。闭架文献获取时间以读者递交调阅单到读者获取文献之间的间隔时间计算，闭架文献提供不超过 30 分钟，外围书库文献提供不超过 2 个工作日。开架图书应按照《中国图书馆分类法》分类号顺序排列整齐。省级馆、地级馆及县级馆的开架图书排架正确率分别不低于 96％、95％、94％。文献提供响应时间以收到读者文献请求至回复读者之间的时间计算，响应时间不超过 2 个工作日，并应告知读者文献获取的具体时间。公共图书馆需提供多样化的文献咨询服务方式，包括现场、电话、信件、传真、电子邮件、网上实时、短信等。参考咨询响应时间是以收到读者咨询提问至回复读者之间的时间计算，现场、电话、网上实时咨询需在服务时间内当即回复读者，其他方式的咨询服务的响应时间不超过 2 个工作日。

（三）公共图书馆服务宣传

在公共图书馆服务宣传方面，对导引标识（方位区域标识、文献排架标识、无障碍标识）、服务告示（告示内容和方法、闭馆告示）、馆藏揭示和活动推广等方面规定了具体规范。

1. 导引标识

公共图书馆导引标识系统应使用标准化的文字和图形建立，公共信息标识应采用国家标准 GB/T10001.1 标识用公共信息图形符号第一部分：使用通用符号；在主体建筑外竖立明显的导向标识；公共图书馆入口处应标明区域划分；在每一楼层设立醒目的布局功能标识。公共图书馆应在阅览区和书库设置文献排架标识，还应对无障碍设施设置专用标识。

2. 服务告示

公共图书馆的服务告示需要告示读者公共图书馆服务的范围、

内容和方法，读者须知，借阅（使用）规则，服务承诺等基本服务政策。

因故暂时闭馆，须向上级文化行政主管部门报告并经其同意后，提前一周向读者公告。如遇公共安全、网络安全等突发事件须临时闭馆或关闭部分区域、暂停部分服务的，应及时向读者公告。

3. 馆藏揭示

公共图书馆应借助计算机管理与书目检索系统，将纸质、电子和缩微等不同载体的馆藏文献目录向公众揭示，提供题名、著者、主题等基本检索途径，方便读者查询。还应通过网站、宣传资料、专题展览等形式，向公众推介、揭示最新入藏的文献和特色馆藏。

4. 活动推广

公共图书馆应通过媒体、网站、宣传资料、宣传栏及各种现代化通信手段等形式，邀请、吸引读者的参与和互动，增强和提供公众对公共图书馆的认识。

(四)公共图书馆服务监督与反馈

在公共图书馆服务监督与反馈方面，服务标准规定：公共图书馆应在馆舍显著位置设立读者意见箱（簿），公开监督电话，开设网上投诉通道，建立馆长接待日制度，组建社会监督员队伍，定期召开读者座谈会。认真对待并正确处理来自读者的意见或投诉，在五个工作日内回复并整改落实。

还对读者满意度调查的指标与机制做出了具体规定：公共图书馆每年应进行一次读者满意度调查，可自行或委托相关机构向馆内读者随机发放读者满意度调查表。省、地、县级图书馆调查表发放数量分别不少于 500、300、100 份，回收率不低于 80%。

各级公共图书馆的读者满意度应在85%（含）以上。应对回收的读者满意度调查表进行分析，针对薄弱环节提出整改意见。调查数据应系统整理，建档保存。

三、中国公共图书馆服务标准的发展趋势

（一）与时俱进

一个标准的制定与执行不是一劳永逸的，而是一个循序渐进不断完善的过程。面对社会发展带来的新变化和挑战，公共图书馆应积极应对，发现问题并及时修订，这样才能真正发挥标准体系的保障作用。首先，建立与时俱进的修订体制主要体现在标准的持续性上，只有和现实贴近的标准才会更有利于公共图书馆去参照并努力向标准的方向迈进。在美国、英国、澳大利亚等国家，每隔3～5年就会对公共图书馆服务标准进行一次修订，美国《公共图书馆标准》一年中就修订了多次，从未间断。其次，影响标准修订的因素是多角度的，社会、技术、经济、图书馆事业每时每刻都发生着变化，与社会环境、用户期望、未来的需求，以及预期的人口增长息息相关。

（二）关注弱势群体

《公共图书馆宣言（1994）》曾提到：每个公民都有平等享受公共图书馆服务的权利，而不受年龄、种族、性别、宗教信仰、语言或社会地位的限制。残疾人由于受身体和精神等方面的制约，受到不同程度的文化限制。我国在服务标准的制定过程中，应大力推进相关的制度建设，保证弱势群体平等自由使用图书馆的权利。例如，在建筑无障碍设施及空间面积的基础上，确保公共图书馆制度、资源和服务方面满足弱势群体的知识和文化需求。美国的《美国残疾人法案》《美国联邦残疾人法案建筑和设施利用指南》《公共图书馆空间需求》《特殊需求的青少年：威斯康星资源和

计划指南》等均为美国公共图书馆特殊群体的服务提供了法律基础和制度的保障，为世界公共图书馆事业的发展奠定了坚实的基础。我国的相关部门也应多借鉴美国的成功经验，使服务工作走向制度化、常规化。

(三)发展适合国情的服务标准

我国对公共图书馆服务的研究比较薄弱，传统的公共图书馆服务标准一般以办馆条件为重点评估内容，没有重视读者的成分，不利于服务质量的提升。标准的制定需要考虑各地的公共图书馆的现实情况和当地人口的分布规律，使投入的资源发挥最大的效用。

我国幅员辽阔，各个地区的地理特征、人口密度和分布、经济发展状况都有很大差别，在制定公共图书馆服务标准时需要适当考虑当地的服务人口和社会需求，结合我国的具体国情，不照搬照抄他国的模式，吸取和利用先进的科学方法与经验，探索适合中国国情的服务标准体系。此外，流动图书馆等服务形式将是提高整体公共图书馆服务水平的关键，是普及公共图书馆服务的主要形式，对于我国的农村和偏远地区更是意义重大。

(四)探索创新型的服务标准

公共图书馆服务标准的制定是为了更好地提高公共图书馆服务意识，拓展服务手段和服务方式，提高读者满意度。创新是发展公共图书馆事业的灵魂。国内许多公共图书馆尚未形成自己鲜明的特色，针对这种事实，公共图书馆应将各自的特色渗入到服务标准中，独特的地方性是各地公共图书馆各具特色的原因所在。

对于公共图书馆来说，创新意味着对服务标准进行调整、设计与发展。公共图书馆人都应该认真学习、贯彻和执行《公共图书馆服务标准》，并以此为基础制定考核标准，规范图书馆员的服务质量，以促进公共图书馆事业的长足发展，这是我国公共图书馆生存价值的重要体现。从理论与实践两方面对公共图书馆服务标准体系进行创新性探索，为今后公共图书馆服务标准的发展积累宝贵的经验。

【本章小结】

公共图书馆无论是进行信息资源建设，还是利用信息资源开展读者服务，都需要制定与遵循一定的规范和标准，才能保证公共图书馆信息资源建设与服务的质量，更加有效地满足读者的信息需求。公共图书馆在信息资源建设和服务方面已有许多法律、法规和标准，《公共图书馆建设标准》《公共图书馆评估标准》《公共图书馆服务规范》都对图书馆信息资源建设和服务进行了具体、明确的规定。正在起草中的《公共图书馆法》更是在宏观层面对公共图书馆的信息资源建设和服务加以指导。因为有《公共图书馆法》的原则性法律条文和其他标准规范的细致规定，才让各级公共图书馆在文献资源建设和服务上更加标准和更加好操作。

【思考题】

1. 公共图书馆建立资源建设标准和服务标准的理论意义是什么？

2. 公共图书馆实施资源建设标准和服务标准的基本要求有哪些？

3.《公共图书馆服务规范》的主要内容是什么？

【推荐阅读】

1. 公共图书馆研究院. 中国公共图书馆发展蓝皮书(2010)[M].

深圳：海天出版社，2010．

2．李国新，冯守仁．公共图书馆规划与建设标准解析［M］．北京：北京图书馆，2009．

3．杨玉麟，等．《公共图书馆法》立法基础与必要性研究［J］．中国图书馆学报，2010(3)．

4．王世伟．关于《公共图书馆服务规范》编制的若干问题 ［J］．中国图书馆学报，2011(3)．

5．国家质量监督检验检疫总局，国家标准化管理委员会．GB/T28220—2011 公共图书馆服务规范［S］．北京：中国标准出版社，2012．

参考文献

一、著作

1. 卜书庆，等. 中国分类主题词表（第二版）及其电子版手册［M］. 北京：北京图书馆出版社，2006.
2. 蔡莉静. 图书馆藏书建设［M］. 北京：海洋出版社，2009.
3. 常书智. 文献资源建设工作［M］. 北京：北京图书馆出版社，2000.
4. 程焕文，潘燕桃. 信息资源共享［M］. 北京：高等教育出版社，1994.
5. 初景利，等. 复合图书馆理论与方法［M］. 上海：上海交通大学出版社，2009.
6. 代根兴. 数字时代的图书馆信息资源建设［M］. 北京：北京图书馆出版社，2006.
7. 戴维民. 信息组织［M］. 北京：高等教育出版社，2004.
8. 方家忠，刘洪辉. 公共图书馆文献信息资源政府采购［M］. 广州：暨南大学出版社，2010.
9. 富平，黄俊贵. 中国文献编目规则（第二版）［M］. 北京：北京图书馆出版社，2005.
10. 高红，朱硕峰，张玮. 世界各国图书馆馆藏发展政策精要［M］. 北京：海洋出版社，2010.
11. 顾犇. 外文文献采访工作手册［M］. 北京：北京图书馆出版社，2004.
12. 国家图书馆. 新版中国机读目录格式使用手册［M］. 北京：北京图书馆出版社，2004.

13. 国家质量监督检验检疫总局，国家标准化管理委员会. GB/T3860-2009 文献主题标引规则［S］. 南京：凤凰出版社，2010.

14. 黄宗忠. 文献采访学［M］. 北京：北京图书馆出版社，2001.

15. 金沛霖. 图书馆地方文献工作［M］. 北京：北京图书馆出版社，2000.

16. 赖茂生，徐克敏，等. 科技文献检索［M］. 北京：北京大学出版社，2004.

17. 李德跃. 中文图书采访工作手册［M］. 北京：北京图书馆出版社，2004.

18. 李耀明，黄儒虎. 标准文献信息管理［M］. 北京：中国计量出版社，1998.

19. 罗彩冬. 图书馆参考咨询服务［M］. 北京：海洋出版社，2009.

20. 马谦. 复合图书馆论纲［M］. 银川：宁夏人民出版社，2007.

21. 邱冠华，于良之，许晓霞. 覆盖全社会的公共图书馆服务体系：模式、技术支撑与方案［M］. 北京：北京图书馆出版社，2008.

22. 屈义华. 基层图书馆信息资源建设与服务［M］. 北京：国家图书馆出版社，2011.

23. 沈继武，萧希明. 文献资源建设［M］. 武汉：武汉大学出版社，1991.

24. 沈继武. 藏书建设与读者工作［M］. 武汉：武汉大学出版社，1987.

25. 束曼. 公共图书馆服务研究［M］. 北京：国家图书馆出版社，2009.

26. 唐文惠，潘彤声. 高校图书馆文献资源建设与评价［M］. 武昌：武汉大学出版社，2009.

27. 图书馆 2.0 工作室. 图书馆 2.0：升级你的服务［M］. 北京：北京图书馆出版社，2008.

28. 王惠君. 基层图书馆公益讲座［M］. 北京：国家图书馆出版社，2011.

29. 王松林. 信息资源编目［M］. 北京：北京图书馆出版社，2005.

30. 王效良. 基础图书馆的农村服务工作［M］. 北京：国家图书馆出版社，2010.

31. 吴慰慈，董焱. 图书馆学概论［M］. 北京：国家图书馆出版社，2008.

32. 肖四如. 资源经济学［M］. 北京：北京出版社，1994.

33. 肖希明. 信息资源建设［M］. 武汉：武汉大学出版社，2008.

34. 阳国华. 图书馆信息共享空间建设［M］. 北京：海洋出版社，2010.

35. 杨肥生. 文献采访学研究［M］. 合肥：安徽大学出版社，2005.

36. 俞传正. 图书馆实用信息技术［M］. 北京：海洋出版社，2010.

37. 俞君立，陈树年. 文献分类学［M］. 武汉：武汉大学出版社，2001.

38. 袁红军，吴起立. 图书馆数字参考咨询服务理论与实践［M］. 北京：海洋出版社，2011.

39. 张树华，等. 数字时代的图书馆信息服务［M］. 北京：北京图书馆出版社，2005.

40. 张晓林. 图书馆创新服务战略研究［M］. 北京：北京图书馆出版社，2005.

41. 张玉礼. 文献资源：建设概要［M］. 北京：北京图书馆出版社，1997.

二、论文

1. 1. STEIN J，KYRILIDOU M，DAVIS D. Proceedings of the northurnbria international conference on performance measurement in libraries and information services：meaningful measures for emerging realities［J］. Pittsburgh，Pennsylvania，2001(8).

2. 蔡东宏，李法运，等. 网络信息资源开发与利用——从看不见的网站获取信息［J］. 情报理论与实践，2003(6)：550-551.

3. 蔡红. 关于图书馆特色数据库建设的几点看法［J］. 图书馆学刊，2004(1)：41.

4. 曾照云，张永杰，杨兰芝. 数字资源服务绩效评估研究综述［J］. 图书情报工作，2008(8)：54-57.

5. 陈佳祺. 我国网络信息资源建设与管理发展趋势探析［J］. 农业图书情报学刊，2009(9)：192-195.

6. 陈晋. 我国电子资源的评估研究综述［J］. 国家图书馆学刊，2008(2)：76-79.

7. 陈静. 谈我馆图书验收工作的经验［J］. 管理学家，2010(7)：202.

8. 陈小敦. 我国图书馆数据库建设的现状、存在问题及其对策［J］. 图书馆论坛，2003(4)：57-59.

9. 陈盈盈. 谈图书馆地方文献工作的现状和发展对策［C］. 广西图书馆学会第 23 次科学讨论会论文集，2005：75-78.

10. 陈志新，魏云波. 电子资源集团采购的经费分担问题［J］. 大学图书馆学报，2009(1)：70-71.

11. 程亚男，许晓霞，徐欣禄，王世伟. "十一五"时期公共图书馆服务发展回顾［J］. 中国图书馆学报，2011(7)：70-85.

12. 程亚男. 公共图书馆建设与服务的基本原则解读[J]. 图书馆理论与实践，2011(5)：1-6.

13. 崔波，岳修志. 图书馆加强阅读推广的途径与方式[J]. 大学图书馆学报 2010(4)：37-39，124.

14. 代根兴. 信息资源概念研究[J]. 情报理论与实践，1999(6)：397-400.

15. 董文敏. 现代公共图书馆的数字资源建设探讨[J]. 佳木斯大学社会科学学报，2011(4)：182-183.

16. 杜亮，刘涛，等. 数字资源建设与共享："十二五"展望[J]. 图书馆学刊，2011(10)：46-48.

17. 敦文杰，梁蕙玮. 美国政府信息服务体系对我国公共图书馆的启示[J]. 国家图书馆学刊，2011(12)：65-70.

18. 范并思. 从经验图书馆学到新型图书馆学[J]. 中国图书馆学报，1993(2)：3-8.

19. 富平. 继承与变革——谈《中国文献编目规则》的修订[J]. 国家图书馆学刊，2005(2)：9-14.

20. 甘亚非. 数字图书馆的数据库购买及原则[J]. 乐山师范学院学报，2006(9)：139-140.

21. 高红，支娟，胡月平，李国新. 我国公共图书馆政府信息服务的现状与国际经验借鉴[J]. 图书情报工作，2008，(7)：12-17.

22. 高志平. 特色馆藏建设与文献资源共享[J]. 佛山科学技术学院学报(社会科学版)，2002(2)：81-84.

23. 管计锁，毕杰. 网络信息资源评价与传统馆藏评价的比较和综合评价[J]. 图书情报工作，2004，48(2)：35-37.

24. 郭海明. 面向社会公众的公共图书馆政府信息服务机制研究[J]. 图书馆理论与实践，2011(5)：69-72.

25. 郭华. 如何加快图书馆网络信息资源建设[J]. 中国西部科技，2009(28)：95-96.

26. 郭培民. 以"读者满意"为目标的图书馆服务标准探析[J]. 新世纪图书馆，2010(6)：51-53.

27. 何丁. 图书馆数字资源建设及共建共享初探[J]. 时代教育：教育教学刊，2009(4)：95.

28. 何艳. 文化共享工程基层服务点建设初探[J]. 内蒙古科技与经济，2011(19)：124-125.

29. 洪光宗. 数字电视——图书馆服务拓展新平台[J]. 新世纪图书馆，2006(2)：57-59.

30. 胡晓斌. 以文化共享工程为契机兴基层图书馆发展之路[J]. 图书馆论丛，2011(3)：56-59.

31. 黄兵. 论图书馆特色数字资源建设[J]. 新校园：理论版，2010(8)：45-46.

32. 黄俊贵. 中国文献编目规则的继承与发展[J]. 国家图书馆学刊，2005(2)：2-8.

33. 金以明. 图书馆特色馆藏资源建设[J]. 大学图书馆学报，2008(6)：93-97.

34. 孔庆杰，杨浴琮. 图书馆数据库资源集团采购策略分析[J]. 图书馆建设，2006(3)：52-54.

35. 雷雪. 数字资源服务绩效评估研究综述[J]. 情报杂志，2010(10)：84-88.

36. 黎闯. 现阶段图书馆网络信息资源建设[J]. 科技信息，2009(24)：310.

37. 李春新. 联编数据库建设与书目数据的质量控制[J]. 图书馆学刊，2011(10)：56-58.

38. 李翠霞. 数据库购买模式的研究[J]. 情报杂志，2004(4)：117-118.

39. 李国新，于良芝. 徐珊公共图书馆与政府信息公开[J]. 中国图书馆学报，2008(03)：41-46.

40. 李国新. 公共图书馆：政府信息公开体系中的新元素[J]. 图书馆理论与实践 2008(5)：99-102.

41. 李国新. 公共图书馆"用地"与"建设"标准的性质、作用和特点[J]. 中国图书馆学报，2009(1)：4-10.

42. 李国新. 关于公共图书馆立法及其支撑研究[J]. 中国图书馆学报，2010(2)：4-8.

43. 李国新. 中国图书馆立法：思路、基础与对策[J]. 山东图书馆季刊，2001(4)：6-11.

44. 李海. 谈图书馆读者服务的标准化[J]. 中国图书馆学报，2005(3)：96-97.

45. 李培，肖明，等. 网络信息资源开发人才支撑体系研究[J]. 图书馆论坛，2003(5)：18-20.

46. 李丕仕. 文献购置经费效益的定量评价——以中文图书为例[J]. 情报杂志，1999，18(1)：59-60，62.

47. 李演军. 论数字图书馆馆藏评估体系的建立[J]. 甘肃科技，2004，20(10)：77-78，82.

48. 林金平. 我国政府信息公开中公共图书馆的服务定位[J]. 福建图书馆理论与实践，2011(2)：16-18.

49. 林玲，张健. 图书馆服务标准研究[J]. 图书馆论坛，2010(10)：92，96-98.

50. 刘进军，陈代春. 我国省市级公共图书馆政府信息服务调查及启示[J]. 情报理论与实践，2011(6)：87-90.

51. 刘颖，刘明栋. 我国网络信息资源建设策略研究[J]. 现代情报，2008(2)：7-9.

52. 刘颖. 网络环境下图书馆购买数据库的策略研究[J]. 图书馆

学研究，2007(2)：47-50.

53. 刘哲. 数字时代公共图书馆的资源建设——深圳图书馆资源
建设的实践与探索[J]. 数字图书馆论坛，2009(3)：54-60.

54. 刘峥. 数字资源整合的现状及其发展[J]. 图书情报知识，
2003(5)：40-41.

55. 罗东波. 网络环境下的图书馆阅读指导工作[J]. 图书馆
2007(2)：115-116.

56. 马海群，周丽霞. 网络信息资源建设与配置的调控手段及其
效率问题研究[J]. 图书情报知识，2006(5)：5-10.

57. 马建玲. 网络环境下图书馆信息资源组织与数据库建设[J].
情报探索，2006(3)：44-45.

58. 马建霞. 图书馆数字资源访问统计研究[J]. 图书馆杂志，
2005(8)：25-28.

59. 马一萍. "汽车图书馆"是实现城乡服务一体化最快捷方
式——以宁波鄞州区图书馆为例[J]. 山东图书馆学刊，2010(5)：
50-52.

60. 孟雪梅. 论网络环境下图书馆信息资源建设内容的重构[J].
晋图学刊，2005(4)：23-26.

61. 倪俊明. 试论公共图书馆地方文献工作诸要素[J]. 图书馆论
坛，2005(5)：19-23.

62. 潘家武. 馆藏资源质量评价方法研究[J]. 农业图书情报学
刊，2005，17(10)：150-152.

63. 裴成发. 我国公共图书馆立法思考(上)——公共图书馆法的
法理问题[J]. 情报理论与实践，2012(4)：11-14.

64. 裴成发. 我国公共图书馆立法思考(下)——公共图书馆法的
客体问题[J]. 情报理论与实践，2012(5)：21-24.

65. 彭小莉. 关于市、县图书馆业务辅导工作的几点思考[J]. 图

书馆，2001(3)：70-71.

66. 齐东峰. 浅谈电子资源采选的原则与方法——以国家图书馆为例[J]. 四川图书馆学报，2011(6)：42-45.

67. 钱宇. 泛在服务模式下的电视图书馆研究[J]. 图书馆建设，2011(12)：73-74，78.

68. 全桂花. 浅谈县级图书馆文化信息共享工程建设[J]. 中国科教创新导刊，2011(32)：255-256.

69. 孙彩兰. 图书馆开展专利文献服务综合思考[J]. 晋图学刊，2009(1)：69-71.

70. 孙志权. 基层图书馆资源共享工作现状及问题[J]. 神州，2011(1)：95.

71. 索传军. 数字馆藏服务绩效评估指标体系及其构建原则[J]. 图书情报知识，2006(9)：5-9.

72. 谭凯波. 公共图书馆纸本资源与数字资源协调发展研究[J]. 农业图书情报学刊，2010(3)：33-35.

73. 唐李杏，张盛强. 图书馆 2.0 时代的数字资源评估[J]. 图书馆杂志，2008(8)：60-62.

74. 田文波. 浅谈图书馆网络信息资源建设[J]. 图书馆论坛，2005(4)：128-129.

75. 万文娟. 我国公共图书馆政府信息服务策略探析[J]. 图书馆界，2011(2)：9-11.

76. 王冰. RFID 技术与图书馆服务创新[J]. 图书馆论坛，2007(4)：89-91.

77. 王彩霞，万君. 网络信息资源建设存在的问题及发展策略[J]. 晋图学刊，2009(3)：5-7.

78. 王翠萍，宋志强，张艳婷. 国外阅读活动现状及启示[J]. 图书馆学研究，2009(9)：77-80.

79. 王殿杰，翟文君. 公共图书馆的展览功能——基于黑龙江省图书馆展览活动的思考[J]. 图书馆建设，2009(6)：76-78.

80. 王世伟.《公共图书馆服务规范》的编制及其特点论略[J]. 国家图书馆学刊，2012(2)：7-11.

81. 王世伟. 图书馆展览服务初探[J]. 图书馆杂志，2006(10)：22-26，57.

82. 王世伟. 新中国图书馆服务理念与实践 60 年[J]. 图书馆杂志，2009(10)：2-11.

83. 王威. 复合型图书馆的信息资源管理[J]. 新闻前哨，2006(12)：73-74.

84. 王贤芬. 图书馆抢救保护非物质文化遗产的思考[J]. 四川图书馆学报，2008(4)：14-17.

85. 蔚海燕，裴成发. 网络信息资源建设中亟待解决的有关问题[J]. 图书馆，2004(1)：42-45.

86. 乌家培. 信息资源与信息经济学[J]. 情报理论与实践，1996(4)：4-6，44.

87. 吴巧珍. 网络信息资源建设的问题及管理探讨[J]. 图书馆论坛，2003(4)：67-68.

88. 吴慰慈，高波. 从文献资源建设到信息资源建设[J]. 中国图书馆学报，2000(3)：24-27.

89. 肖沪卫，潘洁毅. 电子图书对图书馆的影响及对策[J]. 中国图书馆学报，2003(1)：47-51.

90. 肖珑，张宇红. 电子资源评价指标体系的建立初探[J]. 大学图书馆学报，2002(3)：35-42.

91. 肖希明. 网络环境下的馆藏评价标准[J]. 中国图书馆学报，2002，28(5)：21-24.

92. 谢晓波. 基层图书馆与文化共享工程[J]. 图书馆学刊，2011(10)：69-70.

93. 熊忠华，钟静. 从公共图书馆评估标准的变化看图书馆工作的导向[J]. 重庆图情研究，2010(3)：25-27.

94. 徐进. 论公共图书馆举办公益性展览的成功要素[J]. 图书馆论坛，2007(2)：156-158.

95. 徐志玮. 高校数字资源建设中存在的几个问题及解决途径[J]. 图书与情报，2006(6)：83-84.

96. 许云文. 书目数据库建设中的资源共享问题[J]. 图书馆论坛，2000(3)：16-18.

97. 闫海平. 中文图书在版编目存在问题及对策[J]. 商情，2009(34)：66-67.

98. 阎佳梅. 图书馆的领导决策服务研究——以辽宁省图书馆为例[J]. 图书馆界 2010(3)：69-70.

99. 杨玉麟. 图书馆服务理念之我见[J]. 图书与情报，2010(4)：4-6，12.

100. 姚荔. 网络环境下公共图书馆的阅读指导[J]. 图书馆论坛 2006(5)：112-114.

101. 殷凌云，郝曦. 数字图书馆版权侵权问题探讨——以多起典型数字图书馆侵权案为例[J]. 电子知识产权，2007(5)：49-51.

102. 于凤杰. 西部基层图书馆"共享工程"建设研究[J]. 图书与情报，2010(5)：122-124.

103. 袁淑琴. 图书馆地方性法规、规章之信息资源建设研究[J]. 四川图书馆学报，2009(4)：19-21.

104. 张常明. 基层流动图书馆服务点建设思考[J]. 图书与情报，2010(5)：125-127，135.

105. 张甲，胡小菁. 读者决策的图书馆藏书采购——藏书建设2.0版[J]. 中国图书馆学报，2011(2)：36-39.

106. 张石欣. 网络环境下国内公共图书馆数字资源建设情况调查与分析[J]. 图书情报工作，2003(10)：91-93.

107. 张仙. 公共图书馆政府信息公开工作研究[J]. 科技情报开发与经济，2011(23)：1-3，17.

108. 张晓娟. 网络信息资源：概念、类型及特点[J]. 图书情报工作，1999(2)：10-12.

109. 张晓青，张颖，李瑞芬，等. 现代大学图书馆馆藏信息资源利用的评价[J]. 情报资料工作，2005(2)：44-46.

110. 张旭，孙海龙. 信息网络传播权和社会公众利益的平衡——关于陈兴良诉中国数字图书馆有限责任公司侵犯著作权案的思考[J]. 中国版权，2003(5)：31-33.

111. 张彦静. "专家采访系统"一种新的服务模式[J]. 图书馆论坛，2006，26(4)：183-185.

112. 赵培云. 如何搞好中国数字图书馆统一标准建设[J]. 世界标准化与管理，2004(3)：48-49.

113. 赵玉梅. 高校图书馆构建学科特色馆藏的研究[J]. 现代情报，2009(10)：176-178.

114. 郑寒春. 浅谈公共图书馆与非物质文化遗产保护工作[J]. 科技信息，2009(35)：397.

115. 郑章飞. 图书馆阅读推广理论与实践研究述略[J]. 图书馆论坛 2010(6)：46-51，132.

116. 周琦，周媛. 谈公共图书馆阅读的多元合作推广模式——以贵阳市首届社区儿童图书音乐节为例[J]. 贵图学刊，2012(1)：35-37.

117. 周英. 网络时代的阅读与图书馆阅读指导工作[J]. 科技情报开发与经济 2005(4)：37-38.

118. 朱丹，钟楚玲. 现代图书馆服务理念创新分析与研究[J]. 图书馆论坛，2009(3)：120-123.

119. 朱丽珍. 图书馆与非物质文化遗产的保护和利用[J]. 科技情报开发，2009(29)：47-49.

120. 朱忠明. 论生产要素的择优配置[J]. 金融科学，1990(2)：88-94.

121. 左培远，杨炳辉. 淮安市图书馆公益文化讲座的服务实践及启示[J]. 新世纪图书馆，2009(3)：60-62.

三、网络资料

1. The World-Wide Web Virtual Library. Evaluation of information sources[EB/OL]. [2012-04-27]. http：//www. vuw. ac. nz/staff/alastair_smith/evaln/evaln. htm.

2. 重塑公共图书馆的社区文化地位[EB/OL]. [2012-04-26]. http：//blog. sina. com. cn/s/blog_4b04e3970102e1eu. html.

3. 《图书馆古籍特藏书库基本要求》内容简介[EB/OL]. [2012-04-12]. http：//www. bjstandard. com/standard/166457. html.

4. 陈伟. 省级图书馆数字资源建设探寻与实践[EB/OL]. [2012-04-26]. http：//www. jslib. org. cn.

5. 邓妍. 深圳图书馆：免费开放的先行者[N/OL]. 晶报，2011-08-02[2012-04-26]. http：//www. jingme. net/content/2011-08/02/content_5897363. htm.

6. 方翔. 手机变身"借阅证"，上海图书馆让好书"触"手可及[EB/OL]. [2012-04-24]. http：//sh. eastday. com/m/20120412/u1a6481692. html.

7. 佛山市禅城区联合图书馆. 佛山市禅城区联合图书馆的建设与发展[EB/OL]. [2012-04-12]. http：//www. cclib. cn/page/6-01. html.

8. 文化部新闻发言人就《国务院办公厅关于进一步加强古籍保护工作的意见》有关问题答中国政府网问[EB/OL]. [2012-04-12]. http：//www. gov. cn/zwhd/2007-03/01/content_537794. htm.

9. 胡文弢，相磊. 图书馆数字资源建设与网络信息服务[EB/OL]. [2009-08-28]. http：//www. bjdclib. com/dclib/special-

rec/gytd/thesis/200908/t20090828_26989. html.

10. 刘婵. 肇庆图书馆被诉侵权数字文化服务的版权之惑［EB/OL］. ［2011-12-16］. http://www. ce. cn/culture/whcyk/gundong/201112/16/t20111216_22926139. shtml.

11. 刘兹恒.《图书馆文献采访工作规范（征求意见稿）》解读［EB/OL］. ［2012-04-13］. http://www. wordwendang. com/doc/02/c01/www. wordwendang. com_022338. doc.

12. 马璇. 农民工图书馆已经超过百家［N/OL］. 深圳特区报，2009-12-06［2012-04-26］. http://sztqb. sznews. com/html/2009-12/06/content_878406. htm.

13. 上海图书馆地图资源［EB/OL］. ［2012-04-12］. http://www. library. sh. cn/tsgc/tsfw/dtzy/index. htm.

14. 美国人倾向阅读移动设备，印刷媒体遭冷遇［EB/OL］. ［2012-04-18］. http://www. keyin. cn/plus/view. php? aid＝806147.

15. 王岑. 深圳建成图书馆之城［N/OL］. 深圳特区报，2012-04-23［2012-04-26］. http://sztqb. sznews. com/html/2012-04/23/content_2015979. htm.

16. 王启云. 闲话馆藏发展政策［EB/OL］. ［2012-04-10］. http://libseeker. bokee. com/viewdiary. 59423324. html.

17. 王小伟. "第九次全国国民阅读调查"十大结论［EB/OL］. ［2012-04-25］. http://www. wenming. cn/wmzg _ qmydhd/zhutihuodong/201204/t20120423_624946. shtml.

18. 文化部. "城市教室"上海图书馆市民讲座［EB/OL］. ［2012-04-23］. http://www. ccnt. gov. cn/sjzz/whkjs/ztlm/whbcxj/200605/t20060522_26755. html.

19. 第三届文化部创新奖获奖项目：中国盲人数字图书馆［EB/OL］. ［2012-04-24］. http://www. ccnt. gov. cn/sjzz/whkjs/ztlm/whbcxj/201005/t20100503_78866. html.

20. 我国基本实现公共文化服务体系全覆盖[EB/OL]．［2011-09-20］．http://www.gov.cn/jrzg/2011-09/11/content_1945452.htm.

21. 县市级图书馆评估标准[EB/OL]．［2012-04-27］．http://www.mcprc.gov.cn/xxfbnew2011/xwzx/lmsj/201112/W020111202828209395998.doc.

22. 藏书发展政策[EB/OL]．［2012-04-09］．http://blog.sina.com.cn/s/blog_53586b810100yu6q.html.

23. 集群管理与协同发展：东莞图书馆创新资源共享模式[EB/OL]．［2012-04-24］．http://www.gdwh.gov.cn/shownews.php?BAS_ID=19543.

24. 徐红，李会．感受国家图书馆新技术新服务[N/OL]．经济日报，2010-02-25［2012-04-24］．http://paper.ce.cn/jjrb/html/2010-02/25/content_98191.htm.

25. 郁鑫鹏．图书馆免费开放之后[N/OL]．江西日报，2011-09-15［2012-04-24］．http://www.jxnews.com.cn/jxrb/system/2011/09/15/011772346.shtml.

26. 人大代表周晓峰：加强基层公共图书馆信息化建设[EB/OL]．［2012-04-24］．http://www.cnii.com.cn/xxs/content/2011-03/07/content_849917.htm.

27. 联合国教科文组织公布的各国公共图书馆统计[EB/OL]．［2012-04-24］．http://blog.sina.com.cn/s/blog_4b04e39701008jfu.html.

28. 中国图书馆学会．《图书馆文献采访工作规范》介绍[EB/OL]．［2012-04-12］．http://www.lsc.org.cn/CN/News/2006-10/EnableSite_ReadNews135710011161705600.html.

29. 文化部财政部提出指导意见：加强公共数字文化建设[EB/OL]．［2011-12-02］．http://www.ccnt.gov.cn/xxfbnew2011/xwzx/whyw/201112/t20111202_202973.html.

30. 我国电子阅读率上升，专家称不必区分阅读方式[EB/OL]．

[2012-04-19]. http://news. sina. com. cn/c/sd/2011-09-01/145123089114. shtml.

31. 文化共享工程在基层、在农村起着非常好的桥梁作用[EB/OL]. [2012-04-12]. http://www. gov. cn/zxft/ft64/content_751968. htm.

32. 全国文化信息资源共享工程[EB/OL]. [2012-04-24]. http://www. gdwht. gov. cn/shownews. php? BAS_ID=19543.

33. 文化部就《公共图书馆建设标准》等问题答问[EB/OL]. [2012-04-27]. http://news. xhby. net/system/2008/10/20/010358974. shtml.

四、学位论文

1. 胡永强. 高校图书馆文献资源评价体系的构建[D]. 长春：东北师范大学，2009.

2. 冉东贤. 国内外公共图书馆政府信息公开服务比较研究[D]. 天津：天津工业大学，2011.

3. 王宏波. 高校图书馆电子资源服务绩效评价研究——以天津商业大学图书馆为例[D]. 天津：天津师范大学，2010.

4. 王雪超. 公共图书馆服务标准研究[D]. 长春：东北师范大学，2011.

5. 杨秦. 基于立法进程的我国图书馆立法研究[D]. 南京：南京大学，2011.

6. 袁静. 复合图书馆馆藏质量控制研究[D]. 郑州：郑州大学，2007.

后　记

　　自从 2011 年 3 月中旬在北京大兴全国文化干部管理学院"全国基层文化队伍培训教材编写会议"上接受《公共图书馆资源建设与服务》教材编写任务到现在，已经一年半的时间了。在这段时间里，我们教材分册编写组所有成员，先从教学大纲开始，后到教材，围绕文化部公共文化司领导要求，无数次讨论教材内容结构，无数次被教材编写专家会议"拍砖"拍得伤痕累累，只好再无数次地修改。最终，形成了目前提交给全国基层图书馆同行的这个版本。

　　《公共图书馆资源建设与服务》编写组成员，要么是大学里从事图书馆学专业教学的教授、博士，要么是公共图书馆服务第一线富有实践经验的馆长、业务骨干，按我们原来的想象，编写这样一本培训教材应该相对比较容易。公共图书馆所有的业务活动，其实都可以归结到"资源建设与组织"和"读者服务"这两个大范畴上来，而这些都是公共图书馆最基本的业务活动内容。但是，全国县以下基层公共文化队伍培训这个特殊的教材编写目的和特殊的使用对象，加上本系列培训教材中其他分册在内容上与我们这个分册的冲突与兼容问题，使得我们的教材从大纲设计开始，就不断遇到问题，从开始的六章结构，演变为正式出版大纲版本中的四章结构；又根据系列教材编写专家会议的讨论调整到现在这种新的六章结构：概述、公共图书馆文献资源建设、公共图书馆数字资源建设、公共图书馆文献资源组织与管理、公共图书馆的基本服务、公共图书馆资源建设标准与服务标准。

　　在提交给大家的版本中，我们试图着力反映出当今国内公共图书馆界在资源建设与服务的理论和实践两个层面的最新研究成果和实践经验，重点把握以下几个编写思想。

第一，充分考虑到本教材的使用对象是县及乡镇、村寨等基层图书馆的从业人员，在介绍新的理论知识的同时，使用较多的案例以增加学员接受培训的理解能力，更加方便推广新的资源建设理念和服务理念。

第二，充分考虑到系列教材的整体结构，从内容设计上尽量与其他培训教材做到合理衔接与兼容。其他有专册教材的相关内容（如"阅读推广""技术服务"等），本教材只从资源建设和服务两个角度涉及，不做更多展开。同样，本教材各章之间也尽量做到互相协调与兼容，使相关内容在最需要涉及的章节重点阐述，其他地方简略带过。

第三，教材编写内容尽量与公共图书馆最新发展环境相适应，注意在教材内容编写上体现国家和行业最新的政策与规范。比如，图书馆服务内容，我们就尽量与文化部、财政部关于推进"三馆一站"免费服务文件精神保持一致，重点介绍的是公共图书馆基本服务的内容与方法。

第四，针对目前公共图书馆处在由传统类型向复合型转型过程中存在的一些问题，在本教材里我们重点强调，作为基层的公共图书馆，在目前的情况下，需要同时做好实体资源和网络数字资源的建设，才能更好地向公民提供更加满意的服务。同时，我们强调图书馆资源建设的效益理念，树立图书馆资源建设和服务效益的评价思想。在强调资源建设理念和服务理念的同时，我们也强调图书馆资源建设和服务的标准化与规范化，第六章"公共图书馆资源建设标准和服务标准"应该是国内图书馆培训教材编写上的第一次。

本教材分册主编是西北大学杨玉麟教授，主要编写工作由杨玉麟教授和广东佛山图书馆馆长屈义华研究馆员领导完成。从教材大纲设计、编写主要思想确定、编写人员挑选和组织、具体编写任务的展开，到教材内容的数次修改、统稿，都是由杨玉麟和屈义华负责完成。编写组其他成员在两位教材编著者的指导下，分别完成了各章节的主要编写任务：第一章由西北大学张新鹤博士负责；第二章由佛山图书馆温树凡副研究馆员和陈颖仪馆员负责；第三章由佛山图书馆马慧、陈仰珊两位副研究馆员负责；第四章由陕西省图书馆馆长助理解虹副研究馆员负责；第五章由佛山图书馆张萌副研究馆员和陈艳馆员负责；第六章由杨玉麟教授和西藏民族学院图书馆王超硕士负责。最终版本的完善和内容调整，由杨玉麟完成。

前面已经说过，公共图书馆几乎所有的业务活动都可以归纳为"资源建设与组织"和"读者服务"两个部分，国内公共图书馆界近些年来在资源建设和读者服务方面，从理论和实践两个层次做了大量的探讨和创新，涌现出了大量的创新成果和案例。限于水平，我们肯定无法将这些成果和案例全部合理、科学地都收编到本教材中间来。我们希望本教材在全国基层公共文化队伍培训中能够起到一定的作用，对全国基层图书馆人员整体业务水平的提升有一定的帮助。同时，也希望继续听到各种具有建设性的批评和建议，如果有再版的机会，我们将做出进一步的修改与完善。

最后需要说明的是，本教材在编写过程中参考了大量的同行著作和论文等参考文献，在充分注意到学术规范和尊重知识产权的同时，向这些同行致以真诚的谢意。感谢全国基层公共文化队伍培训系列教材编写组的领导与专家的指导，感谢北京师范大学出版社和本教材责任编辑姚兵老师的辛勤工作。

一年半的时间与辛苦，我们对本教材编写组所有成员，真挚地说一声：大家辛苦了！

杨玉麟 屈义华